Kindler
Taschenbücher

Geist und Psyche

Emil Schmalohr
Frühe Mutterentbehrung
bei Mensch und Tier

Entwicklungspsychologische Studie
zur Psychohygiene der frühen Kindheit

2. Auflage

Kindler
Taschenbücher

GEIST UND PSYCHE
Herausgegeben von Nina Kindler

2. Auflage 1975
Kindler Verlag GmbH, München
Ungekürzte Ausgabe
Lizenzausgabe mit Genehmigung
des Ernst Reinhardt Verlags, München/Basel
Redaktion: W. Keienburg
Korrekturen: G. Laurien
Gesamtherstellung: Friedrich Pustet, Regensburg
Printed in Germany
ISBN 3 463 02092 0

Inhalt

Vorwort

In dieser Schrift geht es um das Schicksal von Kindern, die ihre Mutter in den ersten Jahren ihres Lebens entbehren mußten. Mit der mildesten Form der Mutterentbehrung müssen sich alle Eltern in der gewöhnlichen Familienerziehung irgendwann auseinandersetzen, wenn sie etwa feststellen, daß sie ihr Kleinkind bei einem abendlichen Ausgang, z. B. beim Besuch von Bekannten, eines Theaters oder Kinos, nicht ohne weiteres allein lassen können. Größere Schwierigkeiten entstehen dann bei einem Krankenhausaufenthalt des Kindes, bei einer Urlaubsreise der Eltern oder einer sonstwie begründeten Abwesenheit der Mutter, wenn eine Betreuung durch Verwandte oder fremde Pflegepersonen notwendig wird. Noch härtere Formen nimmt die Mutterentbehrung bei Kindern an, die für längere Zeit oder dauernd in einem Säuglingsheim, Kinderheim oder Kinderhort untergebracht sind. Unser Thema hat demnach besondere Bedeutung für das Heranwachsen von elternlosen und »elternarmen« Kindern, aber auch von Kindern berufstätiger Mütter und für die Adoption von Kindern.

Mit der Mutterentbehrung ist eine Fülle von praktischen und wissenschaftlichen Problemen angesprochen, die uns auf Anhieb gar nicht bewußt ist und deren Tragweite heute noch weitgehend verkannt wird. In der Praxis haben neben den beteiligten Eltern die entsprechenden Berufserzieher damit zu tun, Heimerzieher, Kindergärtnerinnen, auch Lehrer und Sozialarbeiter, ferner Psychologen, Ärzte und Kinderschwestern. An die Angehörigen dieser Professionen richtet sich die Schrift vornehmlich, um ihnen bei den wichtigen Entscheidungen zu helfen, die in der Mütterberatung, der Erziehungsberatung, der Heimerziehung und auch der Schulerziehung tagtäglich zu treffen sind. Das Bedürfnis nach der Klärung dieser Fragen entstand beim Verfasser aus der Sicht einer psychologischen Tätigkeit in einem Kinderheim mit angeschlossener Fachschule für Heimerzieher und in einer Erziehungsberatungsstelle.

Den Klienten, den Heimerziehern und dem Team der Beratungsstelle sei für die Förderung des hier verfolgten Problems an dieser Stelle herzlich gedankt.

Bei den Bemühungen, die in der Praxis anfallenden Aufgaben zu lösen, ist festzustellen, daß unsere wissenschaftlich begründeten Kenntnisse auf diesem Gebiet noch recht dürftig sind. Zur Sicherung unseres derzeitigen Wissens ergab sich die Notwendigkeit, die ausländische Forschung einzubeziehen, die unter den Leitbegriffen »Hospitalismus« *(Spitz)* und »maternal deprivation« *(Bowlby)* vorliegt. Ihren Niederschlag fanden diese Arbeiten in zwei Berichten der Weltgesundheitsorganisation, die 1952 und 1962 von den Engländern *John Bowlby* und *Mary D. Ainsworth* herausgegeben worden sind. Neben den Arbeiten von *Spitz* haben diese Berichte ein weltweites Echo gefunden und zu vermehrten Anstrengungen in der öffentlichen und privaten Sozialhilfe für das Wohl unserer Kinder geführt. Sie regten aber auch die Forschung an – hier wiederum besonders im englischen Sprachraum – den aufgeworfenen Fragen intensiver nachzugehen. Das geschah z. B. in hochinteressanten tierpsychologischen Untersuchungen, in denen neben wichtigen Ergebnissen neue Fragestellungen gewonnen wurden. Diese Arbeiten in einer vergleichend entwicklungspsychologischen Betrachtung für die Humanpsychologie fruchtbar zu machen, ist ein besonderes Anliegen der Studie.

Den Anschluß an die ausländische Forschung zu suchen, sind wir um so mehr veranlaßt, als die empirische Bearbeitung des Problems ursprünglich im deutschen Sprachraum entstanden ist. Durch den Zweiten Weltkrieg ging die Verbindung zu den im Ausland fortgeführten Arbeiten verloren und konnte seitdem nicht wiederhergestellt werden. Aber auch im Ausland ist nach den Berichten der Weltgesundheitsorganisation keine zusammenfassende Darstellung der inzwischen veröffentlichten Untersuchungen mehr bekannt geworden. Über etwaige Arbeiten in den Ostblockländern kann der Verfasser allerdings aus mangelnder Sprachkenntnis leider nicht berichten.

Mit dieser Einschränkung möchte die Arbeit die vorliegenden Beiträge systematisch erfassen, den augenblicklichen Stand der Forschung kritisch darlegen und weiterführende empirische Untersuchungen anregen. Die bisherigen Befunde lassen eine Förderung der psychologischen Theorie von der menschlichen Entwicklung und der pädagogischen sowie psychotherapeutischen Praxis erwarten.

Es wird versucht, aus den Ergebnissen Anhaltspunkte zu gewinnen, wie die Entwicklungsbedingungen unserer Kinder in der Familienerziehung und den öffentlichen Sozialeinrichtungen verbessert werden können. Die noch viel zu wenig bekannten ausländischen Untersuchungen liefern ein sehr nachdenklich stimmendes Material, das man nicht einfach mit dem Hinweis auf im Ausland andersartige Sozialverhältnisse abtun kann, zumal die wenigen Arbeiten aus dem deutschen Sprachgebiet hier voll bestätigt werden. Unter dem bisher vernachlässigten Gesichtspunkt der frühen Mutterentbehrung soll ein Beitrag zur Entwicklungspsychologie und darüberhinaus zur Psychohygiene des frühen Kindesalters geleistet werden. Die praktischen Folgerungen beziehen die Früherziehung und die »Elternpädagogik«, aber auch die Sozialhilfe, Kinderheilkunde und Schulerziehung ein und führen zu Konsequenzen bis in die Familien- und Sozialpolitik.

Die Fragestellung nach den Folgen der Mutterentbehrung könnte insofern einseitig sein, als der Einfluß des Vaters auf die psychische Entwicklung des Kindes unterschätzt wird. *Margret Mead* spricht sogar den Verdacht aus, daß die Untersuchungen zur Mutterentbehrung die verborgene Form eines antifemininen Komplexes sei, in der die Männer, indem sie die Bedeutung der mütterlichen Fürsorge hervorheben, die Frauen enger an die Kinder binden möchten (1954, 47). Dieser kulturkritisch interessante und gut gezielte Seitenhieb, der freilich umgekehrt zu einer »Widerstandsanalyse« auffordert, wird jedoch nicht darüber hinwegtäuschen können, daß die Beziehungen des Kindes zur Mutter schon von Natur aus durch die Geburt und das Stillen sehr viel enger, als die zum Vater sind. Infolgedessen muß das Kind – obschon natürlich ein Vaterverlust seine Entwicklung ebenfalls prägt – von einer Muttertrennung empfindlicher getroffen werden. Zumindest im Anfang der Entwicklung ist sicherlich wichtiger, als die direkte Beziehung des Vaters zum Kind, die Wirkung, die er indirekt durch seine Beziehung zu dessen Mutter und deren dadurch mitbestimmte Einstellung zum Kind ausübt. Es wird sich zeigen, daß unser Ansatz an mehreren Stellen die

Rolle des Vaters in der Entwicklung des Kindes ins Spiel bringt, ohne daß dadurch jedoch der im Thema der Arbeit gesetzte Akzent in Frage gestellt würde.

Neuß, im Mai 1968

Professor Dr. rer. nat. E. Schmalohr

*Die große Quelle des Schreckens in der Kindheit
ist die Einsamkeit.* (William James 1890)

I. Einleitung

1. Körperliche und seelische Gesundheit unserer Kinder

In den letzten Jahren findet die Sorge um eine gesunde Entwicklung unserer Kinder in der Öffentlichkeit zunehmend das ihr gebührende Interesse.

Hier sind besonders die Bemühungen um die behinderten Kinder mit körperlichen und geistigen Schäden hervorzuheben, deren Rehabilitation in der Nachkriegszeit als eine große Aufgabe der Sozial- und Jugendhilfe erkannt wurde. Aufrüttelnde Appelle gingen z. B. von dem Holländer *Tom Mutters* aus, der über die Vereinigung »Lebenshilfe« Anstrengungen für die circa 50 000 »geistig behinderten« Kinder in der Bundesrepublik anregte, die heute im Bundessozialhilfegesetz berücksichtigt sind und deren »lebenspraktische Bildbarkeit« in den seit 1960 gegründeten Sonderschulen und Beschützenden Werkstätten gefördert wird. In der Sozialhilfe früh erfaßt wurden auch die tragischen Fälle der etwa 3000 »contergangeschädigten« Kinder, deren Eingliederung in die Gemeinschaft viele Aktionen gelten, die von der Konstruktion eigens entwickelter kunstvoller Prothesen bis zu einer besonderen schulischen Betreuung reichen.

Ein eindrucksvolles Zeitdokument hat der amerikanische Präsident *Kennedy* mit seiner Kongreßbotschaft aus dem Jahre 1963 hinterlassen, in der er die Nation auffordert, nach dem Rückgang der körperlichen Erkrankungen dem viel zu lange geduldeten Rückstand in der Behandlung und Vorbeugung der Geisteskrankheiten und Geistesschwächen den Kampf anzusagen: »Es gibt keine andere Bedingung, die häufiger auftritt, mehr Menschen behindert, länger fortgesetzte Behandlung erfordert, mehr Leiden in den Familien der Betroffenen verursacht, mehr an unseren menschlichen Kraftquellen zehrt und stärker die öffentlichen Finanzen sowie auch die Mittel der einzelnen Familien beansprucht. Geisteskrankheiten und Geistesschwächen«.

Nicht zuletzt das vertiefte Verständnis für die Not der behinderten Menschen hat die Aufmerksamkeit auf die Aufgabe gelenkt, die Gesundheit der gesamten heranwachsenden Generation in jeder erdenklichen Hinsicht vorbeugend zu schützen und zu fördern. So hat z. B. die Tatsache, daß in der Bundesrepublik während des 1. Lebensjahres doppelt so viele Säuglinge (23 von jeweils 1000) wie in Schweden (zwölf von 1000) sterben, zu einer neuen Diskussion von Reformen in der medizinischen Schwangeren- und Neugeborenen-Fürsorge geführt.

Die Presse machte unter der Frage »Lieben die Deutschen ihre Autos mehr als ihre Kinder?« auf die Gefährdung durch den Straßenverkehr aufmerksam. 10 000 Kinder unter 15 Jahren fielen in den letzten zehn Jahren in der Bundesrepublik Verkehrsunfällen zum Opfer, 300 000 wurden verletzt. 1965 war der Jahresanteil um über 50 Prozent auf 1612 getötete und 54 471 verletzte, davon 19 167 schwer verletzte Kinder, angestiegen. Da morgens gegen 7.45 Uhr vor Schulbeginn gleichzeitig acht Millionen Kinder und 13 Millionen Kraftfahrzeuge unterwegs sind, sucht man hier durch Verkehrserziehung, Schülerlotsendienste und Ausgabe von leuchtenden Mützen für Schulanfänger Abhilfe zu schaffen. Weitere Maßnahmen, wie z. B. eine Verschiebung des Schulanfangs, werden diskutiert.

Öffentlich wird auch angeprangert, daß noch immer 85 Prozent der Erziehungsberechtigten die Prügelstrafe für ein geeignetes Erziehungsmittel halten. 1964 sind in der Bundesrepublik 90 Kinder von Eltern zu Tode geprügelt worden, sechsmal so viel, wie von Sittlichkeitsverbrechern getötet wurden; womit sicherlich diese letzte Gefahr nicht verharmlost werden soll. Die Ärzte überlegen, was ihre Schweigepflicht zu tun gebietet, wenn sie jährlich tausenden mißhandelten Kindern mit gebrochenen Gliedmaßen und Gehirnerschütterungen begegnen. Durch die Berichte in Presse, Funk und Fernsehen fühlen wir uns in besonderer Weise mitverantwortlich, daß jährlich fast 100 Kinder unter 14 Jahren Selbstmord verüben, 6000 bevorzugt zwei bis dreijährige sich überwiegend durch die Nachlässigkeit der Eltern im Haushalt vergiften, 100 davon tödlich und 18 000 unzüchtige Handlungen an Kindern angezeigt werden, wobei mit einer noch größeren Dunkelziffer zu rechnen ist. Durch Aufklärungsaktionen, durch Sozialhilfe und Gesundheitsfürsorge sucht man entsprechende Gegengewichte zu schaffen, um zum Wohle der heranwachsenden Jugend beizutragen.

Auf diesen und anderen Wegen wird in unserer Gesellschaft viel dafür getan, unsere Kinder und Jugendlichen vor körperlichen Schäden und Mißhandlungen zu bewahren. Es ist aber zu fragen, ob die Aufgabe, sie auch vor seelischen Mißhandlungen zu schützen, in der gleichen Klarheit gesehen wird. Seelische Schäden drohen vor allem den Kindern in den ersten Lebensjahren, die uns ihren Zustand nicht deutlich zu melden vermögen und bei denen die Folgen unseres Handelns meistens auch gar nicht unmittelbar sichtbar werden.

Daß dabei besonders der Faktor der Trennung eines kleinen Kindes von der Mutter Beachtung verdient, legt der 6. Leitsatz der »Erklärung der Rechte des Kindes« in der UNO-Vollversammlung vom 20. 9. 1959 nahe, in dem es heißt:

»Das Kind bedarf zur vollen und harmonischen Entwicklung seiner Persönlichkeit der Liebe und des Verständnisses. Es muß möglichst in der Obhut und unter der Verantwortung seiner Eltern, immer aber in einer liebevollen, moralische und materielle Sicherheit bietenden Umgebung aufwachsen. Im zarten Alter darf das Kind nicht von seiner Mutter getrennt werden, außer durch ungewöhnliche Umstände ...«

Aber wer denkt schon daran, in einer frühen Muttertrennung und einem entsprechenden Gefühlsentzug einen massiven seelischen Eingriff zu sehen? Auf diesem Gebiet brauchen wir dringend ein genaues Wissen, damit wir nicht Gefahr laufen, in unseren gutgemeinten Sozialhilfeeinrichtungen gerade die Schäden herbeizuführen, die wir verhüten möchten.

2. Mutterentbehrung als Massenerscheinung

Mutterentbehrungen betreffen nicht nur wenige Einzelschicksale von Kindern, sondern kommen in unserer Gesellschaft als weit verbreitete Zeiterscheinung massenhaft vor. Daß kleine Kinder von ihren Müttern allein gelassen werden, ist eine so große Selbstverständlichkeit, daß man sie si⟨ch⟩ wieder vergegenwärtigen muß.

Bereits als Neugeborene werden unsere Kinder, die ⟨heute⟩ im Regelfall in einer Klinik zur Welt kommen, in den Entbindungsstationen zur besseren Pflege und aus hygienischen Gründen in den ersten Wochen von der Mutter isoliert und ihr nur stundenweise zum Stillen gereicht. Auch wenn ein Kind später in die Klinik eingeliefert wird, nimmt man es von der Mutter weg, als wenn das unbedingt so sein müßte, selbst wenn die Mutter sich weiter um das Kind kümmern möchte und könnte.

Im Jahre 1964 wuchsen fast 17 000 Kinder mutterlos in Säuglingsheimen heran, 61 000 in Kinderheimen und 50 000 in Heimen für Freiwillige Erziehungshilfe und Fürsorgeerziehung. Wenn ein Kind in Pflege gegeben oder adoptiert wird, muß es praktisch vorher mehrere Heime durchlaufen und vergebliche Bindungsversuche an die schnell wechselnden Ersatzerzieher unternommen haben, ehe es in einer Familie Gelegenheit zum Aufbau einer stabilen Gefühlsbeziehung zu einer Ersatzmutter erhält. Tag für Tag werden schließlich in der Bundesrepublik Deutschland, wo etwa jede dritte Frau berufstätig und jede vierte davon Mutter kleiner Kinder ist, fast eine Million Kinder unter sechs Jahren, ein Viertel davon sogar unter zwei Jahren, von ihren Müttern verlassen, weil diese einer ganztägigen Berufsarbeit nachgehen. Viele dieser Kinder sind nicht einmal in Kinderhorten oder bei Verwandten untergebracht, sondern entbehren jegliche Pflegeperson und bleiben gänzlich unbetreut.

Aber auch in geordneten Familien kommt es bei fast jedem Kind einmal zu längeren oder kürzeren Trennungen von der Mutter. So geben Eltern ihre Kleinen gerne für einige Wochen zu den Großeltern, wenn sie eine längere Urlaubsreise antreten oder wenn die Mutter etwa ein weiteres Kind erwartet. Besonders für Kinder in den ersten Lebensjahren haben wir im allgemeinen keine Bedenken, sie von einer anderen Person als der Mutter, z. B. einem Babysitter oder Kindermädchen, versorgen zu lassen. Während die Mütter bei manchen Naturvölkern ihre Kinder in den ersten Jahren in Tüchern oder auf Wickelbrettern den ganzen Tag auch bei allen Arbeiten mit sich tragen, glauben wir das Beste für ein Kind getan zu haben, wenn wir seine Nahrungs-, Pflege-, Sauberkeits- und Ruhebedürfnisse erfüllen.

Bei dieser Verbreitung vom Ausmaß einer Massenerscheinung ist es geboten, der Frage nach etwaigen Folgen der Mutterentbehrung mit besonderer Aufmerksamkeit nachzugehen. Wir werden unser Wissen auf diesem Gebiet sorgfältig zu prüfen haben und fragen müssen, ob daraus praktische Folgerungen zu ziehen sind. Vielleicht gelingt es uns, anhand gesicherter Erkenntnisse Aussagen darüber zu machen, wie die Forderung des zitierten 6. Leitsatzes der Weltgesundheitsorganisation besser als bisher realisiert werden kann: »Gesellschaft und Behörden haben die Pflicht, sich der Kinder, die familienlos sind oder nicht über ausreichende Existenzmittel verfügen, besonders anzunehmen.«

II. Zur Geschichte des Problems

1. »Isolationstypen« und »Wolfskinder«

In der mittelalterlichen Chronik des Salimbene von Parma aus dem Jahre 1268 wird erwähnt, daß der wissenschaftlich universal interessierte Hohenstaufenkaiser Friedrich II. als zweite »Wahnidee« ein Experiment an Kindern durchgeführt hat. Auf der Suche nach der Ursprache des Menschen wollte er darin erkunden, welche Sprache Kinder sprechen würden, die noch nie ein menschliches Wort gehört haben.

»Er wählte eine Anzahl verwaister Neugeborener aus und »befahl ... den Ammen und Pflegerinnen, sie sollten den Kindern Milch geben, daß sie an den Brüsten säugen möchten, sie baden und waschen, aber in keiner Weise mit ihnen schön tun und zu ihnen sprechen. Er wollte nämlich erforschen, ob sie die hebräische Sprache sprächen als die älteste oder griechisch oder lateinisch oder aber die Sprache ihrer Eltern, die sie geboren hatten. Aber er mühte sich vergebens, weil die Knaben und (anderen) Kinder alle starben. Denn sie vermöchten nicht zu leben, ohne das Händepatschen und das fröhliche Gesichterschneiden und die Koseworte ihrer Ammen« (nach *Doren* 1914, 359).

Dieser erschreckende Ausgang des Experiments, daß die Kinder nicht nur keine Sprache erlernten, sondern im frühen Alter starben, wird auf einen Faktor zurückgeführt, den der Kaiser in seinem rücksichtslosen Forscherdrang bei der Anlage des Versuchs nicht berücksichtigt hatte. Mit dem Fehlen des »Händepatschens«, des »fröhlichen Gesichterschneidens« und der »Koseworte« der Ammen ist sehr anschaulich der mütterliche Liebesentzug beschrieben, dessen Auswirkung den Chronisten keineswegs überrascht. Auch wenn man diesen Bericht mehr als Legende ansehen will, bleibt bemerkenswert, daß die Folgen der Mutterentbehrung selten so drastisch geschildert worden sind wie in dieser alten Chronik.

Ähnlich katastrophale Folgen einer sozialen Isolierung findet man in der Geschichte bei der Beschreibung der weitgehend ohne menschlichen Kontakt herangewachsenen sog. Isolationstypen. Durch äußere Umstände, gewissermaßen als Naturexperiment, ist bei ihnen eine Ausschaltung der menschlichen und kulturellen Entwicklungsbedingungen herbeigeführt worden. Wie das Experiment Kaiser Friedrich II, haben diese Fälle in den letzten Jahrzehnten im Zusammenhang mit anthropologischen und pädagogischen Fragen besondere Beachtung gefunden. Es geht dabei neben dem Anlage-Umwelt-Problem um Fragen der Bildsamkeit und Plastizität der Menschennatur sowie um die Bedeutung des Lernens und der Kulturaneignung für den Aufbau der menschlichen Persönlichkeit. Dabei interessiert, zu welchen Folgeerscheinungen das Heranwachsen eines Menschen führt, dessen Entwicklung allein von dem in seiner Natur anlagemäßig vorgegebenen Verhalten bestimmt wird. Da die Isolierung in den ersten Jahren hauptsächlich in einer Muttertrennung besteht, können aus den Berichten dieser Fälle Hinweise auch auf Auswirkungen dieser besonderen Bedingung erwartet werden.

In der ersten zusammenfassenden Darstellung der Isolierungstypen setzte *Linné* in seinem »System der Natur« (10. Aufl. 1758) einen »Wildmenschen« (homo ferus) an. Diesem sprach er aufgrund von acht seit 1344 in der europäischen Literatur bekannt gewordenen Fällen infolge des Aufwachsens ohne menschlichen Kontakt in der Natur zum Unterschied vom homo sapiens folgende Charakteristika zu: mutus(stumm), tetrapus (vierfüßig) und hirsutus (behaart). Diese Merkmale in der Artdiagnose spielen dann in den späteren Beschreibungen von Isolationstypen und Wolfskindern eine Rolle, die der Amerikaner *Zingg* im Jahre 1940 auf eine Liste von 31 Fällen brachte, von denen einige am besten belegte kurz erwähnt seien.

An erster Stelle ist das sog. Wildkind von Aveyron hervorzuheben, über das der französische Arzt und Taubstummenlehrer *Itard* 1801 und 1806 zwei Berichte vorgelegt hat, die 1964 in französischer Sprache neu aufgelegt worden und neuerdings mit einem Geleitwort des Schweizer Psychiaters *Lutz* auch in deutscher Sprache erschienen sind.

Der bei seiner Entdeckung im Jahre 1798 etwa zwölfjährige Junge, später *Victor* genannt, wurde nach den Angaben *Itards* in einem Wald des Departements Aveyron in Südfrankreich von Jägern aufgegriffen, als er auf allen Vieren völlig nackt nach Eicheln und Wurzeln als Nahrung suchte. Er hatte offensichtlich viele Jahre isoliert von der menschlichen Gemeinschaft zugebracht, gab keinen Laut von sich und war gänzlich verwahrlost. Er benahm sich wie ein wildes Tier, biß und kratzte jeden, der sich ihm näherte, war dann wieder ganz gleichgültig mit ausdruckslosen Augen oder schaukelte wie gewisse Tiere im Käfig hin und her. Seine Sinnesorgane gebrauchte er nur seiner früheren Lebensweise gemäß, beachtete z. B. das Knacken einer Walnuß, blieb aber beim Abfeuern von zwei Pistolenschüssen unbeweglich. Er mußte mit Eicheln, rohen Kartoffeln und Kastanien ernährt werden und konnte weder an die Gesellschaft von Menschen, an Reinlichkeit in den Ausscheidungsfunktionen, noch an die menschliche Kleidung und Wohnung mit Betten gewöhnt werden. Daneben wurden 23 Narben an seinem Körper als Hinweis auf eine längere in der Wildnis verbrachte Zeit angesehen, und bis zuletzt behielt er eine leidenschaftliche Sehnsucht nach der Freiheit draußen.

Der Fall erregte Aufsehen, und ein Minister, der sich Aufschluß über die menschliche Natur versprach, ordnete eine Untersuchung des Jungen in Paris an. Der berühmte Psychiater *Pinel*, einer der Begründer der modernen Psychiatrie, sah sich veranlaßt, den Zustand des Jungen mit dem schwer geistesschwacher Kinder zu vergleichen, und kam zu dem Schluß, daß es sich um einen unheilbar bildungsunfähigen Idioten handle. *Itard* dagegen war anderer Auffassung und glaubte aufgrund seiner Erfahrungen an Taubstummen nicht an eine angeborene Ursache des gegenwärtigen Zustandes. Er machte für die Geistesschwäche eine »absolute Einsamkeit während ungefähr sieben von zwölf Jahren« im Leben des Wildkindes verantwortlich. »Es ist wahrscheinlich und fast bewiesen, daß es im Alter von vier bis fünf Jahren verlassen worden war und daß, wenn es in jener Zeit schon ein wenig gesprochen und einen Anfang von Erziehung erhalten hatte, dies als Folge seiner Isolierung aus dem Gedächtnis ausgelöscht worden ist« (*Itard* 1965, 28).

Itard war deshalb von der Heilbarkeit der nach seiner Auffassung nur scheinbaren Idiotie überzeugt und unternahm einen großartigen Versuch, das menschliche Wesen seines Pfleglings durch Nachholen in der Erziehung zur Entfaltung zu bringen. Er erfand in Experimenten Hilfsmittel, die Fähigkeiten seines Schülers festzustellen und seine Schwächen zu beheben und gab so den Anstoß zur Entwicklung der späteren Heilpädagogik der Geistesschwachen. Es zeigte sich aber, daß der Ausgangszustand von *Victor*, der auf allen Vieren ging, kein Wort sprach, stumpfe Sinne hatte und nur auf das Waldleben eingestellt war, ohne Kontakt zu Menschen zu finden, kaum zu ändern war. Trotz aller aufopferungsvollen Erziehung von *Itard* und einer Pflegerin erlernte der Junge die Sprache nicht, obwohl eine einfache Verständigung mit der Umgebung möglich wurde, und konnte nur mühsam an das Haus und die menschliche Zivilisation angepaßt werden. *Itard* stellte daraufhin nach fünf Jahren seine Arbeit ein, und wir wissen nur noch, daß *Victor* außerhalb der Taubstummenanstalt weiterlebte und 1828 gestorben sein soll.

Ähnliche Verhältnisse liegen bei den indischen »Wolfskindern« *Amala* und *Kamala* vor, die unter den später beschriebenen Fällen in Fachkreisen am meisten diskutiert worden sind. Der Fund- und Erziehungsbericht des indischen Missionars *Singh* wurde 1940 von dem erwähnten Amerikaner *Zingg* herausgebracht und liegt nun ebenfalls in einer deutschen Übersetzung vor, zu der *A. Portmann* ein Geleitwort geschrieben hat (1964).

Danach boten die im Jahre 1920 aus einer Höhle unter Wölfen aufgegriffenen Kinder – es handelte sich um zwei Mädchen im Alter von eineinhalb und acht Jahren, die von den Eingeborenen als böse Geister angesehen wurden – das bekannte Bild: Sie liefen auf allen Vieren herum, sprachen kein Wort und benahmen sich wie wilde Tiere. Das offenbare Aufwachsen unter Wölfen soll dazu geführt haben, daß sie erst nachts aktiv wurden und sich den Hunden ihrer neuen Umgebung anschlossen, mit denen sie Fleisch und Aas aus einem Napf aßen und Wasser nach Art der Wölfe schlürften.

Erst nach vielfältigen Bemühungen ihrer Pflegemutter, Miss *Singh*, paßten sie sich in etwa an die Gewohnheiten der Menschen an. Trotz der guten Fürsorge starb die jüngere *Amala* aber bereits ein Jahr später an Nephritis, als beide Kinder an einer Wurmkrankheit schwer daniederlagen. *Kamala* starb acht Jahre später im Jahre 1929 an Urämie. Bis zu ihrem Tode hatte *Kamala* im Laufe der Jahre aufrecht gehen gelernt und konnte sich in ihrer Umwelt einigermaßen orientieren. Aber in der Sprachentwicklung lernten die Mädchen im ersten Jahr lediglich ein Wort, buh – buh, wenn sie durstig waren, und nur *Kamala* brachte es später auf insgesamt 60 »Wörter«, darunter »lal« für rot, das sie über alles liebte, mehrere Kindernamen und Anfangslaute bengalischer Wörter.

Gegen diese und andere Berichte von Isolationstypen und Wolfskindern sind von berufener Seite Zweifel gegen die Berichterstattung und sehr wichtige sachliche Einwände erhoben worden, die an dieser Stelle nicht ausführlich erörtert werden können (vgl. dazu *Dennis* 1941 und 1943, O. *Koehler* 1950 und 1953, *Portmann* 1964, *Lutz* 1965). So ist z. B. der Bericht *Singhs*, der als Tagebuch ausgegeben wird, wahrscheinlich erst mehrere Jahre nach dem Fund der Mädchen enstanden. *Koehler* hält die Annahme und Aufzucht von Menschenkindern durch Wolfsmütter wegen der kürzeren Säugezeiten und der anschließenden Rudelzeiten für ausgeschlossen und kritisiert das von *Singh* bei den Kindern angeblich beobachtete »Zungenschwitzen« und »Augenleuchten«, das nur bei Wölfen und nicht bei Menschen vorkommen kann. Der Amerikaner *Dennis* versucht zu beweisen, daß die Wolfskinder für kurze Zeit ausgesetzte idiotische Kinder gewesen sein müssen, die über ihre Herkunft keine Angaben machen konnten und also bereits geistesschwach waren, bevor sie ausgesetzt und »wild« wurden.

Am fragwürdigsten ist ohne Zweifel der in Deutschland bekannteste Isolierungtyp, *Kaspar Hauser*, ein rätselhafter Findling, der als etwa 16jähriger 1828 in Nürnberg unter mysteriösen Umständen auftauchte, ein Jahr später verletzt aufgefunden wurde und 1833 an einem Messerstich starb, ohne daß in beiden Fällen geklärt werden konnte, von wem die Verletzungen stammten. Der Fall ist mehr durch eine phantastische romantische Mythenbildung über die Herkunft und das Ende ausgezeichnet als durch eine exakte Beschreibung des Zustandes und der Entwicklung (vgl. *Feuerbach* 1832). Dennoch hat er auch in der Psychologie eine gewisse Aktualität erhalten, weil der Tiefenpsychologe A. *Mitscherlich* (1950 und 1963) die in der Gegenwart verbreiteten unverarbeiteten Verlassenheitsgefühle als »*Kaspar-Hauser-*Komplex« bezeichnet hat.

Bei einer genaueren Überprüfung der Isolierungstypen und Wolfskinder müssen demnach viele Fragezeichen gesetzt werden. Sicherlich entspricht ihre Beweiskraft nicht der Beliebtheit, mit der sie von manchen Autoren als Beleg für bestimmte Theorien herangezogen werden. Dennoch können gewisse Übereinstimmungen in den unabhängig voneinander durchgeführten Beobachtungen nicht übersehen werden und sollten das Feld für künftige Beobachtungen und Diskussionen offenhalten. In vorsichtiger Formulierung kann vielleicht gesagt werden, daß die bisherigen Berichte zwar keine letzten Beweise liefern, aber sicherlich Hinweise auf einen möglichen Zustand des Menschen nach massiven Entbehrungen von Sozialkontakten enthalten. Bezeichnenderweise hatten alle diese Kinder die artspezifischen Merkmale des Menschen, die Sprache und den aufrechten Gang, nicht entwickelt und wiesen schwere Intelligenz- und Persönlichkeitsstörungen auf. In einem vergleichbaren Zustand werden auch in unserer Zeit immer wieder einmal Kinder aufgefunden, wenn z. B. eine gestörte Mutter ein uneheliches Kind verborgen hält – wie jüngst in Schleswig-Holstein, wo man ein neunjähriges Mädchen gänzlich verwahrlost in einem dunklen Raum fand.

Diese Hinweise lassen Schäden in der geistigen, motorischen und sprachlichen Entwicklung bis in die sozialen und gefühlsmäßigen Beziehungen hinein auch als Folge einer Isolierung unter der besonderen Bedingung einer frühen Mutterentbehrung befürchten. Auf jeden Fall sind wir veranlaßt, intensiv nach genaueren Beobachtungen Ausschau zu halten.

2. Säuglingssterblichkeit in Findelhäusern

Die ersten Beobachtungen auf breiterer Basis über die Folgen von Muttertrennungen stellten Mediziner an, die in den früher so genannten Findelanstalten die Säuglinge ärztlich versorgten und sich dabei vor das Problem einer heute unvorstellbaren Säuglingssterblichkeit gestellt sahen. Dabei spielten freilich noch andere Gründe eine Rolle als allein die Trennung des Kindes von der Mutter.

Bei den Findelhäusern, die es seit dem Mittelalter bis ins

19. Jahrhundert vor allem in den romanischen Ländern gab, handelte es sich um Anstalten, in denen gefundene, ausgesetzte, verlassene, zuletzt allgemein uneheliche und fürsorgebedürftige Kinder im Säuglingsalter aufgenommen und aufgezogen wurden. Später gab man die Kleinen dann oft gegen Kostgeld in Pflegestellen. Verglichen mit der Praxis des vorchristlichen Altertums, als es keinen Kinderschutz gab, sich viele Völker der kranken und verkrüppelten Kinder entledigten und der Vater unbeschränkte Entscheidungsgewalt hatte, ob ein Kind angenommen oder ausgesetzt und getötet werden sollte, stellten die Findelhäuser einen aus christlicher Ethik geborenen Fortschritt dar.

Eine der interessantesten Einrichtungen bildete dabei die »Trou« oder »Drehlade«, die es den Müttern unehelicher Kinder erlaubte, die Neugeborenen anonym in ein Hospiz zu barmherzigen Schwestern zu geben. Die verlassenen Findlinge konnten in manchen Orten auch in Bettchen gelegt werden, die mit Opferstöcken vor den Kirchen standen und die Aufschrift trugen: »Tut Gutes für die armen, verlassenen Kinder«. Die mittelalterliche Drehlade rettete vielen Kindern das Leben, wurde aber mitunter so mißbraucht, daß man sie in manchen Städten, z. B. in Hamburg, nach kurzer Zeit wieder abschaffte.

Später mußten die Überbringer bei der Aufnahme eines Kindes gewisse Fragen über dessen Herkunft eidlich beantworten, damit den sehr häufigen Aussetzungen begegnet und nur wirklich fürsorgebedürftigen Kindern geholfen wurde. Als dann die ledigen Mütter in die Unterstützungen einbezogen wurden und z. B. in Österreich durch Kaiser Joseph II. Heime für ledige Mütter gegründet wurden, erübrigte sich das Findelkinderwesen immer mehr und wurde 1904 in Frankreich sogar gesetzlich abgeschafft.

Die Findelhauspraxis hing mit der Verfemung der unehelichen Mutter und den bestehenden Sexualtabus zusammen und wird ins rechte Licht gerückt, wenn wir erfahren, mit welcher Freude dagegen bei manchen Naturvölkern jedes Kind in die Großfamilie aufgenommen und von allen weiblichen Angehörigen fürsorglich betreut wird (vgl. *Mead* 1962). Bei ihnen taucht das Problem der Säuglingssterblichkeit nicht auf, das gegen Ende des 18. Jahrhunderts den sogenannten Erziehungs- und Waisenhausstreit auslöste, der bis heute nicht entschieden ist, aber zu einer Intensivierung der Unterbringung von Kindern in Familien führte.

Die Findelhäuser waren wegen der hohen Erkrankungsziffern ihrer Insassen mehr als Säuglingskrankenhäuser anzusprechen, die allerdings ohne ärztliche Versorgung nach unseren heutigen Begriffen blieben. Die Sterblichkeit der Aufgenommenen betrug in manchen Häusern wegen der unzulänglichen hygienischen Bedingungen und mangelnden Pflege bis zu 95 Prozent (*Ziegler* 1913). So ist es verständlich, daß *Tugendreich* im Jahre 1909 dazu einen Vorschlag des französischen Arztes *Villerme* zitierte, der an den Findelhäusern die Inschrift anbringen lassen wollte: »Hier läßt man Kinder auf Staatskosten sterben« (zitiert nach *Hellbrügge* 1966, 384).

Für eine Reform der ärztlichen Betreuung dieser Anstalten ist die Prager Findelanstalt in Europa beispielgebend gewesen, wo durch die Einführung einer aseptischen Pflege die Mortalität von 1852–1884 von 59 Prozent auf fünf Prozent herabgesetzt werden konnte. Die Infektionsbekämpfung, die Verbesserung der Ernährung durch Milchhygiene und Ammenernährung waren für diese Erfolge ausschlaggebend. Heute ist die Sterblichkeitsrate bei Kindern bis zum vollendeten 1. Lebensjahr auf 0,23 Prozent in Deutschland und 0,12 Prozent in Schweden gesenkt worden, d. h. in der Bundesrepublik Deutschland sterben auch heute noch jedes Jahr 25 000 Kinder vor ihrem ersten Geburtstag, nahezu 10 000 bereits am Tage der Geburt.

In der medizinischen Bewegung zur Verbesserung der hygienischen Entwicklungsbedingungen der Kinder wurde auch der Begriff »Hospitalismus« geprägt. Neben dem Begriff »Spitalschäden« (*Finkelstein* 1899) diente er zur Bezeichnung von Schädigungen, die Säuglinge in der Massenpflege erfuhren. Ein »infektiöser Hospitalismus« wurde für die Folgen von Infektionskrankheiten, Ernährungsstörungen und Rachitis verantwortlich gemacht, die im Regelfall zum Tode führten. Im Sinne einer Infektionsquelle – freilich ohne das gleiche Ausmaß der Folgen – spricht man auch heute noch in chirurgischen Abteilungen der Krankenhäuser von »Staphylokokken-Hospitalismus«.

In der Folgezeit richtete sich die Aufmerksamkeit der Mediziner neben der körperlichen auch auf die psychische Seite des Hospitalismus. Dazu veranlaßte die Beobachtung, daß nach dem Rückgang der Sterblichkeit an akuten Erkrankungen bei einem längeren Aufenthalt der Kinder in den Säuglingsanstalten ein chronischer Pflegeschaden mit Zeichen körperlichen Verfalls erhalten blieb. So schrieben *Finkelstein* und *Ballin* 1903 (nach *Hellbrügge* 1966): »Bei irgend längerem Verweilen beginnt das Kind zu kränkeln, dahinzuwelken, um, falls nicht baldige Entlassung rettend eintritt, schließlich zu erliegen«.

Tugendreich (1910) legte den Akzent auf die chronischen Verlaufsformen der Massenpflegeschäden mit späterem körperlichen Verfall und sprach deshalb von Hospitalmarasmus (Entkräftigung oder Schwächung durch Anstaltsaufenthalt) oder einfach Hospitalismus. Das klinische Bild kennzeichnete er als

»im Einzelnen mannigfach, aber im Großen immer dadurch charakterisiert, daß Säuglinge, die noch nicht hochgradig erkrankt oder sogar gesund eingeliefert waren, in den Anstalten sich fortwährend verschlechterten bis zum schließlich erfolgenden Tode, oder zwar anfangs an Gewicht zunahmen, dann aber einige Zeit im Gewicht verharrten, bis auch sie unter Schwankungen und vorübergehenden Besserungen langsam, aber unaufhaltsam dem Tode entgegengingen« (nach *Hellbrügge* 1966, 389).

Der berühmte Pädiater *von Pfaundler* wies 1909 auf das Hospitalismus genannte Übel hin und reihte den langsam fortschreitenden Verfall in die »Pathologie der ersten Lebensjahre« ein. »Man glaubte damals, es sei die Anhäufung von Säuglingen, die diesen Schaden verursachte; auch die Bakterien wurden verantwortlich gemacht. Wo aber gleich viel Säuglinge zusammengedrängt und ohne jeden Aufwand an medizinischer Asepsis, also unter sonst ungünstigen Verhältnissen von ihren Müttern gepflegt wurden, da spielt der Hospitalismus keine solche Rolle«. Damit war zum ersten Mal ausdrücklich die Muttertrennung in die Betrachtung einbezogen und als Ursache für die Pflegeschäden genannt worden.

Von Pfaundler prägte in diesem Zusammenhang den Begriff »psychische Inanition« (lat. inanitas = Leere) und brachte 1915 eine eindrucksvolle Beschreibung dieser Schädigung in *Döderleins* Handbuch der Geburtshilfe im Kapitel über die »Physiologie des Neugeborenen«, worauf verdienstvollerweise *Hellbrügge* wieder aufmerksam gemacht hat (1966, 389). *Von Pfaundler* beschrieb ein Geschehen in drei Phasen:

Während die Säuglinge sich in der ersten Zeit ihrem Entwicklungszustand und dem Krankheitsbild entsprechend verhielten, sollte man nach Abklingen der Krankheit in der Rekonvaleszenz erwarten, daß sie nach überstandener Krankheit wieder aufblühten. Statt dessen aber beobachtete er oft eine zweite Phase der Resignation, in der man die Kinder öfter wach als schlafend antraf.

»Tritt man an das Bett heran, so wenden sich die Augen wohl noch dem Beschauer zu, doch weder mit dem latenten Lächeln des gesunden noch mit dem der ängstlichen oder schmerzhaft gespannten Miene des kranken Kindes, sondern mit einem indifferenten, resignierten, wie in Ernst und Trauer erstarrten Blick. Rumpf und Glieder liegen ziemlich regungslos auf der Unterlage. Auch wenn man das Kind aufdeckt oder entkleidet, gewahrt man keine lebhaften und kraftvollen Bewegungen der Glieder, sondern träge und unsichere.«

Oft folgt eine dritte Phase des Verfalls. »Man steht einem körperlichen Verfall gegenüber, der sich in außergewöhnlicher und stabiler Blässe, Schlaffheit und Welkheit der Haut und des Unterhautfettes, in Elastizitätsverlust bei scheinbar oft vermehrtem Muskeltonus ausdrückt. Dieser Verfall ist nicht etwa als Zeichen eines chronischen dyspeptischen Zustandes, eines Milch- oder Mehlernährschadens oder einer Organaffektion bestimmter Art anzusehen. Man erkennt ihn oft, bevor die Gewichtskurve ihn anzeigt.

Von diesem Stadium an macht sich die schwerste Form des Hospitalismus bemerkbar, nämlich die völlige Widerstandslosigkeit gegen infektiöse Schäden. Das Kind erkrankt dann an irgendwelchen enteralen oder parenteralen Infekten und deren Mischformen wie Enteritiden, Kolitiden, Zystopyelitiden, grippösen Bronchopneumonien, Pyodermien. Unter solchen Diagnosen verbirgt sich der wahre Hergang der Sache in Publikationen, statistischen Jahresberichten u. dgl.

In dem Zustand des Hospitalismus steht der Körper außerhalb aller in alter und neuer Zeit aufgestellter Sätze für das Verhalten seiner Funktionen; ein Gesetz allein behält seine Gültigkeit in der tiefgreifenden Deroute, das Gesetz des unaufhaltsamen Verfalls.«

Von Pfaundler gebührt wohl auch das Verdienst, im deutschen Sprachraum als erster mit Hilfe von Beobachtungen einen Vergleich von Kindergruppen mit verschiedenen Graden mütterlicher Zuwendung durchgeführt zu haben. In Gruppe A handelte es sich um Kinder wohlhabender Eltern, die jedoch ohne Mütter in Heimen untergebracht waren. In Gruppe B galt das Elternhaus als sozial gefährdet, wobei die Kinder jedoch bei der Mutter und unter Geschwistern heranwuchsen. Es zeigte sich, daß die Kinder aus dem Armutsviertel viel besser gediehen. Sie schienen geistig reger und intelligenter und waren wesentlich kontaktfähiger als die Anstaltskinder.

Nach weiteren zusammenfassenden Berichten der Pädiater *Ibrahim* und *Rietschel* (1918) faßte dann der Ibrahim-Schüler *Köttgen* (1953) die Anstaltsschäden in Heimen und Kinderkrankenhäusern zusammen. Er definierte als Hospitalismus »die Schädigung eines Kranken in körperlicher oder seelischer Beziehung vorwiegend durch die Besonderheit eines Aufenthaltes in einem Krankenhaus oder einer ähnlichen Anstalt ... ohne daß die Grundkrankheit hierfür eine entscheidende Verantwortung trüge«. *Köttgen* und seine Schüler *Weidemann* und *Wunderlich* haben sich neben *Bennholdt-Thommsen* u. a. um die Bekämpfung des Hospitalismus in Deutschland sehr verdient gemacht (vgl. *Loeber* 1963).

Auch in der ausländischen pädiatrischen Literatur ist das Problem des Hospitalismus seit Beginn unseres Jahrhunderts in aller wünschenswerten Klarheit erkannt worden. Im englischen Sprachraum z. B. veröffentlichte *Chapin* im Jahre 1908 die ersten systematischen Beobachtungen über Kinder, die lange Zeit in einem Heim zubringen mußten. Die weitere Literatur bis zur Zeit des Zweiten Weltkrieges stellte *Bakwin* (1949) zusammen.

Die Beobachtungen in den verschiedenen Ländern stimmen darin überein, daß als Folge einer frühen und länger dauernden Anstalts- und Krankenhausunterbringung eine erhöhte Säuglingssterblichkeit, Anfälligkeit gegenüber Infektionskrankheiten, Ernährungsstörungen und dauernde Schäden in der körperlichen und seelischen Entwicklung zu befürchten sind. Die Tatsache, daß das Kind von der Mutter getrennt ist, wurde in diesem Zusammenhang als Ursachenfaktor immer deutlicher mitgesehen. Verständlicherweise schenkte man aber von kinderärztlicher Seite den körperlichen Ursachen und Auswirkungen des Hospitalismus größere Aufmerksamkeit als der psychischen Seite des Problems.

4. Tiefenpsychologische Erkenntnisse

Ohne Zweifel war es *Freud*, der als erster die Bedeutung der frühen seelischen, insbesondere der gefühlsmäßigen Beziehungen des Kindes zu seiner Mutter hervorhob und aufgrund seiner psychoanalytischen Erfahrungen an erwachsenen Neurotikern eine Störung dieser Beziehungen als die entscheidende Ursache von späteren seelischen Konflikten und Fehlentwicklungen erkannte.

Sein Material veranlaßte ihn, die Wirkkraft frühkindlicher Prägungen so hoch zu veranschlagen, daß er den Charakter des Menschen bereits im Alter von fünf bis sechs Jahren als vollendet und alle späteren Entwicklungen als allmähliche Ausfaltung des bereits Vorgeformten ansah. »Schon in den ersten sechs Jahren der Kindheit hat der kleine Mensch die Art und die Affektionen seiner Beziehungen zu Personen des nämlichen und anderen Geschlechts festgelegt. Er kann sie von nun an entwickeln und nach bestimmten Richtungen umwandeln, aber nicht mehr aufheben« (*Freud*, Bd. 10, S. 216).

In seinen »Drei Abhandlungen zur Sexualtheorie« (1905) und der 1908 erschienenen Schrift über »Charakter und Analerotik« hat *Freud* seine genetische Charakterlehre entwickelt, die später von seinen Schülern zum Ansatz eines oralen, analen, urethralen, phallischen und reifen genitalen Charakters bis ins Erwachsenenalter hinein ausgebaut wurde. Das Triebschicksal des Menschen wird dabei bestimmt durch Versagungen und Gewährungen in der Libidoentwicklung, wobei verschiedene »Objektwahlen« die Stufen der »Objektbeziehungen« und die Fortentwicklung herbeiführen.

Das erste Objekt der Libido ist die Mutter, die durch Verbindung mit der Befriedigung des Nahrungsbedürfnisses eine enge Wechselbeziehung herstellt. Der Säugling ist in diesem Lebensabschnitt hilflos und in seinem Weiterleben gänzlich auf die Mutter angewiesen. Alles was er braucht, erhält er in dieser Zeit von ihr. Mutter und Kind bilden als einzige Form der sozialen Beziehung – wie *Freud* in Anlehnung an das Phänomen der Hypnose sagt – eine »Masse zu zweit« (1921), die aus einer Vielzahl von Wechselbeziehungen besteht. Wenn das Kind dann fähig wird, die Mutter zu beachten, entsteht ein Bild von ihr, das sich von ihm selbst als eigene Wirklichkeit abhebt. Von der Art und Weise, in der diese Beziehung zwischen Mutter und Kind Gestalt annimmt, hängt alles weitere ab. Jede Störung ist in der Lage, die Basis dieser Objektbeziehungen zu gefährden, und sobald eine Gefahr auftaucht, entsteht Angst, die Beziehung zur Mutter könnte verloren gehen. Alle Angst ist letztlich »Trennungsangst«, »die radikale Trennung ist mit dem Tode des Individuums gegeben« (*Lückert* 1954, 229).

So hängt die Entwicklung des Kindes nicht allein von den anlagemäßigen Gegebenheiten ab, sondern in ganz entscheidendem Maße von der Entstehung der Objektbeziehungen. Jede frühe Unsicherheit und Gefährdung seiner Bindungen an die Mutter führt zu Gefühlsstörungen, die zwangsläufig ungünstige Wirkungen auf die fernere Entwicklung haben. Die Geburtsangst sieht *Freud* dabei als die Urangst des Menschen an. Ein Schüler *Freuds*, *Rank* ging in der Ausdeutung dieser Theorie *Freuds* zur Angstentstehung so weit, das Trauma der Geburt des Kindes, der schmerzhaften leiblichen Trennung von der Mutter, als die alleinige Ursache aller späteren seelischen Störungen anzusetzen.

Wenn auch diese Theorie des Geburtstraumas weder von *Freud* noch seinen anderen Schülern voll anerkannt worden ist, so bleibt es doch ein feststehender Bestandteil aller tiefenpsychologischen Lehren, die psychische Symbiose zwischen Mutter und Kind und die dabei stattfindenden Prägungen als ausschlaggebend für die weitere Entwicklung anzusehen. Die Atmosphäre der kindlichen Umwelt wird durch die Zuwendung der Mutter und die gefühlsmäßigen Beziehungen der Eltern zueinander bestimmt. So schrieb *C. G. Jung* schon 1909: »Was das heranwachsende Kind am meisten beeinflußt, ist der besondere affektive Zustand seiner elterlichen Umgebung, der seinen Eltern und Erziehern vollkommen unbewußt ist.«

Der seelisch gestörte Neurotiker wurde vielfach als ein Mensch beschrieben, der als Kind nie geliebt und angenommen worden ist und es deshalb nötig hat, dieses Erlebnis des Geliebt- und Angenommenwerdens zu haben. *Schottlaender* baute seine Neurosenlehre auf der frühen Mutter-Kind-Beziehung auf und schrieb in seinem Buch »Die Mutter als Schicksal« (1946, 42): »Eine Neurose entsteht immer in der Kindheit« und ist letzten Endes »auf Störungen in den Liebesbeziehungen des Kindes, vornehmlich zu seiner Mutter, zurückzuführen«.

Infolgedessen muß das Erlebnis der Entbehrung der Mutter als ein besonders verletzendes Erlebnis gelten. *Fritz Künkel* spricht von der Mutter-Kind-Beziehung als dem »Ur-Wir« und stellt die erlebnismäßigen Folgen eines »Wir-Bruchs« heraus (1961). *Harald Schultz-Henke* weist auf Gehemmtheiten hin, die bereits im vororalen Entwicklungsstadium als »intentionale« durch eine »außerordentlich tiefgehende Kontaktgestörtheit« ausgezeichnet sind und zur »schizoiden Neurosenstruktur« mit der Tendenz zum Objektverlust führen (1961, 104 ff.). Von hier aus ist ein neuer Ansatz zum Verständnis psychotischer Zustandsbilder wie der Schizophrenie ausgegangen, vor allem auch in Richtung auf das Verständnis frühkindlicher schizophrenieähnlicher Erscheinungen, die *Kanner* mit Hilfe des Autismus-Syndroms zu erfassen sucht (1944; vgl. dazu *E. Fischer* 1965).

Klinische Erfahrungen und ethologische Feldbeobachtungen führten *E. Erikson* dazu, in der frühesten Kindheitsphase die Entstehung eines »Ur-Vertrauens« mit Krisen des »Ur-Mißtrauens« anzunehmen (1961). In Anlehnung an den bekannten Fall der Isolierung des *Kaspar Hauser* bezeichnet *Alexander Mitscherlich* (1950 und 1963), ein heute führender Vertreter der Psychoanalyse, unverarbeitete Verlassenheits- und Trennungsgefühle als »*Kaspar-Hauser*-Komplex«, der die Neurosenstrukturen heutiger Menschen in stärkerem Maße mitzuformen scheint. In Ergänzung der tiefenpsychologischen Erfahrungen aus der Analyse Erwachsener wurde dann durch *Melanie Klein* (1932) und *Anna Freud* (1952) die Kinderanalyse entwickelt, aus der nun direktes Beobachtungsmaterial an Kindern zur Verfügung stand. Durch Anwendung von Beobachtungs- und Testmethoden in Verbindung mit Filmaufnahmen an Säuglingen förderte besonders *René Spitz* diese Richtung seit 1935. Auf seine epochemachenden Arbeiten, die in den ersten Jahren nach dem Zweiten Weltkrieg veröffentlicht wurden, ist noch besonders einzugehen. Seither beschäftigt das Problem der Muttertrennung die Forscher medizinischer, kinderpsychiatrischer, tiefenpsychologischer und entwicklungspsychologischer Richtung in der ganzen Welt.

5. Entwicklungspsychologische Arbeiten

Angeregt waren die Untersuchungen von *René Spitz* in den USA durch seine Zusammenarbeit mit den berühmten Entwicklungspsychologinnen *Charlotte Bühler* und *Hildegard Hetzer* in Wien in der Zeit vor seiner Auswanderung. Der von *Karl* und *Charlotte Bühler* gegründeten sogenannten Wiener Schule kommt auch das Verdienst zu, als erste die Mutter-Kind-Beziehungen mit Hilfe objektiver Methoden in systematisch angelegten empirischen Untersuchungen erforscht zu haben. Ihren Niederschlag fanden diese Arbeiten in dem von *Charlotte Bühler* in den 20er Jahren herausgegebenen Buch »Soziologische und psychologische Studien über das erste Lebensjahr« (1927).

Darin wird in sehr detaillierten Verhaltensstudien belegt, daß die Kontaktfähigkeit des Kindes im wesentlichen im 2. bis 6. Monat einsetzt, und zwar in der Form der rezeptiven Kontaktnahme. Die Zeit vorher wird als eine vor der Kontaktfähigkeit liegende bezeichnet (1. und 2. Monat), und vom 5. bis 6. Monat an datiert die Phase des kontaktsuchenden Kindes. Dieser Einteilung liegt der Eintritt des ersten Lächelns beim Kind als Antwort auf die mütterliche Zuwendung zugrunde, das eine Festigung und Sicherung des Mutter-Kind-Verhältnisses dokumentiert.

Die erste psychische Beziehung des Neugeborenen zu seiner menschlichen Umwelt »geschieht nicht erst durch Vermittlung des Auges«; »sondern schon ehe das Kind aktiv umherblickt, hat es durch Vermittlung anderer Sinne den Kontakt gewonnen. Tastsinn und Hörsinn spielen dabei jedenfalls die Hauptrolle« (1927, 15). Als Kontaktformen unterscheidet *Charlotte Bühler* neben der Affektübertragung, der Präsenzwirkung und dem Schaukontakt mit Blickbewegung im Anlächeln und Anlallen deshalb vor allem noch den Berührungskontakt (S. 41) und stellt fest: »Der erste Kontakt des Kindes mit der Mutter ist ein so enger, daß man besser sogar von Wesenseinheit als von Kontakt spricht« (S. 15).

Im Wiener Arbeitskreis konnte auch bereits gezeigt werden, daß die Entwicklungsquotienten von Säuglingen, die in Heimen aufwachsen mußten, in den Normwerten hinter dem Niveau normal in Familien aufwachsender Kinder zurückblieben *(Durfee* und *Wolf* 1934). Säuglinge, die vom 5. Monat an längere Zeit in Anstalten aufwachsen mußten, zeigten merkliche Entwicklungsrückstände gegenüber Kindern, die in sehr ärmlichen Verhältnissen lebten, aber von ihren Müttern betreut wurden *(Gindl* 1933). Bei den Anstaltskindern erwachte das Verständnis für Ausdrucksbewegungen später. Wie *Hildegard Hetzer* (1929) belegt hat, waren die Anstaltskinder im Gebrauch der ersten sinnvollen Wörter etwa ein halbes Jahr hinter den sozial besser gepflegten Kindern zurück. Diese Wiener Untersuchungen standen nach der frühen Arbeit von *Pfaundlers* am Anfang der späteren Hospitalismus- und Deprivationsforschung.

6. Völkerpsychologische Ansätze

Die Frage nach dem Zusammenhang zwischen frühkindlichen Erfahrungen und späterer Persönlichkeitsentwicklung ist ferner durch die völkerkundlichen Forschungen von *Ruth Benedict Malinowski* und *Margret Mead* seit etwa 1934 gefördert worden. Leitbegriffe dieser Untersuchungen waren mehr oder weniger direkt die tiefenpsychologischen Hypothesen *Freuds*.

Die Gegebenheiten in der frühen Pflege und Erziehung der Kinder bei naturvölkischen Stämmen gaben Anlaß zu Vergleichen mit den entsprechenden Verhältnissen in der westlichen Welt. Unterschiede in der Ausprägung bestimmter Volkscharaktere wurden auf Erfahrungen in der frühen Kindheit zurückgeführt. Der Faktor der frühen Mutter-Trennung spielt z. B. eine große Rolle bei den Aloresen, einem Volksstamm der Papuas auf einer Insel im Pazifik, die *Kardiner* (1945) beschrieben hat.

Da die Frauen sehr schwer auf dem Felde arbeiten müssen und der Unterhalt der Familie in ihren Händen liegt, während die Männer

Schulden eintreiben, werden die Kinder schon in den ersten Wochen sehr vernachlässigt. Nach der Geburt stillt die Mutter sie zwar 14 Tage lang, aber schon nach wenigen Tagen verläßt sie das Kind nach dem Stillen am frühen Morgen. Die Kleinen sind nun sich selbst überlassen oder auf die Fürsorge der unregelmäßig anwesenden Väter oder eines unwilligen älteren Geschwisters angewiesen. Auch die Ernährung ist infolgedessen unregelmäßig, und die Kinder mögen oft die Nahrung nicht, die aus vorgekautem Essen besteht, das manchmal mehrere Leute im Munde hatten. Erst am Abend, wenn die Mutter nach Hause kommt und für das Kind sorgt, erhält es wieder bessere Nahrung. Die Kleinkinder schreien deshalb ihren Müttern nach, wenn sie morgens weggehen und betteln darum, mitgenommen zu werden. Jeder Alorese beklagt sich später darüber, von seiner Mutter in der Kindheit verlassen worden zu sein.

Zu keiner Zeit seines Lebens genießt das Kind Zärtlichkeit und elterliche Fürsorge. So werden die Kinder z. B. sehr strikt entwöhnt, indem die Mutter das Kind, das nach der Brust verlangt, zurückweist und sogar schlägt. Allerdings wird infolge der Vernachlässigung in der Sauberkeitsgewöhnung oder gegen früh erwachende masturbatorische Neigungen kein Druck ausgeübt. Sobald aber die Kinder etwas größer sind, werden sie – besonders die Mädchen – gezwungen, den Müttern in der Landwirtschaft zu helfen.

Welche Wirkung hat nun dieses, eine frühe Muttertrennung einschließende Erziehungssystem auf den Charakter der Erwachsenen? Das Ergebnis ist im wesentlichen eine mißtrauische und innerlich isolierte Persönlichkeit. Die Aloresen kennen keine Anhänglichkeit an ihre Eltern, sie stehen auf einer niedrigen Stufe der Gewissensentwicklung und kennen nur schuldbewußte Furcht. Sie sind immer abwehrbereit, scheu, unsicher und fühlen sich ständig bedroht. Ihre Zusammenarbeit ist, wenn sie vorkommt, sehr unzuverlässig und jeder betrügt jeden. Sie verehren kein Bild der Eltern oder eine Gottheit. Sie haben keinen Tugendbegriff und kennen keine Vorstellung von einer Belohnung für gutes Verhalten. Die Beziehungen zwischen den Geschlechtern sind abscheulich und alle Formen menschlicher Kontakte sind ernsthaft geschädigt. Es existiert auch nichts Schöpferisches in der Kunst. Der Mangel an Gefühlsbeziehungen zur Mutter oder einer festen Pflegeperson führt augenscheinlich zu einem »Teufelskreis«, in dem die Erwachsenen kein fruchtbares Sozialverhalten entwickeln und infolgedessen auch ihre Kinder wieder vernachlässigen.

Solche ethnologischen Ergebnisse geben Veranlassung, der Frage nach den Wirkungen nachzugehen, die in unserer Gesellschaft dadurch entstanden sind, daß in den letzten Jahrhunderten »als Folge der Einführung des Protestantismus« die »patriarchalische Autorität« abgebaut worden ist und mit dem Beginn der Industrialisierung die Mütter zur Fabrikarbeit herangezogen wurden (*Spitz* 1967, 309 ff.). Man geht dabei so weit, die oft behauptete Zunahme der neurotischen Störungen sowie der Jugendkriminalität auf diese geänderten Verhältnisse zurückzuführen.

Bevor solche Schlußfolgerungen gezogen werden, ist jedoch darauf hinzuweisen, daß die Ergebnisse der Völkerkunde durchaus nicht einheitlich sind, wenn die Folgen sozialer Entbehrungen auf die Charakterprägung eines Volksstammes untersucht werden. Wie *Hans Thomae* (1959) in einer sehr sorgfältigen Untersuchung nachgewiesen hat, ist es problematisch, einzelne Pflegemaßnahmen zu isolieren und ihre Wirkungen dabei zu verfolgen. Die Versagungen auf einem bestimmten Gebiet werden nämlich oft durch großzügiges Gewährenlassen auf einem anderen Gebiet kompensiert. In unserer Kultur sieht man es z. B. als selbstverständlich an, daß das nach wilhelminischem Vier-Stunden-Rhythmus genährte Kind stundenlang um seine Mahlzeiten schreien muß, auch wenn es dabei buchstäblich blau im Gesicht wird. Gleichzeitig werden mit der Wickelmethode und der Einrichtung des Kinderbettes alle Vorkehrungen getroffen, daß das Kind sich möglichst frei bewegen kann. Bei Naturvölkern gibt es ähnliche Kompensationen, z. B. im umgekehrten Verhältnis. So reichen manche Indianerinnen ihren Kindern die Brust, wann immer sie wollen, binden sie aber so fest auf ein Wickelbrett, mit dessen Hilfe sie die Kinder den ganzen Tag mit sich herumtragen, daß sie sich kaum bewegen können.

Die Pflegegewohnheiten, die in dem einen oder anderen Fall in bezug auf die Befriedigung des Nahrungs- beziehungsweise des Bewegungsbedürfnisses festgestellt worden sind, können selbstverständlich im Zusammenhang mit anderen Maßnahmen in dem jeweiligen Erziehungssystem einen völlig anderen Stellenwert erhalten. Ihre Wirkungen hängen auch davon ab, mit welchen Argumenten und in welcher Art sie von den Müttern praktiziert werden. Während die europäische Mutter sich beim Schreien der Kinder tröstet, daß es deren Lunge stärke, sehen die Indianerinnen diese Begründung als fadenscheinig an und finden es bei dieser Behandlung der Kinder verständlich, daß der weiße Mann es so eilig hat, in die bessere Welt, ins Jenseits zu kommen. Gleichzeitig finden die Indianerinnen aber nichts dabei, ihre bis ins 2. Lebensjahr gestillten Brustkinder auf den Kopf zu schlagen, wenn sie in die Brustwarze der Mutter beißen, und sind geradezu stolz, wenn die Kinder dabei blau vor Wut werden, weil sie annehmen, daß sie das zu tüchtigen Jägern mache. Je nachdem, wie die Mütter das Schreien der Kinder kompensieren und in welches Leitbild sie es einbauen, können die von diesen Ereignissen ausgehenden Prägerkräfte wahrscheinlich unterschiedliche Wirkungen herbeiführen.

Jedenfalls scheint es sehr schwierig zu sein, durch vergleichende völkerpsychologische Untersuchungen – so anregend sie auch immer sein mögen – genauere Aufschlüsse über bestimmte Dimensionen des Mutter-Kind-Verhältnisses und die etwaigen Folgen zu erhalten. Durch unterschiedliche Kontexte einzelner Faktoren ist es sicherlich auch zu erklären, daß sich die Ergebnisse manchmal direkt widersprechen. So soll etwa das Festbinden der Säuglinge auf ein Wickelbrett bei Indianern des Süwestens der USA Passivität, Ruhe und Stoizismus der Kinder bewirken. Andere Autoren kommen bei den Prärie-Indianern zu der Schlußfolgerung, die gleiche Behandlung, habe ausgesprochene Aggressivität und einen Sadismus der Kinder im Gefolge (nach *Thomae* 1959, 253).

Wenn solche Untersuchungen demnach vielleicht auch keine letzten Beweise für die Folgen bestimmter Mutter-Kind-Beziehungen liefern können, so sind sie sicherlich geeignet, uns zu vergegenwärtigen, daß es neben unserem Erziehungssystem in den sogenannten Kulturnationen viele andere gibt und daß unsere Lösung der Fragen durchaus nicht die beste und einzig mögliche zu sein braucht.

7. Zusammenfassung

In diesen Arbeiten der verschiedensten Disziplinen, der Medizin, Tiefenpsychologie und Ethnologie, waren durch erste Beobachtungen und Untersuchungen Fragen aufgeworfen worden, die dringend einer eingehenderen Forschung bedürfen. Es ging dabei um Pflegeschäden in Säuglings- und Kinderheimen, die Erlebnisbedeutung des frühen Mutterkontaktes für das Kind, die Folgen einer Muttertrennung bei einem Heimaufenthalt, die Auswirkungen einer Störung des Mutterkontaktes in bestimmten Altersstufen, etwa vor der Entstehung einer passiven oder aktiven Kontaktnahme von Seiten des Kindes, die Wiederherstellbarkeit der alten Verhältnisse nach Aufhebung eines Heimaufenthaltes und dergleichen mehr. Als Ursache der »Hospitalismus« genannten Pflegeschäden sah man anfangs die schädliche Wirkung der Heime und Anstalten an, rückte dann aber nach dem Rückgang der Säuglingssterblichkeit den Zusammenhang mit der frühen Trennung des Kindes von der Mutter und den damit verbundenen Liebesentzug in den Mittelpunkt der Betrachtung. Diesen Fragen versuchte man nun in der Folgezeit durch präzise angesetzte empirische Untersuchungen unter möglichst kontrollierten Bedingungen und genau abgegrenzten Fragestellungen intensiver nachzugehen.

III. Die epochemachenden Arbeiten
von René Spitz (1945/46)
und John Bowlby (1951)

Eine gründlichere und ausgedehnte Forschung des Problems der Muttertrennung wurde eingeleitet durch Untersuchungen, die *René Spitz* nach Beendigung des Zweiten Weltkrieges veröffentlichte. Diese und weitere Arbeiten fanden einen ersten Abschluß in einem ausführlichen Bericht, den der Engländer *John Bowlby* 1951 im Auftrage der Weltgesundheitsorganisation als einen Beitrag zum Programm der Vereinten Nationen zur Fürsorge für das familienlose Kind verlegte.

1. Entwicklungsquotient und Heimaufenthalt

Der bereits erwähnte Psychoanalytiker *René Spitz*, zu dessen 80. Geburtstag im Jahre 1967 eine Festschrift in der »Psyche« erschien, ging seit 1935 über die bisher in der Tiefenpsychologie übliche sogenannte Rekonstruktionsmethode hinaus, mit deren Hilfe man aus der Erinnerung der erwachsenen Patienten ein Bild von der kindlichen Entwicklung entwarf, und wandte sich der direkten Kinderbeobachtung zu. Unterstützt wurde er dabei durch die Wiener Psychologin *Katherine Wolf,* einer Schülerin *Charlotte Bühlers* die nach seiner Auswanderung in die USA seine engste Mitarbeiterin wurde.

Katherine Wolf hatte vorher schon mit *Durfee* (1933) nach der Konstruktion der *Hetzer-Wolf*-Kleinkindertests, der ersten Fassung der später herausgegebenen Wiener Entwicklungstestserie, eine Untersuchung durchgeführt, in der die Entwicklungsquotienten von 118 Kindern in Heimen mit den Normwerten verglichen wurden. Vor dem Alter von drei Monaten ergaben sich dabei keine unterschiedlichen Testwerte, später aber wurden sie nachweisbar und erreichten bei Kindern, die im ersten Jahr mehr als acht Monate im Heim untergebracht waren, ganz erhebliche Ausmaße.

Unter Verwendung der Wiener Entwicklungstestserie untersuchten *Spitz* und *Wolf* in den USA später systematisch die Auswirkungen eines Heimaufenthaltes unter verschiedenen mütterlichen Pflege- und Zuwendungsbedingungen bei Kindern im 1. Lebensjahr. Im wesentlichen ging es um die »affektiven Mangelerkrankungen«, bei denen weniger die individuelle Person der Mutter eine Rolle spielte, sondern ihre physische Abwesenheit ausschlaggebend wurde. Eine solche Abwesenheit konnte durch Krankheit oder Tod oder durch Einweisung des Kindes in ein Heim oder Krankenhaus bedingt sein, so daß kein oder nur ein unzureichender Ersatz für die Mutter zur Verfügung stand.

In einer der ersten Untersuchungen verglichen *Spitz* und *Wolf* Kindergruppen verschiedener sozialer Herkunft unter der Heimbedingung, wobei die Kinder in drei Gruppen mit ihren Müttern gleichzeitig im Heim lebten und in einer Gruppe von den Müttern getrennt waren. Erwartungsgemäß unterschieden sich die Entwicklungsquotienten entsprechend der sozialen Herkunft, aber die Kinder, die mit ihren (ledigen, straffällig gewordenen) Müttern im Heim lebten, entwickelten sich im 1. Lebensjahr normal. Dagegen zeigte die Vergleichsgruppe von 61 Kindern, die in einem hygienisch einwandfreien Heim, aber ohne Mutter aufwuchs, im 4. bis 12. Lebensmonat ein erhebliches Absinken im Entwicklungsniveau (vergleiche Tabelle 1).

In der Gruppe ohne mütterliche Betreuung war der durchschnittliche Entwicklungsquotient anfangs 124 und stand in den Gruppen an 2. Stelle, während er später der schlechteste

Tabelle 1   Entwicklungsquotienten von Kindern verschiedener sozialer Herkunft unter verschiedenen Heimbedingungen (nach Spitz 1946)

Soziale Herkunft	Mutter an- oder abwesend	Anzahl der Fälle	Entwicklungsquotient	
			durchschnittl. im 1.–4. Monat	durchschnittl. im 9.–12. Monat
unausgelesene Stadtkinder	abwesend (Findelhaus)	61	124	72
höhere Stände	anwesend	23	133	131
Bauern	anwesend	11	107	101
straffällige ledige Mütter	anwesend (Säuglingsheim)	69	101,5	105

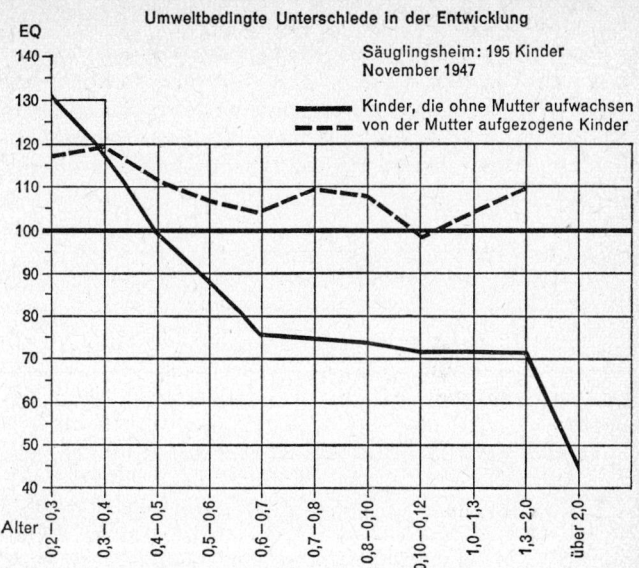

Umweltbedingte Unterschiede in der Entwicklung

EQ

Säuglingsheim: 195 Kinder
November 1947

— Kinder, die ohne Mutter aufwachsen
--- von der Mutter aufgezogene Kinder

Alter: 0,2–0,3 · 0,3–0,4 · 0,4–0,5 · 0,5–0,6 · 0,6–0,7 · 0,7–0,8 · 0,8–0,10 · 0,10–0,12 · 1,0–1,3 · 1,3–2,0 · über 2,0

Abb. 1   Auswirkung der Mutterentbehrung auf den Entwicklungsquotienten (aus *Spitz* 1967, 285)

wurde und nach einem Jahr auf 72 sank. Am Ende des 2. Jahres verschlechterte sich das Niveau noch mehr und erreichte die Stufe eines Entwicklungsquotienten von 45 (vgl. Abb. 1).

Aus den durchschnittlichen Entwicklungsverläufen geht hervor, daß die Kinder unter der Abwesenheit der Mutter besonders in den ersten fünf Monaten litten, in denen der Entwicklungsquotient im Durchschnitt um den fast unglaublichen Betrag von etwa 50 Punkten sank, und dann wieder nach Vollendung des 2. Lebensjahres.

Um Aufschluß darüber zu gewinnen, ob wirklich die Trennung von der Mutter solche verheerenden Wirkungen hatte, verfolgte *Spitz* die durchschnittlichen Entwicklungsquotienten von Kindern, die mit ihren Müttern wiedervereinigt wurden. Dabei stellte sich eine schnelle Erholung der Entwicklungsrückstände heraus, die sich in einer Zunahme des EQ manifestierte. Wenn die Trennung nicht länger als drei Monate gedauert hatte, war der Rückstand sehr schnell aufgeholt. Eine Trennung von drei bis fünf Monaten stellte eine Übergangsperiode dar, wogegen ein Kind nach einer Trennung von länger als fünf Monaten nicht rehabilitiert werden konnte (vgl. Tabelle 2).

Tabelle 2   *Einfluß der Wiedervereinigung mit der Mutter auf den Entwicklungs-Quotienten (aus Spitz 1967, 287).*

Dauer der Trennung in Monaten	Zunahme des EQ nach der Wiedervereinigung in Punkten
weniger als 3 Monate	+ 25
3–4 Monate	+ 13
4–5 Monate	+ 12
über 5 Monate	− 4

2. »Anaklitische Depression«

Zu diesen entwicklungsdiagnostischen Untersuchungen sah Spitz sich veranlaßt, weil er bei seinen Beobachtungen der Heimkinder ein auffallendes Syndrom antraf, das unter 123 Kindern, die ein bis eineinhalb Jahre in einem Säuglingsheim leben mußten, in 19 Fällen besonders stark ausgeprägt war. Diesen 19 Kindern war die Erfahrung gemeinsam, daß ihnen zwischen dem 6. und 8. Lebensmonat die Mutter für einen Zeitraum von drei Monaten entzogen worden war. Es handelte sich um Frauen, die in dem Säuglingsheim eines Frauengefängnisses niedergekommen waren, sich anfangs ihren Kindern voll widmen konnten, dann aber später – getrennt von den Kindern – eine Haftstrafe verbüßen mußten.

Das Syndrom kündigte sich in einem weinerlicher Verhalten der Kinder an, »das in auffallendem Gegensatz zu ihrem früheren fröhlichen und freundlichen Benehmen stand«. Es durchlief einige Stufen bis zu einem Zustand, der dem erwachsener Patienten mit ausgeprägten Depressionen sehr ähnelte. Spitz beschrieb das Fortschreiten des Syndroms wie folgt:

»1. Monat: Die Kinder werden weinerlich, anspruchsvoll und klammern sich gern an den Beobachter, sobald es ihm gelungen ist, den Kontakt mit ihnen herzustellen.

2. Monat: Das Weinen geht oft in Schreien über. Es kommt zu Gewichtsverlusten. Der Entwicklungs-Quotient steigt nicht mehr.

3. Monat: Die Kinder verweigern den Kontakt. Sie liegen meistens in ihren Bettchen auf dem Buch – ein pathognomisches Zeichen. Beginn der Schlaflosigkeit. Weitere Gewichtsverluste. Es besteht eine Anfälligkeit für hinzutretende Erkrankungen. Die motorische Verlangsamung wird allgemein. Erstes Auftreten des starren Gesichtsausdruckes.

Nach dem 3. Monat: Der starre Gesichtsausdruck wird zur Dauererscheinung. Das Weinen hört auf und wird durch Wimmern ersetzt. Die motorische Verlangsamung nimmt zu und mündet in Lethargie. Der Entwicklungs-Quotient fängt an zu sinken« (*Spitz* 1967, 282 ff.).

Zur Erklärung des Syndroms zieht *Spitz* den Begriff der »anaklitischen Objektwahl« heran, den er nach *Freuds* Feststellung faßte, »daß der Trieb sich im Anfang anaklitisch, d. h. in Anlehnung an eine Bedürfnisbefriedigung entwikkelt, die zur Selbsterhaltung notwendig ist«. »Die anaklitische Objektwahl wird bestimmt durch die ursprüngliche Abhängigkeit des Säuglings von der Person, die ihn füttert, beschützt, bemuttert«. Um den Unterschied des Syndroms bei Kindern vom Zustand erwachsener Depressiver abzuheben, deren Depression anderer Herkunft und Struktur ist, prägte er dazu den Begriff »anaklitische Depression« (1946, zitiert nach 1967, 287 ff.).

Bezeichnenderweise trat das Syndrom am häufigsten in der schweren Form auf, wenn vor der Trennung des Kindes von der Mutter besonders gute gefühlsmäßige Beziehungen zwischen Mutter und Kind bestanden hatten. In 75 Prozent dieser Fälle gab es schwere anaklitische Depressionen, in 27 Prozent mäßige und in sieben Prozent gar keine. Bestand dagegen vor der Trennung eine schlechte Mutter-Kind-Beziehung, dann traten in 71 Prozent der Fälle gar keine Depressionen auf, in 25 Prozent mäßige und keine einzige schwere. Irgendein Mutterersatz war in diesen Fällen ebenso gut wie die unzulängliche Zuwendung seitens der biologischen Mutter. »Es ist offensichtlich schwieriger, ein befriedigendes Liebesobjekt zu ersetzen als ein unbefriedigendes« (1967, 289).

3. Hospitalismus

Je nach der Dauer des »Entzugs affektiver Zufuhr« seitens der Mutter unterscheidet *Spitz* zwischen anaklitischer Depression und Hospitalismus. Ein partieller Entzug, der nach drei bis fünf Monaten dem Kind das Liebesobjekt wiedergibt und dann zu einer Aufhebung der Störung und einer mehr oder weniger guten Rehabilitation führt, ist der eigentliche Fall der anaklitischen Depression. Der totale Entzug führt zu einer noch schwereren Störung und zu einem Verfall, der wenigstens zum Teil nicht rückgängig gemacht werden kann.

Spitz spricht von Hospitalismus, »wenn man den Kindern im 1. Lebensjahr länger als fünf Monate alle Objektbeziehungen vorenthält«, sie also ohne ausreichenden Ersatz von der Mutter trennt. Diese Bedingung war in einem Findelhaus gegeben, in dem *Spitz* 91 Kinder beobachtete, die nach dem 3. Lebensmonat von der Mutter getrennt wurden und fortan unter einwandfreien Ernährungsbedingungen und guter Pflege in Gruppen von offiziell je acht, tatsächlich bis zu 15 Kindern, von je einer Schwester betreut wurden. »Drastisch ausgedrückt, sie bekamen etwa ein Zehntel der normalen affektiven Zufuhr, die sie in der üblichen Mutter-Kind-Beziehung bekommen hätten« und mußten unter diesen Umständen »psychisch verhungern« (nach 1967, 290).

Nachdem diese Kinder die Stadien der anaklitischen Depression durchlaufen hatten, ergab sich folgende Entwicklung:

»Die Verlangsamung der Motorik kam voll zum Ausdruck; die Kinder wurden völlig passiv; sie lagen in ihren Betten auf dem Rücken. Sie erreichten nicht das Stadium motorischer Beherrschung, das notwendig ist, um sich in die Bauchlage zu drehen. Der Gesichtsausdruck wurde leer und oft schwachsinnig, die Koordination der Augen ließ nach. Wenn nach einiger Zeit die Motilität wieder auflebte, geschah es bei manchen Kindern in Form des ›spasmus nutans‹; bei anderen zeigten sich seltsame Bewegungen der Finger, die an athetotische Bewegungen erinnern« *(Spitz* 1945 a, zitiert nach 1967, 290).

Zu diesen Hospitalismusschäden gehörten weitere Charakteristika. Am Ende des 2. Lebensjahres erreichten die Kinder in ihrem Gesamtentwicklungszustand nur einen Durchschnitts-EQ von 45. Im Alter von vier Jahren konnten sie mit wenigen Ausnahmen weder sitzen, stehen, laufen noch sprechen.

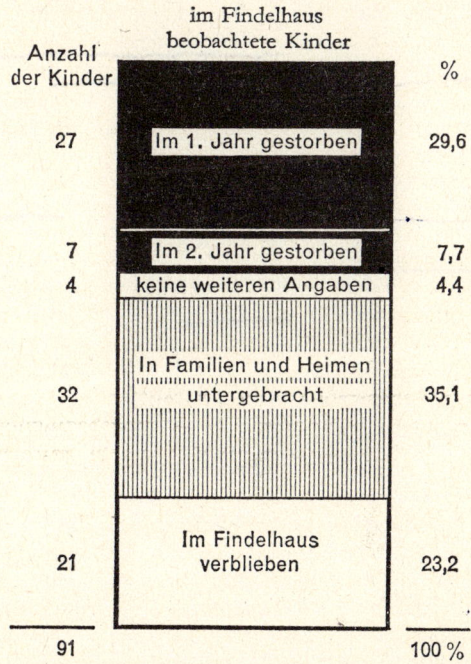

Abb. 2   Sterblichkeit der Kinder im Findelhaus
(aus *Spitz* 1967, 293)

Am erschreckendsten war, daß von den 91 Kindern im 1. Lebensjahr 27 und im 2. weitere sieben starben. In Wirklichkeit ist diese Zahl möglicherweise noch höher, weil bei 36 Kindern nach der Entlassung aus dem Heim das weitere Lebensschicksal nicht verfolgt werden konnte. In anderen zum Vergleich herangezogenen Heimen dagegen, in denen die Kinder von leiblichen Müttern oder Ersatzmüttern hinreichend bemuttert wurden, blieb die Sterblichkeitsrate mit vier unter 220 Kindern ganz erheblich niedriger. Unter dem Gesichtspunkt des Verfalls der körperlichen Kräfte spricht *Spitz* in Anlehnung an von *Pfaundler* und frühere Kinderärzte auch von »Marasmus«.

Im Verlauf des Prozesses einer Hospitalismusschädigung als Folge einer massiven Entbehrung mütterlicher Fürsorge kommt es also zu einem gefühlsmäßigen und späterhin im buchstäblichen Sinne einem körperlichen Verhungern.

»Wir haben gesehen, daß dieses (emotionale Verhungern) einen fortschreitenden Verfall herbeiführt, der sich auf die ganze Person des Kindes erstreckt. Dieser Verfall manifestiert sich zuerst in einer Stockung in der psychischen Entwicklung des Kindes; dann setzen psychische Funktionsstörungen ein, mit denen somatische Veränderungen einhergehen. Im nächsten Stadium führt dies zu gesteigerter Infektionsanfälligkeit und schließlich, wenn der Mangel an affektiver Zufuhr bis ins 2. Lebensjahr hinein andauert, zu einer auffallenden Erhöhung der Sterblichkeitsquote« (*Spitz* 1967, 292; vgl. Abb. 2).

4. »*Maternal deprivation*«

Der Engländer *Bowlby* war von der Weltgesundheitsorganisation im Jahre 1948 beauftragt worden, das Schicksal der Waisen-, Pflege- und Heimkinder in aller Welt zu untersuchen. Er bereiste viele Länder, Frankreich, die Niederlande, Schweden, Schweiz, England und die Vereinigten Staaten, und faßte in seinem Bericht des Jahres 1951 »Maternal care und mental health« die Arbeiten von Spitz und anderen über die Folgen der Muttertrennung zusammen.

Aufgrund seiner Übersicht über die bisherigen Arbeiten sah *Bowlby* sich veranlaßt, die verschiedenen Bedingungen der Muttertrennung unter einen neuen Begriff zu bringen, den der »maternal deprivation« (wörtlich: »Beraubung« der Mutter, mütterliche Trennung). Er geht dabei vom psychoanalytischen Konzept der engen Mutter-Kind-Beziehungen und dem kindlichen Bedürfnis nach innigem Mutterkontakt aus und bezeichnet mit maternal deprivation den Zustand, in dem das Kind diese Beziehungen entbehren muß. Eine teilweise Deprivation liegt dabei vor, wenn die verlorengegangenen Beziehungen zur leiblichen Mutter alsbald durch eine

Pflegeperson ersetzt werden können, die das Kind ständig betreut und der es vertrauen lernt. Im Gegensatz dazu ist eine fast vollständige Deprivation in manchen Säuglings- und Kinderheimen sowie Krankenhäusern anzunehmen, wenn das Kind sich nicht an eine einzelne Person wenden kann, die für es sorgt und bei der es sich sicher fühlen kann (1952, 12). Dem Grad der Deprivation entsprechend ist auch mit unterschiedlichen Schädigungsgraden zu rechnen.

Bowlby ist sich bewußt, daß ein theoretischer Ansatz strikt von dem der deutschen Psychiatrie zu unterscheiden ist, der die konstitutionellen und erblichen Faktoren betont, die er als Relikt der calvinistischen Prädestinationslehre ansieht. Er teilt diese extreme Position nicht und hebt hervor, daß inzwischen in der Embryologie pathologische Umweltfaktoren wie Vergiftungen, Infektionen und andere Schädigungen im vorgeburtlichen Leben entdeckt worden sind, die zu Entwicklungsstörungen führen können, die früher als rein erblich galten. So wissen wir heute z. B., daß eine Rötelninfektion der Mutter zwischen der 6. und 10. Woche der Schwangerschaft zu bleibenden Entwicklungsschäden beim Kind führen kann. *Bowlby* meint, in Parallele dazu sei die Deprivationsforschung geeignet, auf psychologischem Gebiet das Erblichkeitskonzept der Psychiatrie zu ergänzen.

In eigenen Arbeiten ging *Bowlby* nicht von direkten Beobachtungen an Kindern während der Zeit ihrer Muttertrennung aus (direct studies), sondern er warf umgekehrt bei Jugendlichen, die durch Verhaltensstörungen aufgefallen waren, die Frage auf, welche Entwicklungsbedingungen in der frühen Kindheit bei der Entstehung ihrer Schwierigkeiten mitgewirkt haben könnten (retrospective studies). Es handelte sich dabei meistens um Fallstudien einzelner Jugendlicher (case studies), in denen in rückblickender Betrachtung nach den Ursachen der Störung geforscht wurde.

Angefangen von *Levy* (1948) stellten vor allem *Bender* und *Goldfarb* seit 1940 in mehreren Fallstudien in verschiedenen Ländern diesseits und jenseits des Atlantik übereinstimmend fest, daß Kinder und Jugendliche mit bestimmten Verhaltensstörungen in Heimen aufgewachsen und durch die Hand verschiedener Pflegemütter gegangen waren. Als Zentralsymptom fiel auf, daß sie unfähig waren, tiefere soziale

Bindungen einzugehen, soziale Gefühle zu entwickeln, für andere zu sorgen, Freunde zu gewinnen, sich helfen zu lassen und anderen entgegenzukommen. Neben diesen sozialen Schwierigkeiten wurden Neigungen zu Betrug, Herumstreunen, Diebereien sowie Konzentrationsstörungen in der Schule beobachtet.

Bender (1941) beschrieb dieses klinische Syndrom als »psychopathische Verhaltensstörung« im Kindesalter – wobei nicht der Psychopathiebegriff der deutschen Psychiatrie zugrunde lag. Er führte aus, daß die Kinder nicht lieben und sich nicht schuldig fühlen könnten sowie kein Gewissen zu haben schienen. Ihr »Mangel an Zeitsinn« (lack of time concept) sei der eindrucksvollste Charakterzug, der die Gemütlosigkeit verursache und die Entstehung von sozialen Beziehungen hindere, weil es ihnen nicht möglich sei, aus sozialen Erfahrungen zu lernen und Strebungen in Richtung auf künftige Ziele zu entwickeln.

Ähnliche Schlußfolgerungen zog *Bowlby* aus seinen Fallstudien:

»Längerdauernde Trennungen (in den Mutter-Kind-Beziehungen) während der ersten drei Lebensjahre haben nachhaltige Wirkungen auf die kindliche Persönlichkeit. Die Kinder fallen klinisch als gefühlsscheu und isoliert auf (emotionally with-drawn and isolated). Sie können keine libidinösen Bindungen mit anderen Kindern oder mit Erwachsenen bilden und schließen infolgedessen keine Freundschaften, die diesen Namen verdienen ... Eltern und Lehrer beklagen sich darüber, daß alles, was sie dem Kind sagen, ohne jede Wirkung bleibt« (1952, 32; Übersetzung des Verfassers).

In der Folgezeit setzte *Bowlby* einen besonderen Akzent, indem er die Neigung dieser Kinder zu Diebereien näher untersuchte. Er ging anhand des Materials einer Child-Guidance-Clinic von diesem Symptom aus und verglich eine Gruppe von 44 Kindern mit Diebstahlssymptomatik (group of thieves) mit einer Kontrollgruppe ebenfalls gestörter Kinder gleicher Anzahl, gleichen Alters und Geschlechts, aber ohne dieses Symptom. Wie aus der Tabelle 3 hervorgeht, unterschieden sich die Gruppen in zwei Hinsichten.

In der Gruppe der Kinder mit Diebereien gab es 14 von *Bowlby* in Anlehnung an *Levy* sogenannte »gemütlose Charaktere«, in der Kontrollgruppe wurde kein Kind so klas-

*Tabelle 3 Vorkommen der Muttertrennung und Gemütlosigkeit bei Kindern
mit Diebstahlssymptomatik (Bowlby 1946, zit. n. 1952)*

	Kinder mit Diebstahlssymptomatik			Kontrollgruppe mit Verhaltensstörungen ohne Diebstahlssymptomatik
	gemütlose	andere	gesamt	
mit Muttertrennung	12	5	17	2
ohne Muttertrennung	2	25	27	42
	14	30	44	44

sifiziert. Zweitens war in der Biographie von 17 Kindern mit
Diebereien eine massive und mindestens sechs Monate
dauernde Trennung von ihrer Mutter oder eine zwischenzeit-
liche Versorgung durch Pflegemütter in den ersten fünf Jahren nachzuweisen, während nur zwei in der Kontrollgruppe
unter Muttertrennung zu leiden hatten. Unter den »gemütlosen Dieben« war dazu die Quote der früh von der Mutter getrennten erheblich höher als unter den anderen Kindern mit
Diebstahlssymptomatik, so daß *Bowlby* die Affektlosen für
anfälliger gegen strafbare Handlungen hielt. Die Unterschiede überstiegen die Zufallswahrscheinlichkeit ($P < 0{,}01$),
so daß der Zusammenhang zwischen früher Muttertrennung
einerseits und andererseits der Charakterstruktur der Gemütlosen und dem Symptom »Diebereien« als erwiesen gelten
konnte.

Gegen das Argument, beim gemütlosen Charakter handle es

*Tabelle 4 Vorkommen erblicher Belastung unter Kindern mit
Diebstahlssymptomatik und Kontrollgruppe (Bowlby 1952)*

	Kinder mit Diebstahlssymptomatik			Kontrollgruppe mit Verhaltensstörungen ohne Diebstahlssymptomatik
	gemütlose	andere	gesamt	
erblich belastet	3	16	19	18
nicht erblich belastet	11	14	25	26
	14	30	44	44

sich um eine angeborene und auf Vererbung beruhende abnorme Persönlichkeitsstruktur (etwa im Sinne des *Schneiderschen* Psychopathiebegriffs), führt *Bowlby* seine Aufstellung über die erbliche Belastung in den beiden Gruppen ins Feld. Kriterium war dabei das Vorkommen von Neurosen, Psychosen oder schweren Psychopathien bei Eltern oder Großeltern.

Aus der Tabelle läßt sich der Hinweis entnehmen, daß in der Gruppe mit Diebstahlssymptomatik die erbliche Belastung nicht größer war als in der Kontrollgruppe und daß unter den »gemütlosen Dieben« die erbliche Belastung besonders gering zu sein schien. *Bowlby* sieht seine Ergebnisse durch Untersuchungen bestätigt, in denen es – wie in der umfassenden Arbeit des Ehepaares *Glueck* an 500 Jugendlichen – um die Jugendkriminalität oder in denen es bei Erwachsenen um hysterische Symptome und Prostitution geht. Er kommt zu der Feststellung, daß es »gewichtige Gründe für die Annahme gibt, daß eine länger dauernde Trennung eines Kindes von seiner Mutter (oder Ersatzmutter) in den ersten fünf Lebensjahren unter den Ursachen für die Entwicklung eines kriminellen Charakters (delinquent-character development) an erster Stelle steht« (1952, 34).

5. Zusammenfassung und offenstehende Fragen

Es ist *Bowlbys* großes und unbestrittenes Verdienst, eine umfassende Übersicht über die damals vorliegenden Untersuchungen auf dem Gebiet der mütterlichen Fürsorge gegeben zu haben, an denen er mit einigen Arbeiten maßgebend beteiligt war. Durch seine Untersuchungen sind die Bemühungen auf dem Gebiet der Sozialfürsorge in der ganzen Welt intensiviert und die Lebensbedingungen für die Kinder verbessert worden. Dabei ging es um die Stabilisierung der Familie, das Problem der unehelichen Kinder und ledigen Mütter, die Adoption, die Heim- und Pflegefamilienerziehung und den Krankenhausaufenthalt eines Kindes. Wir sind besonders in Deutschland noch weit davon entfernt, *Bowlbys* Vorschläge, die von der Weltgesundheitsorganisation gebilligt wurden, in die Wirklichkeit umgesetzt zu haben und werden uns später eingehender mit diesen praktischen Fragen beschäftigen.

Es ist jedoch zu vermerken, daß *Bowlbys* Schlußfolgerungen und Empfehlungen oft notgedrungen sehr allgemein gehalten sind und sich nicht in jedem Fall auf entsprechende Untersuchungen stützen können. Der Autor selbst hebt ausdrücklich die Vorläufigkeit der bisherigen Ergebnisse hervor und stellt fest, daß noch viel zu wenig systematische Studien und statistische Vergleiche vorliegen, um unser Wissen auf diesem Gebiet zu sichern. Dennoch ist eine eindrucksvolle Übereinstimmung in den wenigen vorliegenden Untersuchungen festzustellen, so daß die Haupttendenz der Deprivationsforschung bestätigt werden konnte. Bei fortdauernder Muttertrennung im frühen Alter müssen wir erhebliche und weitreichende Auswirkungen auf die Charakterentwicklung und das künftige Leben des Kindes befürchten.

Diesem allgemein geführten Beweis entsprechen nun leider unsere Detailkenntnisse keineswegs. Wir wissen nur ganz allgemein, daß die Trennung eines Kindes von seiner Mutter schädliche Wirkungen haben kann:

1. zur Zeit der Trennung selbst, nachdem der Mutterkontakt unterbrochen worden ist,
2. unmittelbar nach der Trennungszeit und bei Wiederherstellung der mütterlichen Fürsorge und
3. aus längere Sicht in Spätfolgen.

In bezug auf den schädlichen Einfluß der Muttertrennung zieht *Bowlby* den Vergleich mit dem Genuß tuberkulös infizierter Milch, nach dem auch nicht jedesmal ein Kind erkrankt. In beiden Fällen ist aber eine so große Anzahl von Kindern gefährdet, daß es niemandem einfallen sollte, sie absichtlich diesem Risiko auszusetzen. Im Falle der Deprivation besteht nach *Bowlby* die Gefahr vor allem in der späteren Entwiclung eines gemütlosen und neurotischen Charakters (affectionless and psychopathic character). Folgende Bedingungen können dafür ausschlaggebend sein:

1. das Fehlen jeder Gelegenheit, in den drei ersten Lebensjahren einen Mutterkontakt aufzubauen,
2. eine Muttertrennung für eine begrenzte Zeit – mindestens drei Monate und wahrscheinlich mehr als sechs Monate während des 1. Lebensjahres,
3. der Wechsel der Mutterfigur während dieser Zeit.

Diese Aussagen bedürfen dringend weiterer Untersuchungen. So widersprechen sich z. B. einige Arbeiten, die zu Punkt zwei durchgeführt worden sind. Sie werfen die Frage auf, in welchen Altersspannen die Muttertrennung am gefährlichsten ist. *Bowlby* ist etwa mit *Anna Freud* der Auffassung, daß nur eine Muttertrennung in der zweiten Hälfte des 1. Lebensjahres schädlich sei, während die ersten sechs Monate für die Entwicklung der seelischen Gesundheit weniger belangvoll sein sollen. *Spitz* und *Wolf* dagegen bezweifeln diese Annahme ausdrücklich. Auch *Goldfarb* hat Ergebnisse gewonnen, die für die seelische Verletzbarkeit des Kindes bereits in der ersten Hälfte des 1. Lebensjahres sprechen. Die Meinungen schwanken zwischen den Entwicklungsabschnitten vom 3., vom 6. und vom 9. Monat an. Hinter diesen Fragen steckt das praktisch belangvolle Problem, während welcher Zeit eine Deprivation am ehesten erlaubt werden kann, wenn sie unvermeidlich scheint.

Ebenso umstritten ist die Frage, welche Altersgrenze angesetzt werden muß, nach der die Schädigung durch frühe Deprivationserlebnisse nicht mehr rückgängig gemacht werden kann. Einige Ergebnisse aus Adoptionsuntersuchungen sprechen dafür, daß für die meisten Säuglinge, die zwischen sechs und neun Monaten adoptiert wurden und in den ersten sechs Monaten durch eine Ersatzperson gut bemuttert worden sind, die frühen Schäden zum größten Teil reparabel sind. Nach *Goldfarb* ist ziemlich sicher, daß solche Bemutterung, wenn sie erst nach zweieinhalb Jahren einsetzt, völlig zwecklos ist, und daß die äußerste Zeitgrenze für eine Korrekturmöglichkeit wahrscheinlich vor dem 12. Monat liegt. Der Frage nachzugehen, nach welcher Zeit eine eingetretene Deprivation wiedergutgemacht werden kann, soll natürlich nicht besagen, daß man von dieser Zeitspanne Gebrauch machen sollte. Vielmehr scheint es am besten zu sein, Deprivationen z. B. durch frühe Adoptionen überhaupt zu vermeiden.

Sogar im Hinblick auf die untersuchten Langzeiteffekte der Muttertrennung gibt es widersprechende Ergebnisse, worauf bereits *Bowlby* hinwies. Das wurde mit Hilfe von retrospektiven Längsschnittstudien (follow up) festgestellt, die neben den bereits beschriebenen direkten begleitenden Beobachtungen (direct studies) und den retrospektiven Fallstudien (case-studies) die von *Bowlby* beschriebene 3. Methode darstellen. Sie besteht darin, daß bei einer Gruppe von Kindern mit frühen Deprivationserfahrungen später festgestellt wird, wie sie sich entwickelt hat. *Goldfarb* fand hier nicht wie *Bowlby* die Charakterstruktur »Gemütlosigkeit«, sondern im Gegenteil ein ausgesprochenes Streben nach Gefühlsbeziehungen bis zur Kontaktsucht hin. Es ist jedoch einzuräumen, daß auch dies eine Form vollständiger Unfähigkeit darstellen kann, Gebühlsbeziehungen einzugehen und zu beantworten. Einer genaueren Erklärung bedarf aber das Ergebnis, daß *Goldfarb* im Gegensatz zu *Bowlby* bei seinen Heimkindern nur einen Fall von Diebstahlssymptomatik und keine Schulschwänzer fand. Andere Autoren legen Untersuchungsergebnisse vor, in denen Langzeitwirkungen der Deprivation überhaupt geleugnet werden, z. B. *Brown* 1937 und *Bodman* 1950 (nach *Bowlby* 1952, 41 ff.).

Solche Ungereimtheiten und teilweisen Widersprüche in den Ergebnissen fordern zu einer kritischen Betrachtung in verschiedenen Hinsichten heraus. Es ist zu fragen:

1. nach den in den Arbeiten verwendeten Untersuchungsverfahren, die vielleicht einseitig auf die Feststellung bestimmter Wirkungen unter Vernachlässigung anderer ausgerichtet waren,

2. nach den in den Arbeiten untersuchten Deprivationsbedingungen, z. B. unterschiedliche Pflegevoraussetzungen und Deprivationsstärken in den Heimen, und

3. den in den Untersuchungen überprüften und vertretenen Hypothesen, womit unter Umständen bestimmte Einseitigkeiten in den Ergebnissen erklärt werden können.

Neben diesen mehr methodologischen Fragen ist in einer zweiten Gruppe die inhaltliche und theoretische Thematik betroffen, in der es um die Vereinbarkeit unterschiedlicher Ergebnisse und ihre Interpretation in einem einheitlichen theoretischen Konzept geht. Dabei stößt man unweigerlich auf das Problem, daß wir mehr über die gesunde und normale soziale und emotionale Entwicklung des Kindes und über die Rolle der Mutter in diesem Geschehen wissen müssen, um zutreffendere Urteile über die Folgen der Muttertrennung möglich zu machen.

Diese Erkenntnisse geben den Rahmen ab, in dem es nun um die genaue Beantwortung praktisch belangvoller Fragen über das Zustandekommen und die Auswirkungen der Mutterentbehrung geht. Einige Faktoren der gesunden und der durch Deprivation gestörten Entwicklung, die hierbei Beachtung verdienen, hat *Bowlby* aufgeführt und werden hier ergänzt:

1. kommt es auf das Alter des Kindes und den Stand seiner sozialen und gefühlsmäßigen Entwicklung in dem Augenblick an, in dem das Ereignis der Muttertrennung eintritt,

2. spielen die Dauer der Trennung und die Art der beim Kind ablaufenden Entwicklungsprozesse in dieser Zeit eine Rolle,

3. ist der Grad der Trennung von Belang, wobei es Stufen einer mehr partiellen oder mehr totalen Trennung gibt, je nachdem, ob das Kind Gelegenheit hat, zu einer Ersatzmutter Gefühlsbeziehungen aufzubauen oder nicht,

4. kann es Muttertrennungen in verschiedener Häufigkeit geben, wobei die jeweilige Trennung unterschiedliche Härtegrade annehmen und verschieden wirken kann,

5. bestimmt die Art der Mutterbeziehungen vor Eintritt der Trennung, welchen Erlebniswert die Trennung selbst hat, wobei durchaus nicht immer besonders enge vorherige Beziehungen vorteilhaft sein müssen, weil das Vermissungserlebnis und die Trennungsangst des Kindes dadurch unter Umständen gesteigert werden (vgl. dazu vor allem *Spitz*),

6. sind die Erfahrungen des Kindes mit der Ersatzmutter für alles Weitere ausschlaggebend,

7. ist die Phase der Wiedervereinigung von Bedeutung, d. h. es ist zu fragen, ob sie überhaupt zustande kommt und gegebenenfalls in welcher Art und Weise,

8. sind eventuell Langzeiteffekte unterschiedlicher Art in verschiedenen Persönlichkeitsbereichen des Kindes je nach den Bedingungen zu erwarten, die in den vorigen Punkten aufgeführt wurden.

Tatsächlich sind in der Folgezeit viele Untersucher in verschiedenen Ländern den hier im einzelnen aufgeworfenen Fragen nachgegangen und der Einladung *Bowlbys* zu weiteren Untersuchungen und zur Kritik gefolgt. Diese Arbeiten haben ihren Niederschlag in einem zweiten Bericht der Weltgesundheitsorganisation gefunden, der zehn Jahre nach der Arbeit von *Bowlby* im Jahre 1962 unter dem Titel »Deprivation of maternal care« von *Mary Ainsworth* herausgegeben worden ist. Im folgenden sei auf die darin berücksichtigten Untersuchungen und vor allem auch auf die späteren Arbeiten bis zur Gegenwart eingegangen.

IV. Die neueren Untersuchungen

Um die Beantwortung der aufgeworfenen Fragen bemühten sich vor allem im englischen Sprachraum fast unübersehbar viele psychologische Arbeiten. Obschon sie unser Wissen bereichert haben, konnten sie manche offenstehende Probleme der Lösung nur wenig näher bringen. Die Ergebnisse sind oft uneinheitlich und vage geblieben, so daß sie manchmal die weit verbreitete Skepsis gefördert haben.

Vor allem in Deutschland ist eine gewisse Zurückhaltung festzustellen, die allein daraus hervorgeht, daß die englischsprachigen Berichte der Weltgesundheitsorganisation von *Bowly* und *Ainsworth* nicht übersetzt und nur wenig beachtet worden sind. Die Zahl der deutsch-sprachigen Arbeiten ist im Vergleich zu den Untersuchungen im englischen Sprachraum verschwindend gering geblieben. Erst neuerdings beginnt sich abzuzeichnen, daß diese Forschungsrichtung in den mitteleuropäischen Ländern wiederbelebt wird (*Dührssen, Hellbrügge, Meierhofer* und *Keller*), von wo sie schließlich ausgegangen ist. Bei uns wird die Wirkung der mütterlichen Zuwendungsformen immer noch recht gering geschätzt, weil man sie im Vergleich zur Wirkmacht der anlagemäßigen körperlichen und seelischen Konstitutionsfaktoren in der Entwicklung des Kindes glaubt vernachlässigen zu können. In dieser Situation scheinen die Fortschritte auf diesem Feld davon abzuhängen, daß die Untersuchungsplanung hohen Ansprüchen genügt.

1. Zur Methode

In der bisherigen Kritik im Ausland setzte man an der unzulänglichen Handhabung der Untersuchungsmethoden an, wobei vor allem eine mangelhafte Kontrolle der untersuchten Variablen zum Vorschein kam. Wenn etwa *Prugh* und *R. G. Harlow* die in manchen Arbeiten gezogene Schlußfolgerung kritisieren, daß jede Trennung schädlich sein müsse, so geht es dabei im Grunde darum, erstens die Trennungsvariable genauer zu definieren und zweitens andere Faktoren zu berücksichtigen, die ebenfalls wie die Trennung schädlich wirken könnten. Besonders die generelle Rückführung der Kriminalität auf Trennungserfahrungen ist heftig bestritten worden (vgl. *Wootton* 1962).

Freilich ist gerade auf diesem schwierigen Gebiet die Forderung nach einer einwandfreien Analyse der Untersuchungsvariablen leichter erhoben als erfüllt. Geht man in der methodologischen Kritik von dem Modell aus, daß das Problem der Muttertrennung in streng experimenteller Form untersucht werden müßte, so leuchtet sofort ein, daß die hier in Frage stehende Bedingungsvariation, nämlich Trennung des Kindes von der Mutter, aus humanitären Gründen experimentell nicht herbeigeführt werden kann.

Ebenso schwierig ist es, zur Überprüfung von Hypothesen die übrigen Bedingungen zu kontrollieren, die in einem solchen Vergleich als sogenannte intervenierende Variablen konstant gehalten werden müssen. Dabei handelt es sich nicht nur um das Alter, die Intelligenz, um Persönlichkeitsmerkmale und den sozioökonomischen Status der in Frage stehenden Kinder, sondern viel wichtiger scheint es zu sein, andere Umwelterfahrungen aus dem Spiel zu halten, die ähnliche Wirkungen wie die Muttertrennung haben könnten.

Eine Kontrolle dieser Bedingungen ist nur über eine sorgfältige Auswahl der Versuchspersonen möglich, die die zu untersuchenden Erfahrungen repräsentieren. Versucht man etwa, den Trennungseffekt zu erfassen, indem man von der Mutter getrennte Heimkinder mit Familienkindern vergleicht, und schließt nicht aus, daß unter den Familienkindern solche sind, die von der Mutter abgelehnt wurden und folglich in gleicher Weise wie die Heimkinder – trotz körperlicher Anwesenheit der Mutter – psychisch isoliert sind, dann ist bereits von der Untersuchungsplanung her das Ziel in Frage gestellt. Die Grundvoraussetzung für eine einwandfreie Forschungsstrategie ist eine gründlich durchdachte Matrix der Bedingungen, die Einfluß auf das zu untersuchende Feld haben können.

Ihre besonderen Schwierigkeiten offenbart die Bedingungskontrolle, wenn es sich bei den zu untersuchenden Auswirkungen um Langzeiteffekte handelt. In den rückblickenden Studien besteht das Problem darin, nach langen Jahren festzustellen, wie die Trennungserfahrungen genau geartet waren. Wenn man den umgekehrten Weg einer echten follow-up-Längsschnittstudie einschlägt, bei der man von den Trennungsbedingungen in der frühen Kindheit ausgeht und nach Jahren deren Effekte feststellt, ist die Sachlage im Grunde nicht viel günstiger. In der Zwischenzeit können sehr viele Bedingungen wirksam geworden sein, die vorher nicht eingeplant werden konnten.

Die Feststellung der Wirkungen hängt schließlich von der Eignung und Güte des Meßinstrumentes ab, das auf die erwarteten Effekte abgestellt ist. Da manche Effekte sich vielleicht sogar gänzlich der Messung entziehen, ist auch in dieser Hinsicht mit großen Schwierigkeiten in der Forschung auf diesem Gebiet zu rechnen. In den zeitraubenden Untersuchungen werden die vielen Variablen am besten erfaßt, wenn man mit kleinen, genau umschriebenen Gruppen arbeitet, in denen möglichst viele der in Frage stehenden Bedingungen unter möglichst genauer Kontrolle gehalten sind.

2. Einteilung der Arbeiten

Es sind vor allem der Amerikaner *Yarrow* (1961) und die Engländerin *Mary D. Ainsworth* (1962) gewesen, die begonnen haben, die Ergebnisse aufgrund der in den Arbeiten verwendeten Forschungsstrategien auf ihre Tragfähigkeit hin zu analysieren. Was die Einteilung der Versuchsanordnungen in den neueren Arbeiten angeht, kann man sich jedoch an *Bowlbys* einfache Dreigliederung halten:

1. direkte begleitende Untersuchungen,
2. rückblickende Untersuchungen und
3. Folgeuntersuchungen.

Yarrow dagegen unterscheidet:
1. Untersuchung der Heimbedingungen (in direkten Studien),
2. Untersuchung der Heimbedingungen (in rückblickenden Studien),
3. Untersuchung der Muttertrennung und
4. Untersuchung der Mehrfachbemutterung.

In dieser Einteilung werden Untersuchungsplanungen und Gegenstände der Untersuchung miteinander vermengt, und es scheint von daher gesehen problematisch zu sein, eine einzelne Arbeit unter dieser oder jener Rubrik zu erfassen.

Ainsworth ergänzt das *Bowlby-Schema* durch drei weitere Untersuchungsmethoden:

1. psychoanalytische Forschungsstudien,
2. Bevölkerungsstatistik und
3. experimentelle Untersuchungen.

Diese drei Strategien scheinen jedoch keine echte Erweiterung des *Bowlby*-Schemas zu bringen. Bei den psychoanalytischen Forschungsstudien handelt es sich entweder um rückblickende Fallstudien oder direkte Untersuchungen. Die Bevölkerungsstatistik bedient sich der Technik der rückblickenden Studie, und die Bezeichnung einer Studie als experimentelle Untersuchung betrifft nicht die Forschungsstrategie, sondern den Grad der Objektivierung und Fixierung der untersuchten Variablen. Infolgedessen bleibt es in unserer Übersicht bei der *Bowlby*schen Dreiteilung, wobei wir lediglich die Reihenfolge abändern und die rückblickenden Fallstudien vorziehen, weil sich an ihnen die Kritik in erster Linie entzündet hat. Die Untersuchungen werden in einem Überblick jeweils tabellarisch nach Erscheinungsjahr erfaßt, wobei auch wichtige ältere Arbeiten aufgeführt sind.

3. Rückblickende Fallstudien

In diesen Untersuchungen schlägt man den Weg ein, eine bestimmte Persönlichkeitseigenschaft oder ein Symptom festzustellen, und sich dann zu fragen, ob es als Auswirkung der Muttertrennung anzusehen ist. Man läßt sich von der Vorstellung leiten, Versuchspersonen, denen eine bestimmte Eigenschaft gemeinsam ist, müßten in ihrer Vorgeschichte eine gleiche Ursache für diese Eigenschaft aufweisen. Experimentiergruppen, die diesen Bedingungen entsprechen, vergleicht man mit Kontrollgruppen, die dieses Symptom nicht aufweisen und infolgedessen in ihrer Vorgeschichte andere Erfahrungen gemacht haben müssen.

Diese Forschungsstrategie wendete *Bowlby* in seiner Arbeit über die 44 jugendlichen Diebe an, bei denen er aus der Diebstahlssymptomatik auf die gemeinsame Muttertrennung in der frühen Kindheit schloß. Wir erkennen deutlich den Dreischritt:

1. Fixierung eines Syndroms oder Effekts,
2. Aufsuchen des Symptoms bei Versuchsgruppen,
3. Aufsuchen der frühen Erfahrung, um den Zusammenhang mit der späteren Wirkung festzustellen.

Die besondere Stärke der rückblickenden Fallstudien liegt darin, daß man von sehr speziellen Hypothesen über die Auswirkungen der frühen Erfahrung ausgehen kann und zu einer genauen Abschätzung möglicher Wirkungen kommt.

Die große Gefahr besteht jedoch in dem Schluß: post hoc ergo propter hoc. Wenn wir z. B. bei gemütlosen jugendlichen Dieben eine frühe Muttertrennung feststellen, braucht damit noch nicht gesagt zu sein, daß umgekehrt solche Muttertrennungen immer oder gewöhnlich kriminelles Verhalten im Gefolge haben. Zweifellos kann es unter Jugendlichen mit Diebstahlssymptomatik vermehrt solche mit sozialen Mutterentbehrungen geben, aber es kann sich dabei durchaus um eine nur sehr kleine Gruppe handeln. Man übersieht sehr leicht andere mögliche Ursachen für die untersuchten Verhaltensauffälligkeiten, etwa einen anlagebedingt labilen Charakter, der für Diebstahlshandlungen anfällig macht.

Da man in den rückblickenden Fallstudien von einzelnen Symptomen ausgeht und damit den Blick einengt, besteht

Tabelle 5   Rückblickende Fallstudien

Verfasser/Jahr	Versuchspersonen	Untersuchung
Lowrey 1940	28 auffällige Kinder zwischen 3 und 6 Jahre alt	Heimerfahrung zwischen 6 und 42 Monate lang im Alter von 2 Wochen bis 34 Monaten, festgestellt durch Fallanalyse und Intelligenztest
Bender a. Yarnell 1941	250 klinische Fälle zwischen 1 bis 6 Jahre alt	Heimerfahrung seit der Geburt mit Intelligenztest und psychiatrischer Diagnose festgestellt
Bowlby 1944	44 »Diebe« zwischen 5; 7 und 17 Jahre alt	Heimerfahrung seit Geburt, durch Fallanalyse und psychiatrische Diagnose untersucht

Verfasser/Jahr	Versuchspersonen	Untersuchung
Bender 1947	5000 Kinder und Jugendliche	Heimerfahrung zwischen Geburt und mittlerer Kindheit, durch Fallanalyse und psychiatrische Diagnose untersucht
Skeels a. Harms 1948	87 Kinder von Müttern mit IQ unter 75	Intelligenz gemessen nach Adoption
Ainsworth a. Boston 1952	1 Kind im Alter von 3 Jahren	mit 13 Monaten von Mutter getrennt verschiedene Testverfahren
Stott 1956	105 zurückgebliebene Kinder zwischen 8 und 15 Jahren	Untersuchung, ob allein Muttertrennung für Rückstand verantwortlich war
Berg a. Cohen 1959	40 schizophrene Frauen in Klinik 40 neurotische Frauen zwischen 20 und 40 Jahren	Heimerfahrung von Geburt bis zum Jugendalter, durch Lebenslauf analysiert
Naess 1959	42 kriminelle Jugendliche (ohne kriminelle Brüder) *Kontrollgruppe:* 24 Jugendliche	Wirkung der Heimerfahrung auf kriminelles Verhalten
Pringle, Kellmer a. Bossio, 1960	11 Verhaltensgestörte	Wann Muttertrennung geschehen
Earle 1961	1423 psychiatrische Patienten 100 mit Muttertrennung	Datum der Muttertrennung untersucht
Schenk-Danzinger 1961	34 aggressive Kinder zwischen 4 und 12 Jahren, die mindestens 2 Jahre in der Familie lebten	Frage nach der Dauer und dem Datum der Heimerfahrung

weiter die Gefahr, daß man anderweitige, unter Umständen sehr belangvolle Auswirkungen der zu untersuchenden Bedingungen übersieht. Die frühe Muttertrennung könnte noch zu anderen Folgeerscheinungen führen als bloß zur Neigung zu Diebstählen. Es dürfte deshalb kein Zufall sein, daß diese

Forschungsmethode seltener als andere angewendet worden ist und in den letzten Jahren an Beliebtheit eingebüßt zu haben scheint.

4. Rückblickende Folgestudien

Der gegenüber den rückblickenden Fallstudien, die vom Symptom ausgehen und nach der Ursache (Muttertrennung) forschen, entgegengesetzte Weg ist der der rückblickenden Folgestudie (retrospektive follow up study). Hier geht man von der Bedingung Muttertrennung aus und untersucht, welche Änderungen sich bei Kindern mit dieser Erfahrung im Vergleich zu anderen ohne diese Erfahrung zeigen. Man kann dabei einmal nach unmittelbaren Auswirkungen unter dem Eintritt der Bedingung »Muttertrennung« fragen, dann handelt es sich um begleitende Untersuchungen. Andererseits ist es möglich, sich für die Langzeiteffekte zu interessieren. Wir gehen hier zunächst auf die Langzeiteffekte ein, mit denen sich die rückblickenden Folgestudien befassen.

In rückblickender Betrachtung sind diese Arbeiten meistens aus praktischen Gründen angelegt. Es wäre sehr zeitraubend und in einer einzelnen Untersuchung kaum durchzuführen, mit der Prüfung von Langzeiteffekten bereits bei sehr jungen Kindern zu beginnen und sie über Jahre hinweg bis ins Jugendalter hinein zu verfolgen, wie das in den reinen follow-up-Längsschnittstudien der Fall ist. Die Langzeiteffekte lassen sich einfacher feststellen, wenn man in späteren Jahren Kinder aussucht, bei denen genau feststeht, daß sie in früheren Jahren eine Mutterentbehrung erleben mußten. Dabei ist es dann allerdings oft schwer, nach vielen Jahren genaue Aussagen über die Art und das Ausmaß der frühen Mutterentbehrung zu erhalten.

Es kommt ferner darauf an, in einem geeigneten Untersuchungsverfahren auf möglichst breiter Basis nach Effekten zu suchen, damit nicht wichtige Folgeerscheinungen übersehen werden. Sofern es dabei um Auswirkungen auf das Sozialverhalten und die Persönlichkeitsentwicklung geht, sind geeignete diagnostische Instrumente schwer zu finden. Viele Interview- und Fragebogenmethoden sind wenig zuverlässig, und wenn die Ergebnisse einigermaßen gesichert werden sollen, müssen verschiedene Verfahren angewendet werden, die sich gegenseitig zu stützen vermögen. So wünschenswert eine allgemeine Messung von Auswirkungen zu sein scheint, genauer werden die Ergebnisse selbstverständlich, je gezielter und intensiver das Meßinstrument angesetzt ist. Am besten geht man deshalb von strittigen Untersuchungsergebnissen und Hypothesen aus, wie wir sie in den nächsten Abschnitten aufwiesen. Arbeitet man in dieser Weise in eng begrenzten Fragestellungen mit sorgfälig ausgesuchten Experimentier- und Kontrollgruppen, dann ist die Methode der retrospektiven Folgestudie diejenige, die auch für die Zukunft am meisten Erfolg verspricht. Ihre Möglichkeiten, strittige Fragestellungen zur Entscheidung zu bringen, sind noch keineswegs voll ausgeschöpft.

Tabelle 6   Rückblickende Folgestudien

Verfasser/Jahr	Versuchspersonen	Untersuchung
Goldfarb 1943 b	20 Kinder mit mindestens 3jähriger Heimerfahrung, beginnend zwischen dem 1. und 24. Monat *Kontrollgruppe:* 20 Pflegekinder	Die Heimerfahrung zwischen dem 4. und 6. Jahr durch Beobachtungsskalen untersucht
Goldfarb 1944	40 Kinder mit durchschnittlich 34monatiger Heimerfahrung in früher Kindheit mit wiederholten Trennungen *Kontrollgruppe:* 40 Pflegekinder	Im Alter von durchschnittlich $7^{1}/_{2}$ Jahren beobachtet
Goldfarb 1945 a	15 Heimkinder, durchschnittlich im Alter von $4^{1}/_{2}$ Monaten untergebracht	Im Durchschnittsalter von 34 Monaten bis durchschnittlich 43 Monaten in verschiedenen Tests überprüft
Goldfarb 1945 b	15 Heimkinder mit $2^{1}/_{2}$ bis 3jähriger Heimerfahrung *Kontrollgruppe:* 15 Pflegekinder	Im Alter von durchschnittlich 12 Jahren verschiedene Tests durchgeführt

Verfasser/Jahr	Versuchspersonen	Untersuchung
Goldfarb 1947	15 schlecht angepaßte Kinder mit 34monatiger Heimerfahrung, durchschnittlich im Alter von 6 Monaten	Im Alter von durchschnittlich 14$^{1}/_{2}$ Jahren mit Beobachtungsskala untersucht
	Kontrollgruppe: 15 gut angepaßte Kinder	
Goldfarb 1949	15 Heimkinder mit durchschnittlich 4$^{1}/_{2}$ Monaten für durchschnittlich 39 Monate im Heim 15 schizophrene Kinder 15 Pflegekinder	Im Alter von 12 Jahren mit Intelligenztests und *Rohrschach* untersucht
Beres a. Obers 1950	Klinische Fälle zwischen Geburt und 12 Monaten für durchschnittl. 3 Jahre im Heim untergebracht	In Reifezeit und Erwachsenenalter Intelligenztest, psychiatrische Diagnose, Lebenslaufanalyse durchgeführt
Boddmann 1950	51 Jugendliche durchschnittlich mit 4;4 Jahren (16 Fälle unter 2 Jahren) für 3 bis 15 Jahre (durchschnittl. 9$^{1}/_{2}$ Jahre) im Heim	Sozialskala, Lebenslaufanalyse
	Kontrollgruppe: 52 Jugendliche	
Bowlby 1953	49 1- bis 4jährige Kinder mit 1- bis 2jähriger Erfahrung in Säuglingsheimen oder Krankenhäusern	Klinische Beobachtung im Alter von 1 bis 4 Jahren
Lewis 1954	500 Kinder und Jugendliche unter 5 bis über 15 Jahre alt mit Heimerfahrung	Klinische Schätzung
Schraml 1954	32 Heimkinder zwischen 2$^{1}/_{2}$ und 6 Jahren je zur Hälfte vor und nach 6 Monaten bis zu 1 Jahr im Heim	Kontakt- und Angstverhalten beobachtet
Rowntree 1955	277 Kinderpaare mit nur einem Elternteil im Alter von 4 Jahren	Häufigkeit des nächtlichen Einnässens festgestellt

Verfasser/Jahr		Versuchspersonen	Untersuchung
Bowlby, Ainsworth, Boston a. Rosenbluth, 1956	60	6- bis 14jährige Kinder mit bis zu 4jähriger Sanatoriumserfahrung	Intelligenztest, klinische Bewertung durch verschiedene Experten
		Kontrollgruppe:	
	57	Kinder	
Stott 1956	141	zurückgebliebene Kinder, davon 25 für mindestens 10 Wochen zwischen dem 1. und 4. Lebensjahr von der Mutter getrennt	Lehrerurteil, Heimberichte, Interview der Mutter
Rabin, 1956 und 1958 a	64	Kibbuz-Kinder, 9 Monate bis 11 Jahre alt	Sozial-, Zeichen- und *Rohrschachtest*
		Kontrollgruppe:	
	60	Kinder	
Douglas a. Blomfield 1958	5386 4668	Kinder, davon eheliche Kinder, zur Hälfte zwischen Geburt und 6 Jahren von der Mutter getrennt, aber nur 14% mehr als 4 Wochen lang	Verhaltensauffälligkeiten festgestellt
Dührssen 1958	50	Heimkinder 6 bis 7 Jahre alt, im ersten Lebensjahr überwiegend im Heim	IQ-Berechnungen, Familien- und Beobachtungsdaten
	50	Pflegekinder	
	50	Familienkinder	
Haggerty 1959	100	durchschnittlich 12jährige mit durchschnittlich 3½jähriger Heimerfahrung im 1. Lebensjahr	Sprachanalyse
Koch 1960	72	Säuglinge zwischen 4 und 12 Monaten	motorische, soziale, sprachliche Entwicklung festgestellt
		Kontrollgruppe: Familienkinder	
Chambers 1961	28	Kinder mit mindestens 3 Pflegestellen in den ersten 3 Lebensjahren	Zeitbegriffsbildung mit *Piaget*-Versuchen
Gardner a. o. 1961	29	Kinder und Jugendliche mit Heimerfahrung	Intelligenz- und Persönlichkeitstest
		Kontrollgruppe:	
	29	Kinder	

Verfasser/Jahr	Versuchspersonen	Untersuchung
Robertson 1962	25 Kinder, kurzzeitig in Mütterberatungsstelle in ersten 12 Monaten beobachtet, später im Kindergarten	Verhaltensbeobachtungen
Loeber 1963	25 11jährige Heimkinder, 15 % des Lebens im Heim 25 9jährige, durchschnittlich fast die Hälfte des Lebens im Krankenhaus 50 Familienkinder	Entwicklungstestverfahren, Körpermessungen, Verhaltensbeobachtungen
Maas 1963	20 Erwachsene, im 1. bis 3. Lebensjahr getrennt, als Schulkinder im Kinderheim	Befragung auch der Eltern mit TAT
Wasseff 1965	6 Gruppen zu je 30 12jährigen Schülern mit Muttertrennungen zwischen dem 1. und 5. Lebensjahr, davon je zur Hälfte mit einer bzw. mehreren Ersatzmüttern *Kontrollgruppe:* 30 Kinder	Sozial-Persönlichkeitstest und Beobachtungsbogen
Hellbrügge, Brendel 1966	69 17- bis 23jährige aus ausgesucht gutem Milieu mit Muttertrennung im ersten Lebensjahr, später in guten Heimen und Pflege- bzw. Adoptionsstellen	Intelligenztests und klinische Daten
Meierhofer u. Keller 1966	391 Kinder zwischen 2½ und 7½ Jahren während einer längeren Zeit im Heim (21 4- bis 7jährige)	Intelligenztests und sorgfältige Beschreibung der Heimbedingungen

5. Begleitende Untersuchungen

Wie bereits erwähnt, betreffen die begleitenden Untersuchungen im Regelfall die Änderungen, die bei Kindern unmittelbar im Anschluß an die Muttertrennung beobachtet werden.

Die besondere Fruchtbarkeit dieses Verfahrens hat *René Spitz* gezeigt und darin viele Nachfolger gefunden, zuletzt in *Meierhofer* und *Keller*, die eine sehr gründliche Arbeit in der Schweiz durchgeführt haben. Der Hauptakzent liegt in diesen Untersuchungen auf der Beschreibung der speziellen Erfahrungen und Umweltbedingungen, denen das Kind nach der Muttertrennung ausgesetzt ist. Es geht dabei meistens um das Milieu in Säuglings- und Kinderheimen, vor allem wenn es sich um länger dauernde Muttertrennungen handelt. Aber auch die Krankenhaussituation mit kürzerer Verweildauer hat dabei Beachtung gefunden. In diesen Institutionen hat man Verhältnisse angetroffen, denen eine Bedeutung für die Entwicklung des von der Mutter getrennten Kindes zugesprochen wird.

Die Beschreibung der Entwicklungsstörungen, die von verschiedenen Untersuchern in den begleitenden Studien festgestellt sind, ist sehr eindrucksvoll. Die frühen Arbeiten von *Spitz* haben z. B. in den Beobachtungen von *Bowlby* zum Phänomen der Trennungsangst und in einer späteren Arbeit von *Spitz* (1961) eine schöne Bestätigung und Ergänzung gefunden.

Tabelle 7   Begleitende Untersuchungen

Verfasser/Jahr	Versuchspersonen	Untersuchung
Brown 1937	200 9- bis 14jährige Heimkinder *Kontrollgruppe:* 200 aus armen Familien	weitgestreute Heimerfahrung von Geburt bis zur Pubeszenz durch Persönlichkeitsfragebogen festgestellt
Skeels a. Dye 1939 *Skeels* 1942	25 Heimkinder verschiedener Gruppen zwischen Geburt und 2. Lebensjahr eingewiesen *Kontrollgruppe:* 12 Kinder	Heimerfahrung im Alter von 7 Monaten bis zu 9 Jahren durch Intelligenztests und fortlaufende Untersuchungen festgestellt
Gesell a. Amatruda 1941	ungenannte Zahl von Heimkindern	von Geburt bis zum 2. Lebensjahr durch *Gesell*-Skala Entwicklung verfolgt

Verfasser/Jahr	Versuchspersonen	Untersuchung
Freud a. Burlingham 1943	etwa 90 Kinder in Säuglings-, Kinder- und Evakuierten- heimen bis zu 10 Jahre alt	Verhaltensbeobach- tung während des Heimaufenthaltes und der Evakuierung im Zweiten Weltkrieg
Edelston 1943	42 Kinder im Kranken- haus zwischen 2¹/₂ und 15 Jahren	klinische Beobachtung
Wellmann a. Begram 1944	35 Heimkinder zwischen Geburt und 2. Lebens- jahr eingewiesen *Kontrollgruppe:* 53 Kinder	Heimerfahrung im Alter von 1¹/₂ bis 5¹/₂ Jahren durch verschie- dene Tests erfaßt, Intelligenz motorische, soziale und sprachliche Entwicklung
Brodbeck a. Irwin 1946	94 Heimkinder von 0 bis 6 Monate *Kontrollgruppe:* 217 Kinder	in dieser Zeit Sprach- entwicklung verfolgt
Spitz a. Wolf 1946	123 Kinder in Säuglings- heimen, bis zu 13 Monate alt	Auswirkung der Mut- tertrennung im 5. bis 7. Monat durch Ge- fängnisaufenthalt der Mutter beobachtet
Spitz 1946	61 Waisenhauskinder 69 Kinder mit Müttern im Gefängnis 34 Familienkinder, alle bis zu 2¹/₂ Jahre alt	Die seit Geburt in Hei- men untergebrachten Kinder wurden mit der *Hetzer/Wolf*-Skala getestet und klinisch beobachtet
Levy 1947	101 Heim- und 129 Pflegekinder im Alter von unter 6 Monaten, zwischen 6 und 12 Monaten und über 12 Monate	*Gesell/Binet*- und Sozial- test angewendet
Spitz a. Wolf 1949	170 Kinder mit Müttern im Gefängnis 61 im Waisenhaus 17 in Familien	die von Geburt an bis zum 15. Monat in Hei- men beobachteten Kin- der wurden mit dem *Hetzer/Wolf*-Test un- tersucht und frei be- obachtet, die Mütter nach *Rohrschach* getestet

Verfasser/Jahr	Versuchspersonen	Untersuchung
Fischer 1952	62 Heimkinder zwischen Geburt und 3. Monat eingewiesen	Heimerfahrung im Alter von 6 bis 7 Monaten durch *Cattell*-Test untersucht
Robertson a. Bowlby 1952	ungenannte Anzahl von Kindern im Alter von $1^1/_2$ bis 2 Jahren im Krankenhaus	In dieser Zeit klinische Beobachtung
Roundinesco 1952	20 Heimkinder von 1 bis $1^1/_2$ Jahren	Beobachtung in dieser Zeit
Dupan a. Roth 1955	14 Heimkinder zwischen Geburt und 3 Monaten eingewiesen	*Gesell*-Test angewendet vom 4. Monat an
Rheingold 1956	16 Heimkinder seit Säuglingsalter im Heim (davon 8 besonders betreut) 8 Kontrollkinder	Im Alter von 6 bis 8 Monaten *Cattell*- und Sozialtest
Dennis a. Najarian 1957	49 Heimkinder, 30 im Vorschulalter, seit Geburt im Heim	Zwischen 2 und 12 Monaten und zwischen $4^1/_2$ bis 6 Jahren mit Männchenzeichen-Test
Flint 1959	16 Heimkinder zwischen Geburt und 6 Monaten eingewiesen	zwischen 2 und 20 Monaten Beobachtung auf Gefühlsstabilität hin
Schaffer 1959	76 Kinder im Krankenhaus zwischen 3 und 51 Wochen alt	In dieser Zeit standardisierte Beobachtung und *Cattell*-Test
Spitz 1959 (unveröffentl., Bericht 1967)	91 Kinder zwischen Geburt und 2. Lebensjahr 21 Kinder zwischen 0 und 4. Lebensjahr	Sterblichkeitsrate und Verhaltensbeobachtung
Schmitt-Kolmer 1960	215 Kindergartenkinder 179 Wochenheimkinder, 163 Vollheimkinder, alle 4 bis 6 Jahre alt	Intelligenztestaufgaben
Schenck-Danzinger 1965	10 albanische Säuglinge	1 Jahr lang beobachtet
Meierhofer u. Keller 1966	66 Kinder von $2^1/_2$ bis $30^1/_2$ Monaten	Während Heimaufenthalt laufend getestet, gemessen, fotografiert

Allerdings sind auch diese Arbeiten nicht von Kritik verschont geblieben. Vor allem wird bezweifelt, daß die Muttertrennung allein so massive Wirkungen auf die Kinder gehabt haben kann, wie sie beschrieben worden sind. Es wird vermutet, daß hirnorganische Schädigungen aus der vor- und nachgeburtlichen Zeit bei vielen Kindern mit im Spiele waren, wenn bei ihnen z. B. eine so hohe Sterblichkeitsquote festgestellt werden mußte. In früheren Zeiten waren diese manchmal zum Tode führenden Störungen weitgehend unbekannt, und erst neuerdings finden auch die gelinden Formen durch Verfeinerung der diagnostischen Möglichkeiten die gebührende Beachtung (*Wewetzer* 1961).

Sorgfältigere Erhebungen in dieser Richtung vermißt z. B. *Stott* (1962) in der Arbeit von *Dührssen* (1958). Auch in der neueren Arbeit von *Meierhofer* wurde der Frage nach möglichen organischen Schäden der Kinder nur aufgrund von kurzen Vermerken aus Akten nachgegangen, wobei von etwa der Hälfte der Kinder keine Angaben vorlagen (1966, 61 ff.).

Die Rate der schwer verhaltensgestörten Kinder im Heim findet wahrscheinlich auch eine Erklärung darin, daß unter den im Heim länger verbleibenden Kindern, die nicht so schnell in Pflege genommen oder adoptiert werden, solche mit organischen Schäden gehäuft vorkommen. Künftige Arbeiten auf diesem Gebiet müßten von genaueren medizinischen und psychologischen Diagnosen ausgehen und anerkennen, daß bloß verbale Erklärungen über das Fehlen oder Vorhandensein von Wirkungen der Muttertrennung in Institutionen oder von etwaigen Ursachen für Verhaltensstörungen nicht weiterhelfen, diese schwierigen Fragen zu klären.

V. Ergebnisse der neueren Untersuchungen

Je nachdem, wie präzise die Komponenten der Muttertrennung festgestellt worden sind und wie exakt ihr Effekt verfolgt werden konnte, verdienen die Ergebnisse der neueren Arbeiten unterschiedliches Vertrauen.

Besonders schwierig ist es, im Einzelfall aus den Angaben etwas über die genaueren Umstände der Muttertrennung und damit der Entwicklungsbedingungen des Kindes zu erfahren. In den rückblickenden Fallstudien, in denen man von klinischen Gruppen mit Verhaltensstörungen ausgeht, ist z. B. meistens lediglich die Rede davon, daß die Versuchspersonen früher einmal von der Mutter getrennt und in einem Heim untergebracht waren. Die spezifischen Daten über die frühen Bedingungen der mütterlichen Beziehungen fehlen im Regelfall. Das ist desto bedauerlicher, als feststeht, daß die Trennung eines Kindes von seiner Mutter und ein Heimaufenthalt stets mit einer Reihe anderer traumatischer Erlebnisse verbunden sind. Hier spielen etwa Krankheit oder Tod der Eltern, ihre etwaige Erziehungsschwäche oder Ablehnung des Kindes sowie unter Umständen eine Krankheit oder mangelnde Pflege des Kindes eine wichtige Rolle. Die Muttertrennung ist wohl nie unter einer einzelnen solchen Bedingung untersucht worden. Trennungs- und verschiedene Entbehrungserfahrungen, wie erheblich gestörte Elternbeziehungen, wiederholte Trennungen und zwischengeschobene Heimunterbringungen, stellen ein Insgesamt verschiedener gemischter Variablen dar, deren Erforschung große Probleme aufgibt.

In diesem Beziehungsgeflecht stellt nun zweifellos der Heimaufenthalt eine der am häufigsten auftretenden Begleiterscheinungen einer Muttertrennung dar. Die hier interessierenden Informationen, wie genaues Datum des Beginns, der Dauer der Unterbringung und vor allem genauere Angaben über die Institutionsverhältnisse fehlen in vielen Arbeiten. Mit Recht wünschte deshalb *Yarrow* (1961), die Umweltbedingungen genauer zu erforschen, wobei er die sensorische, soziale und emotionale Deprivation unterschied. Nach der Trennung des Kindes von der Mutter dürften die Verhältnisse in den Heimen von desto größerer Bedeutung sein. Anscheinend unabhängig von *Yarrow* sind *Meierhofer* und *Keller* (1966) dieser Frage in einer sehr aufschlußreichen Arbeit nachgegangen.

1. Folgen des Heimaufenthaltes im 1. Lebenshalbjahr

Als Beweis, daß eine frühe Muttertrennung und eine damit verbundene soziale und sensorische Reizverarmung nicht zu einer Schädigung der Entwicklung zu führen braucht, wird oft auf die experimentelle Studie von *Dennis* (1941 b) hingewiesen. Die begleitende Untersuchung eines Zwillingspaares, das in den ersten sieben Monaten ein Minimum an sozialer und sensorischer Anregung erhielt, ließ keinen Rückstand in der seelischen Entwicklung erkennen.

Wenn diese Arbeit in diesem Zusammenhang zitiert wird, werden jedoch zwei wichtige Bedingungen übersehen, die die Erziehung dieser Kinder von der in der Heimsituation unterschieden. Die Kinder wurden zwar wie im Heim nur routinemäßig ohne jede affektive Zuwendung versorgt, aber sie hatten eine ständige Mutterperson. Weiter ist bedeutsam, daß dieser Versuch zum Glück für die Kinder nicht über das 1. halbe Jahr hinaus fortgesetzt wurde. Allenfalls ließe sich diese Arbeit in die Reihe derjenigen stellen, die dafür sprechen, daß die Muttertrennung in der ersten Hälfte des 1. Lebensjahres weniger gefährlich ist.

Genau genommen können sich die Autoren, die im 1. halben Jahr keine Schädigung des Kindes durch die Muttertrennung annehmen, gar nicht auf Untersuchungen von Kindern berufen, die bis zu einem halben Jahr alt waren (*Bowlby, A. Freud*). Nach *Spitz*, der gerade in den ersten fünf Monaten erhebliche Entwicklungsrückstände beobachtete, sind es erst *Meierhofer* und *Keller* gewesen, die neuerdings Kinder beobachteten, bei denen die Muttertrennung und Heimaufnahme schon im 1. Lebensmonat, meistens bereits knapp 14 Tage nach der Geburt stattfand. Da sie gleich aus den Neugeborenenabteilungen der Geburtskliniken überwiesen wurden oder gar im Säuglingsheim selbst geboren waren, hatten sie nur geringen Kontakt mit der Mutter gehabt, so daß kein Mutterverlust mit Abreißen der Gefühlsbeziehun-

gen, sondern eine Muttertrennung vor dem Aufbau sta‎
Gefühlskontakte vorlag.

Wie *Spitz* fanden *Meierhofer* und *Keller* in Schweizer
Heimen, daß bereits die Säuglinge in den ersten Lebensmonaten Verhaltensstörungen zeigten, die *Spitz* anaklitische Depression genannt hatte und die nun als Verlassenheitssyndrom bezeichnet wurden. In der akuten Form wird die Verhaltensstörung wie folgt beschrieben:

»Eine psychomotorische Unruhe verbunden mit Schreien steigert
sich, besonders vor den Mahlzeiten, zu eigentlichen Erregungszu-
ständen, die nur durch kurze Pausen erschöpften Innehaltens unterbrochen werden. Sehr häufig sind damit Störungen des Schlafes und
Schwierigkeiten der Nahrungsaufnahme verbunden. Es ist offensichtlich nicht der Hunger allein, der diesen Erregungszustand be-
wirkt, denn auch nach der Sättigung hält er noch ein bis zwei
Stunden an. In der Ruhe zeigen viele dieser kleinen Heimsäuglinge
sodann einen depressiven Gesichtsausdruck, gekennzeichnet durch
herabgezogene Mundwinkel, vertiefte Nasenfalten, zusammengezo-
gene Augenbrauen, gespannte, statt wohlig entspannte Gesichts-
züge.

Nimmt man einen dieser verzweifelt schreienden Säuglinge auf
den Arm, so kann er sich oft überraschend schnell beruhigen, obwohl er seine Flasche noch nicht bekommen hat. Diese Lage kann
für ihn auch nicht das Signal für die bald erfolgende Stillung des
Hungers sein, denn er ist ja von Anfang an gewöhnt, die Flasche im
Bett zu erhalten -- und so ist es offenbar der mitmenschliche Kontakt, der ihn befriedigt und beruhigt« (1966, 223).

Im Alter von vier Monaten zeigte sich bei vielen Säuglingen
bereits der Zustand der Resignation, sie lutschten verstärkt
und hatten Stereotypien entwickelt, wodurch sich das
»chronische Verlassenheitssyndrom« ankündigte:

»Nachlassen der Protestaktionen, wobei das zornige Weinen in ein
Wimmern, Jammern oder gelegentliches Aufschreien übergehen
kann; Verstärkung der autoerotischen Betätigungen; Auftreten von
stereotypen Bewegungsformen und andere Symptome. Vorerst wird
der Kontakt noch überall gesucht, wo eine Möglichkeit der Beantwortung erwartet werden könnte (Nachblicken und Antwortlä-
cheln, später Entgegenlaufen!). Aber bereits am Ende des 1. Lebens-
halbjahres und später um so deutlicher treten auch Formen der
Kontaktlosigkeit und des Rückzugs in sich selbst auf. Es kommt zu
dem uns nun längst bekannten Prozeß der Resignation, bei dem der
Antrieb gelähmt und die Aktivität gehemmt wird« (1966, 225).

Meierhofer und *Keller* interpretieren diese Vorgänge als »Schutzmaßnahme zur Erhaltung des Lebens«, wodurch die Säuglinge verhindern, »daß Funktionen und Ansprüche in Bewegung geraten, die früher schon einmal Leid verursacht haben. Es tritt deshalb ein Zustand der Rückfaltung und Selbstgenügsamkeit ein, der mit demjenigen der Resignation identisch ist... In diesem Spargang werden die Befriedigungen nicht mehr im Kontakt und in der Auseinandersetzung mit der Außenwelt gesucht, vielmehr begnügt sich das Kind mit den eigenen Körpersensationen oder mit gewissen Ersatzdingen (Tüchlein, Stoffbehänge oder Spielzeug)«.

Besonders eindrucksvoll können *Meierhofer* und *Keller* beweisen, daß es nicht allein die Tatsache der Muttertrennung ist, die das Kind bei einem frühen Heimaufenthalt beeinträchtigt. Eine Analyse der Bedingungen, unter denen die Kinder in neun untersuchten Heimen lebten, ergab vielmehr ganz massive Frustrationen, denen besonders die Säuglinge im ersten halben Jahr ausgesetzt waren (1966, 167 f.). Die von *Yarrow* vermuteten Komponenten einer sensorischen und sozialen Deprivation fanden eine traurige Bestätigung. Gerade die kleinen Säuglinge in den ersten Lebensmonaten müssen eine Einschränkung jeglichen Kontaktes mit der Außenwelt hinnehmen, die an die Bedingungen erinnert, unter denen die sogenannten Isolationstypen in der Geschichte heranwuchsen. Vom Zustand der totalen Isolation unterscheiden lediglich geringfügige Kontaktmöglichkeiten bei den Pflegeverrichtungen. Deshalb ist es berechtigt, hier vom Zustand der »partiellen Isolierung« zu sprechen.

In den meisten Heimen wurde der Kontakt der Säuglinge zu Erwachsenen und anderen Kindern im Interesse hygienischer Bedingungen zur Vermeidung von Infektionen auf das Notwendigste beschränkt. Darüber hinaus erlaubte es der Personalbestand nicht, daß die Pflegerinnen mit einzelnen Kindern in längeren und befriedigenderen Kontakt, z. B. mit Berührungen und Zärtlichkeiten kamen. Bei den Allerjüngsten wurde für die Pflege die kürzeste Zeit aufgewendet, jedoch mit Unterschieden von Heim zu Heim.

In acht von neun untersuchten Heimen wurden für die Säuglinge bis zum 6. Lebensmonat innerhalb von 24 Stunden durchschnittlich mindestens 22, höchstens 55 Minuten Pflegezeit je Kind ermittelt. Nur in einem Heim lag der Wert über einer Stunde. Die Säuglinge hatten damit nur in einer der 24 Stunden des Tages Gelegenheit, mitmenschlichen Kontakt zu pflegen. Rechnet man die durchschnittliche Schlafdauer mit 15 Stunden ab, so bleibt die Tatsache, daß die Kinder sich acht Stunden im Wachzustand völlig selbst überlassen blieben und allein in ihren Bettchen lagen.

Verglichen mit der häuslichen Umgebung gibt es also in den Heimen viel weniger Mutterkontakt und weniger soziale Reizung.

»Es fehlen dem Heimsäugling ... weitgehend die Anreize und Befriedigungen, die ihm im innigen Kontakt mit der Mutter oder einer ständigen Ersatzmutter zuströmen würden. Er entbehrt meist auch jener prägenden Eindrücke, die unter normalen Verhältnissen beim Stillen an der Brust oder Trinken auf dem Arm für das kleine Wesen einen Zusammenklang der Sinneswahrnehmung mit den inneren Stimmungen ermöglichen und allmählich einen engen Bezug zum Wesen der mütterlichen Person ergeben, von dem aus sich erst der weitere Weltaufbau harmonisch vollzieht. Einem Säugling, der die Befriedigung seiner Bedürfnisse in enger Fühlung mit der Mutter erfährt, sieht man sein Behagen direkt an. Er bietet ein Bild der Zufriedenheit und des entspannten Wohlseins. Während des Trinkens äußert er seinen Genuß durch Begleitlaute, durch ›Wonnestöhnen‹ und Schmatzen, worin sowohl Anstrengung wie Befriedigung zum Ausdruck kommen. Durch den ›Augenkontakt‹ wird die Koordination der Augenmuskeln, wird die Fixierung auf ein Objekt, wird das Blicken und Schauen entwickelt. Im Verweilen nach der Mahlzeit wird die Zwiesprache zwischen Mutter und Kind besonders intensiv. In dieser und allen weiteren Situationen der Ernährung und der Pflege entsteht der soziale Austausch zwischen Mutter und Kind von nichtsprachlicher und sprachlicher Natur.

Solche Austauschformen der Zwiesprache muß der Säugling im Heim fast völlig entbehren, und damit bleiben ihm auch die entsprechenden Befriedigungen versagt. Weitere Frustationen erfährt er durch das Warten auf die Mahlzeit und den Mangel an tröstender Beschwichtigung. Er erlebt dadurch eine Versagung vitalster Bedürfnisse« (1966, 222 f.).

Das aus dieser Frustrierung folgende Verlassenheitssyndrom zeigt, daß der Säugling mehr als ein bloßes »Reflex- oder Triebwesen« ist, sondern »vor allem Ursprung her auch ein Fühlwesen ..., hat er ja doch von Anfang an auch spontane Bedürfnisse und Strebungen« (S. 223).

In diesem Zusammenhang ist z. B. zu beachten, daß die soziale Isolierung in den von *Meierhofer* und *Keller* untersuchten Heimen durch die Innenauskleidungen der Bettchen und Korbwagen verstärkt wurde, in denen die Kinder ständig lagen. Sie sollten dazu beitragen, daß die Kinder bei den eng aneinander gestellten Bettchen ruhig für sich sein und ungestört schlafen konnten. Gleichzeitig engten sie jedoch den Ausblick auf den Bettrand ein und hindern die Kinder daran, ihre weitere Umgebung wahrzunehmen. Dadurch waren auch Kontakte mit den anderen Kindern im Raum ausgeschlossen. Oft nahmen die Pflegerinnen die Kinder aus Zeitmangel nicht einmal zum Füttern auf den Arm, wodurch sie wenigstens kurze Zeit ihr Blickfeld hätten erweitern können. Im Grunde lag hier eine über die soziale Isolierung hinausgehende und mit ihr gekoppelte sensorische Reizverarmung vor, deren Bedeutung man leicht übersehen kann.

»Die Reizarmut, die eine solche Abgeschiedenheit mit sich bringt, versagt ihnen die Stimuli, die für die hier fällige Entfaltung der Rezeptivität erforderlich sind. Weder das Gesicht noch die Tast- und Wärmesinne, noch der Geruchssinn bekommen die nötigen Anreize, die dem Kleinen erlauben würden, differenziertere Stufen der Wahrnehmung aufzubauen. Auch der Hörbereich kann sich nicht richtig entfalten, wobei hier aber weniger der Reizmangel als vielmehr Monotonie des zeitweilig umgebenden Lärms die Differenzierung verhindert« (S. 222).

Ein Vergleich mit Untersuchungen an Erwachsenen läßt vermuten, daß die sensorische Reizverarmung eine eigene und zusätzliche Komponente neben der sozialen Isolierung darstellt. Die sensorische Isolierung erwies sich als erhebliche Streßsituation, die man unter experimentellen Bedingungen in folgenden Formen künstlich herbeiführte:

1. Als totale Isolierung, wobei Dunkelheit des Raumes und absolute Lautlosigkeit kombiniert waren, und
2. partielle Isolierung, wobei
   a) die Kombination von Dunkelheit mit akustischen Reizen und
   b) die von Stille mit Licht gegeben war.

Es zeigten sich schon nach eineinhalb Stunden als Folge dieser Isolierung von Sinneswahrnehmungen Verhaltensstörungen, die nicht allein durch den sozialen Faktor erklärt werden konnten, sondern belegten, daß die sensorische Isolierung bei Erwachsenen einen eigenen schädigenden Tatbestand darstellt *(Zuckermann* 1964).

Bei Kindern bringt ein solcher Mangel an sensorischer Stimulation im Heim besonders in den ersten Monaten ohne Zweifel einen Mangel an Entwicklungsreizen und Lernanregungen mit sich. So ist es nicht verwunderlich, daß auch *Meierhofer* und *Keller* bei den in Heimen aufwachsenden Säuglingen bereits in den ersten Lebensmonaten erhebliche Entwicklungsschäden feststellen konnten, die sie als »Dystrophia mentalis« klassifizierten. Von 50 Säuglingen im Alter von ein bis drei Monaten zeigten die Dreimonatigen bereits einen tieferen durchschnittlichen Entwicklungsquotienten (92,4 nach *Brunet-Lézine*), als die Zweimonatigen (101,2) und diese einen niedrigeren als die Einmonatigen (115). Obschon so frühe Intelligenzmessungen natürlich besonders problematisch sind, ist doch die Übereinstimmung in der Tendenz mit den Ergebnissen von *Spitz* als sehr bemerkenswert festzustellen.

2. Heimaufenthalt nach dem 1. Lebenshalbjahr

Das von *Meierhofer* und *Keller* im 1. Lebenshalbjahr beobachtete Verlassenheitssyndrom der Kinder war von *Bowlby* (1961) als Folge einer Muttertrennung im 2. Lebensjahr beschrieben worden (1961). *Spitz* berichtete vom Familienkind über eine normalerweise in der Altersspanne zwischen sechs und acht Monaten auftretende Angstphase, die sogenannte »Acht-Monats-Angst« (1967, 167 f.), wobei das Kind gegenüber nicht vertrauten Personen und Situationen »fremdet«.

Bowlby ging von der Trennungsangst des Kindes aus und vertrat dabei die Auffassung, daß in den Mutter-Kind-Beziehungen bisher zu sehr die physiologischen Bedürfnisse nach Nahrung und Wärme und die orale Triebbefriedigung betont worden sind. Die Verbundenheit des kleinen Kindes mit seiner Mutter sei vielmehr noch entscheidender durch eine Reihe von Systemen instinktbedingten Verhaltens geprägt, wie z. B. des Sich-Anklammerns und des Nachfolgens, die im 2. und 3. Lebensjahr ihren Höhepunkt erreichten. Dadurch erklärt *Bowlby* die intensive Bindung des Kindes an die Mutter und die dramatische Antwort auf eine Trennung von ihr. Aufgrund von Beobachtungen an Kindern zwischen ein und vier Jahren, die in Krankenhäuser oder Heime eingewiesen worden waren, beschreibt er als Folge der erstmaligen Muttertrennung einen Prozeß in drei Phasen: 1. Phase: Protest, 2. Verzweiflung, 3. Gleichgültigkeit (denial) oder – wie es später heißt – Abkehr (detachment). »Die Protestphase wirft insbesondere das Problem der Trennungsangst auf; die Verzweiflungsphase das Problem von Kummer und Trauer; die Gleichgültigkeitsphase das Problem der Abwehr... die drei Arten antwortenden Verhaltens... sind Phasen ein und desselben Prozesses« (1961, 414).

»Die Initialphase, diejenige des Protestes, kann einige Stunden bis eine Woche oder länger dauern. In dieser Phase ist das kleine Kind akut darüber beunruhigt, seine Mutter verloren zu haben, und sucht sie mit all seinen beschränkten Kräften wiederzugewinnen. Es weint oft laut, rüttelt an seinem Bettchen, wirft sich herum und schaut begierig nach jeder Erscheinung und jedem Geräusch, ob sie sich als die fehlende Mutter erweisen. Sein ganzes Benehmen läßt die sichere Erwartung durchblicken, daß sie zurückkehren werde. Unterdessen neigt es dazu, alle Ersatzpersonen, die etwas für es tun möchten, abzulehnen, wenn sich auch gewisse Kinder verzweiflungsvoll an eine Pflegerin klammern.

Während der Phase der Verzweiflung, die allmählich den Protest ablöst, ist die Präokkupation des Kindes mit der fehlenden Mutter weiterhin augenfällig, obwohl sein Verhalten wachsende Hoffnungslosigkeit ahnen läßt. Die aktiven Körperbewegungen nehmen ab oder verschwinden, und das Kind weint häufig monoton oder periodisch. Es ist in sich gekehrt und apathisch, stellt keine Forderungen an die Umwelt und scheint sich in einem Zustand tiefer Trauer zu befinden. Dies ist ein stilles Stadium und wird manchmal im Sinn einer Abnahme der Not mißverstanden.

Die Phase der Gleichgültigkeit, die allmählich die Verzweiflung ablöst, wird, weil das Kind mehr Interesse für die Umgebung zeigt, oft willkommen geheißen, als ob das Kind sich erholt hätte. Es stößt die Pflegerinnen nicht mehr zurück, nimmt Fürsorge, Nahrung und Spielsachen an, lächelt vielleicht sogar und sucht Gemeinschaft. Alles scheint in bester Ordnung. Wenn die Mutter des Kindes zu Besuch kommt, wird jedoch ersichtlich, daß etwas nicht stimmt. Denn das Benehmen, das für dieses Alter entsprechend der normalerweise starken Bindung charakteristisch ist, fehlt völlig.

Weit davon entfernt, seine Mutter zu begrüßen, scheint das Kind sie kaum zu erkennen. Weit davon entfernt, sich an sie zu schmiegen, bleibt es in der Distanz und apathisch. Statt zu weinen, wendet es sich lautlos weg. Es ist, als ob das Kind jedes Interesse an der Mutter verloren hätte.

Nehmen wir an, der Aufenthalt des Kindes im Krankenhaus oder im Säuglingsheim ziehe sich in die Länge und das Kind mache, wie es meistens der Fall ist, die Erfahrung, daß es sich einer Pflegerin nach der anderen zuwendet, um von ihr verlassen zu werden: dann wiederholt sich wieder und wieder die Erfahrung des ursprünglichen Mutterverlustes, und das Kind wird sich im Laufe der Zeit so verhalten, als ob weder mütterliche Pflege noch Kontakt mit Menschen von großer Bedeutung für es wäre ... Statt dessen wird es zunehmend egozentrisch werden und wird, statt seine Wünsche und Gefühle auf Menschen zu richten, von materiellen Dingen wie Süßigkeiten, Spielsachen und Nahrung präokkupiert werden ... Es wird aufhören, Gefühle zu zeigen, wenn seine Eltern an Besuchstagen kommen und gehen. Diesen mag es schwer werden, wenn sie realisieren, daß ihr Kind wenig Interesse an ihnen selber hat, jedoch gierig auf die mitgebrachten Geschenke aus ist. Das Kind gibt sich vergnügt und an seine ungewöhnliche Situation angepaßt, unbeschwert und angstlos. Aber diese Milieuanpassung ist oberflächlich: dem Kind liegt – so hat es den Anschein – niemand mehr am Herzen« (1961, 413).

Mit diesen Beobachtungsergebnissen *Bowlbys* stimmen andere Untersuchungen über die unmittelbaren und kurzzeitigen Reaktionen der Kinder auf eine Muttertrennung überein. Einige Kinder entwickelten schwerwiegende Reaktionen, die augenscheinlich derselben Dynamik folgten (neben *Bowlby*: *Roudinesco, David* und *Nicolas* 1952). Mit der Zurückweisung der Erwachsenen und der schließlichen Apathie und dem Desinteresse an Menschen geht ein Absinken der allgemeinen Aktivität einher. Die besonders auffällig protestierenden Kinder scheinen dabei weniger tief gestört zu sein als die stillen, die resignieren und statt eines gesunden Aufruhrs ihre Gefühle verdrängen. Schließlich folgt ein Verhalten, daß als »Leugnen des Bedürfnisses nach der eigenen Mutter« beschrieben worden ist und von *Bowlby* und *Robertson* als ein Anzeichen für eine Hemmung des Mutterbildes angesehen wird. Die Kinder erkennen ihre Mutter augenscheinlich nicht wieder und übertragen ihre Bindungen oft auf eine Ersatzmutter.

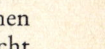

Wenn keine Ersatzmutter erreichbar ist, können die Kinder zu wahllos freundlichem Verhalten neigen. *Schraml* (1954) fand dieses Symptom des Wahllosen-sich-Anschmiegens und der Kontaktsucht in einer kleinen Untersuchungsgruppe vor allem bei solchen Kindern, die schon im 1. Lebenshalbjahr ins Heim gekommen waren. *Meierhofer* und *Keller* beobachteten diese Verläufe vor dem Ende des 1. Lebensjahres. In sorgfältig durchgeführten Längsschnittstudien an einzelnen Kindern im Heim zeigte es sich, daß die Heimkinder, die im 1. Lebenshalbjahr keine Gelegenheit gehabt hatten, stabile Mutterbeziehungen aufzubauen, mit Trauer und Kummer immer dann reagierten, wenn sie gerade die Abteilung gewechselt hatten. Der Wechsel von Abteilung zu Abteilung war mit einem Pflegerinnenwechsel verbunden, der besonders heftige Reaktionen hervorrief, wenn die Beziehung des Kindes zur Pflegerin intensiv war:

»Irene reagierte mit Protest, Verzweiflung und Resignation ähnlich wie ein Familienkind, das von der Mutter getrennt und in einem fremden Milieu untergebracht wird, weil sie als Lieblingskind eine Bindung an die Abteilungsschwester entwickelt hatte. Christian neigte mehr dazu, alles mit sich geschehen zu lassen, brav und ruhig zu bleiben und sich nicht zu wehren, entwickelte dabei aber Eigenheiten und später neurotische Symptome wie Stottern. Stephan machte trotz seiner vorwiegend passiven Haltung immer wieder Stadien durch, in denen er sich mit seiner Umgebung auseinandersetzte und seinen Gefühlen Ausdruck zu verleihen suchte. Er schwankte also zwischen dem Zustand des Protestes und der Resignation hin und her« (1966, 220 f.).

Die Beobachtungen von *Spitz*, daß Kinder unter der Muttertrennung schon sehr früh leiden, muß hier also auf den Fall angewendet werden, daß es sich um eine Ersatzmutter handelt. Diese Art Muttertrennung führte ebenfalls zu dem von Spitz festgestellten Absinken des Entwicklungsquotienten:

»Die Tatsachen eines Absinkens des EQ just nach dem jeweiligen Wechsel (ist) nicht zu übersehen ... Die Kinder gewöhnen sich jeweils an ihr Pflegepersonal und ihre nähere Umgebung und werden durch das plötzliche Versetztwerden desorientiert, desorganisiert und in ihrer Entwicklung zurückgeworfen ... Da jedes Kind im Alter von über einem Jahr aber bereits einen oder mehrere Wechsel hinter sich hat, wird die ›Erholung‹ jedesmal fragwürdiger, die Abstumpfung und Resignation nimmt zu, und der Entwicklungsstand sinkt immer mehr unter die Norm. Je nachdem, wie das Kind im neuen Milieu Beziehungen anzuknüpfen vermag oder nicht, vermindert oder vertieft sich der Entwicklungsstand« (1966, 221).

Auch die Entwicklungsrückstände der Heimkinder im 2. Lebenshalbjahr sind im Zusammenhang mit Mängeln in den sozialen Kontaktmöglichkeiten und den geringfügigen geistigen Anregungen im Heimmilieu zu sehen. *Meierhofer* und *Keller* berichten bei den sechs bis zwölf Monate alten Kindern von durchschnittlich nur einer Stunde effektiver Pflegezeit, die praktisch mit der Gelegenheit zum mitmenschlichen Kontakt gleichgesetzt werden kann. Eine Löffel-Zwischenmahlzeit, zu der die Kinder manchmal für kurze Zeit auf den Schoß der Pflegerin genommen wurden, mußte bereits als gewisse Verbesserung gelten. In diesem Alter konnten die Kinder auch schon eher Blickkontakte zu den Altersgenossen gewinnen, wenn sie in ihren Bettchen aufrecht sitzen durften und nicht »niedergebunden« worden waren. Übrigens berichtet *A. Dührssen* auch aus Berliner Kinderheimen von ähnlichen Bedingungen und hebt die extreme Verarmung an dinglichen Reizeindrücken und die viel zu geringe Hilfe bei der viel zu späten Übung der statischen und Bewegungsfunktionen (Kriechen, Stehen oder Gehen) hervor. »Das charakteristische Bild einer solchen Station zeigt die festgebundenen kleinen Kinder, wie sie auf ihren Töpfchen durch die Gegend rutschen, ohne daß jemand dabeisitzt« (1958, 43).

Erst die Stationen für die ein bis zwei Jahre alten Kinder in den Schweizer Heimen, die sog. Höckli, boten Gelegenheit, daß sich die Kinder in einem Tagesraum frei bewegen konnten, wobei auch Gehgestelle verwendet wurden. Nun erst konnten sie von sich aus Fühlung zu anderen Pflegerinnen oder Altersgenossen aufnehmen. Selbstverständlich hing der Erfolg solcher Bemühungen von der persönlichen Kontaktbereitschaft der Schwestern ab, bei denen drei typische Haltungen beobachtet wurden: mütterlich- gewährend, neutralsachlich – mit einem gefühlsmäßigen Schutz für die Schwestern und Kinder neuen Trennungserlebnissen gegenüber – und frustrierend.

Es zeigte sich auch, daß die Entwicklungsrückstände und Verlassenheitssyndrome in verschiedenen Heimen in unterschiedlicher Heftigkeit auftraten. Bei den bis zweieinhalb-jährigen Heimkindern hatte ein Heim mit 45 Kindern den Durchschnitts-EQ von 90, ein anderes mit 29 Kindern einen von 80 aufzuweisen (S. 164). In manchen Häusern waren die Kinder eher bereit, mit Fremden in Kontakt zu treten, und waren weniger gleichgültig als in anderen. Sie streckten manchmal sogar den Besuchern die Arme entgegen, wobei offensichtlich eine Rolle spielte, daß eine mütterliche Pflege-rin Verständnis für solche Appelle und Gesten aufgebracht hatte. In anderen Häusern dagegen gab es vermehrt die viel-fältigen Formen der Bewegungsstereotypien, die das chroni-sche Verlassenheitssyndrom kennzeichnen.

So ist es verständlich, wenn *Dührssen* von erfahrenen Pflegemüttern, die teils eigene Kinder gehabt und mehrere Pflegekinder großgezogen hatten, folgende Auskünfte er-hielt:

»Später als mit zwei Jahren darf man sich auf keinen Fall ein Kind aus einem Heim holen, dann ist es sowieso verdorben. – Holt man sich das Kind zu spät, dann ist das nie wieder aufzuholen. – Es ist, als ob ihm die ersten zwei Lebensjahre fehlen und man weiß nicht einmal, ob es sie jemals wieder aufholen wird. – ... acht dieser 21 Pflegemütter berichteten darüber hinaus, daß die Eingewöhnungs-zeit für das Kind so schwierig gewesen sei, daß sie selbst monate-lang geschwankt hätten, ob sie das Kind nicht doch wieder ins Heim zurückgeben sollten« (1958, 129 f.).

3. Mehrfach-Bemutterung

Zum Unterschied von der Mehrfach-Muttertrennung im Heim gibt es noch die Mehrfach-Bemutterung. Dabei über-nimmt eine Anzahl von verschiedenen Ersatzmüttern gleich-zeitig die mütterlichen Funktionen für ein Kind, manchmal in verschiedenen Hinsichten und in verschiedenen Stabilitäts-graden. Diese Situation bringt für das Kind das Erlebnis mit sich, daß es keine einzelne Person gibt, an die es sich binden kann und daß es von vielen Personen abhängig ist. In der Familienerziehung kommen Formen vor, in denen neben der biologischen Mutter Großmütter oder Tanten als Mutterfigu-ren auftreten. Auch in völkerpsychologischen Studien wird von den mannigfachsten Kombinationen dieser Art berichtet (*Mead* 1962). Aber keine dieser Bemutterungspraktiken ist mit Störungen in der kindlichen Entwicklung in Zusammenhang gebracht worden, wenn sie sich auf den familiären Bereich beschränkte.

Im außerfamiliären Bereich ist eine besondere Form der Mehrfach-Bemutterung im Staate Israel in den landwirtschaftlichen Gemeinschaftssiedlungen des sog. Kibbuzim-Systems gegeben, über das zuletzt *Biermann* berichtet hat (1967). Da es sich um ein Erziehungs- und Gesellschaftssystem handelt, das im großen Stil praktiziert wird, interessieren etwaige Auswirkungen auf die Kinder ganz besonders. Trotz der Funktionsteilung zwischen den natürlichen Müttern und den Kinderpflegerinnen (Metapelet) verbringen die eigentlichen Mütter in jeder Entwicklungsphase sehr viel Zeit mit ihren Kindern, so daß der Kontakt zu ihnen nicht regelrecht unterbrochen wird. Besonders in der Neugeborenen- und ersten Säuglingszeit ist die Mutter von der Arbeit befreit und kann sich ganz ihrem Kind widmen. Sie geht in den Säuglings- und Kinderhäusern gemeinsam mit anderen Müttern der Pflege und Erziehung nach, wobei es zu gegenseitigen Hilfeleistungen und einem fruchtbaren Erfahrungsaustausch kommt. Einzelne Erziehungsfunktionen gehen dann auf die Pflegerinnen über, besonders wenn die Mütter sich wieder in den Arbeitsprozeß einordnen. Aber der Mutterkontakt bleibt in geregelten Perioden des Tages, vor allem in den Freizeiten erhalten, so daß ausreichende affektive Beziehungen bestehen. Die Kinder werden daneben von früh an hauptsächlich in kleinen Gruppen erzogen, die z. B. in Zimmern zu je drei bis vier Kindern schlafen und von zwei Pflegerinnen und einer Kindergärtnerin betreut werden.

Über die Entwicklung der Kinder im Israel-Kibbuz gibt es einige unsystematische Beobachtungen und einige Untersuchungen von *Rabin* (1958/59). Es stellte sich heraus, daß die Kibbuz-Kinder zwischen neun und sieben Monaten ihres Lebens leichte Entwicklungsrückstände gegenüber Familienkindern hatten, dabei aber nur im Bereich des sozialen Verhaltens signifikant retardiert waren. *Rabin* führt diesen Rückstand auf die im Vergleich zu den normalen häuslichen Verhältnissen geringere sensorische Reizung im Kibbuz zurück, weil er die gefühlsmäßige Bindung des Kindes an die Mutter für gleich hält. In dieser Studie wird der von *Yarrow* herausgestellte Sachverhalt der sensorischen Deprivation zum ersten Mal beachtet.

In einem Versuch, auch die Langzeiteffekte unter den speziellen Kibbuzbedingungen zu überprüfen, beobachtete *Rabin* (1958) eine Reihe von Kindern zwischen neun und elf Jahren, die von früh an in den Säuglings- und Kinderhäusern gelebt hatten. Im Männchenzeichenversuch und einer Sozialskala zeigten sich keine Rückstände, im *Rohrschachtest* legten die Kinder aus den staatlichen Anstalten sogar eine bessere emotionale Kontrolle und größere allgemeine Reife an den Tag, die vor allem mit einer größeren Ich-Strenge verbunden war. Zehnjährige Kibbuz-Jungen zeigten weniger ausgiebige ödipale Beziehungen zu den Müttern, eine positive Identifizierung mit den Vätern und weniger Geschwisterrivalität. Es machte sich hier der Faktor bemerkbar, daß die Väter im Kibbuz-System nicht wie in anderen Heimsituationen weitgehend abwesend sind, sondern vielmehr mit ihrer Anwesenheit eine wichtige Rolle spielen. Auch die Beziehungen zu den Altersgenossen waren recht positiv gestaltet und boten gute Identifizierungsmöglichkeiten. Diese veränderten Bedingungen, unter der die Mehrfach-Bemutterung des Kibbuz steht, hatte offensichtlich gerade auf die späte Entwicklung der Kinder einen sehr günstigen Einfluß. Es darf aber nicht übersehen werden, daß hier in der Mehrfach-Bemutterung die natürliche Mutter eine zentrale Stellung als ruhender Pol beibehält.

Genauere Überprüfungen der Frage, ob die Mehrfach-Bemutterung nicht zu einer Störung und Zerstreuung eines geschlossenen Mutterbildes führt, wodurch dann später Schwierigkeiten entstehen, liegen jedoch nicht vor.

4. Psychosomatische Störungen

Übereinstimmend wird in verschiedenen Untersuchungen das Ergebnis der älteren pädiatrischen Hospitalismusbeobachtungen bestätigt, daß bei Kindern nach Muttertrennungen gesundheitliche Störungen auftreten. Schäden vom Ausmaß des Marasmussyndroms und einer erhöhten Säuglingssterblichkeit sind allerdings nach *Spitz* nicht mehr festgestellt worden. Die alarmierenden früheren Berichte werden an einer

Verbesserung der Verhältnisse in den Heimen nicht unbeteiligt gewesen sein. Statt dessen ist die Rede von körperlichen Zusammenbrüchen nach Muttertrennung (z. B. *Schaeffer* 1958), von Störungen wie Anorexie (Nahrungsverweigerung), von Speien und Erbrechen sowie von Ekzemen, von mannigfachen Bewegungsstereotypien wie Kopfschaukeln, Kopfschlagen, Vor- und Rückwärtsneigen des Oberkörpers, Wiegen von einem Fuß auf den anderen, Hand- und Fingerstereotypien, von nächtlichem Einnässen und schließlich von autoerotischen Betätigungen wie Daumenlutschen und genitalen Betätigungen (am ausführlichsten bei *Meierhofer* und *Keller* 1966 sowie *Spitz* 1967 beschrieben).

Spitz (1967) machte für den körperlichen Verfall des Marasmus als einer »psychogenen Mangelerkrankung« den quantitativen »Entzug affektiver Zufuhr« verantwortlich. Er nimmt bei einer Verhinderung des Aufbaus der Objektbeziehungen eine Spaltung von Libido und Aggressionstrieb an, wobei der verselbständigte Aggressionstrieb sich nun in Selbstaggression gegen das Kind richtet und den körperlichen Verfall herbeiführt. Spätere Autoren lassen den Zeitpunkt der Trennung für die Art der Störung ausschlaggebend sein, so z. B. *Schaeffer*, der eine Trennung vor dem 7. Lebensmonat mit sensorischer Deprivation als Ursache für globale gesundheitliche Störungen vermutet. *Meierhofer* und *Keller* sehen die Reizarmut und partielle Isolierung der Heimsituation als ausschlaggebend dafür an, daß das Kind über Langeweile zu den Bewegungsstereotypien als einer From des autistischen Zeitvertreibs kommt.

Die Bewegungsstereotypien, besonders in der Form der selbstversunkenen Beobachtungen der eigenen Fingerbewegungen kamen am häufigsten in Heimen vor, in denen auch »die älteren Säuglinge immer noch, und zwar meist ohne Spielzeug, in Korbwagen und ausgekleideten Bettchen« lagen. Bei den Schaukelbewegungen zeigten die Kinder einen apathischen oder »verloren unglücklichen« Ausdruck.

»Es muß der stereotypen Rhythmik eine gewisse betäubende und beruhigende Wirkung innewohnen. Das Schaukeln in Wiegen oder auf dem Arm der Mutter ist eine uralte Gewohnheit, um schreiende Säuglinge zu beruhigen. Vielleicht haben die stereotypen Bewegungen die Bedeutung eines Sich-Selbst-Wiegens und Sich-Selbst-

Betäubens. Das Anschlagen eines Körperteils mit fortlaufend wiederkehrenden Erschütterungen könnte möglicherweise eine dumpf erregungsmäßige Selbstvergewisserung bedeuten, die das dunkle Gefühl der eigenen Identität verschafft, und das Bedürfnis, dabei Geräusche zu erzeugen, würde dem Verlangen nach einer antwortenden Welt entsprechen« *(Meierhofer* und *Keller* 1966, 226).

In den Störungen des Magen-Darm-Traktes wie Anorexie, Speien und Erbrechen sehen *Meierhofer* und *Keller* eine »allgemeine Lebensunlust« und eine »Aushöhlung des eigenen Lebenswillens« am Werk. »Dunkel und rudimentär« sollen auch beim kleinen Säugling hysterische Mechanismen am Werke sein, die eine Herausforderung für den Betreuer und Erzieher enthalten: »Die ›Weigerung weiterzuleben‹ enthält versteckt auch die nötigende Aufforderung an die Umwelt, den Fürsorgeaufwand zu intensivieren. Sie hat einen stark provokatorischen Charakter, da ohne Hilfe ja schließlich der Tod eintreten würde« (1966, 226).

Was die Kinder mit Ekzemen angeht, soll es sich um solche von unruhigen, ambivalenten, ›feindseligen‹ Müttern mit abrupten Bewegungen handeln (S. 227). Neben konstitutionellen Faktoren, die gewiß im Spiele sind, scheint auch hier der Aufforderungscharakter des Symptoms im Spiel zu sein, denn Ekzemkinder verlangen ganz besonders intensive Pflege.

Solche Beobachtungen und theoretischen Deutungen über einen Zusammenhang von Muttertrennung und psychosomatischen Störungen werden sicherlich bei vorwiegend »organisch« ausgerichteten Medizinern großer Skepsis und heftiger Kritik begegnen. Es handelt sich hier ja um Störungen, die man als Symptome für eine anlagebedingte »neuropathische« Konstitution zu sehen gewohnt ist. Sicherlich mögen manche psychoanalytisch ausgerichteten Deprivationsforscher in ihrer ausschließlich psychogenetischen Interpretation etwas zu weit gegangen sein. An der Tatsache aber, daß nach übereinstimmenden Berichten bei der Erklärung dieser Störungen immer wieder auch die Mutter-Kind-Beziehungen genannt werden, läßt sich nicht rütteln.

Es ist auch hervorzuheben, daß psychoanalytisch ausgerichtete Forscher durchaus die organisch-körperliche Komponente bei der Entstehung der Störungen nicht ausklammern und die Verhältnisse im Beziehungsgeflecht somatogenpsychogen sehr vorsichtig abzuschätzen versuchen. Man anerkennt z. B., daß die Ernährungsstörungen bei Säuglingen sich im Bereich der in diesem Alter empfindlichsten Stelle des Organismus (locus-minoris-resistentiae) abspielen. Offensichtlich scheinen aber auch »psychische Noxen« in dieser Zeit auf eine geschwächte Abwehrlage des Organismus zu treffen. Der Arzt und Psychoanalytiker *Spitz* stellt folgerichtig ausdrücklich die »Hypothese einer Zwei-Faktoren-Ätiologie« auf (1967, 230).

Im Falle der Ekzemkinder im Heim fand *Spitz* im Vergleich mit Kindern ohne Ekzem erstens einen Unterschied im Bereich der Hautreflexe: »... die Säuglinge, die sechs Monate später ein Ekzem bekamen, (zeigten) einen viel höheren Durchschnittswert der Hauterregbarkeitsreaktion als die Säuglinge, die kein Ekzem bekamen«. Das Ekzem der Kinder war also auf eine erhöhte Reaktionsbereitschaft zurückzuführen, »oder analytisch ausgedrückt, auf eine erhöhte Besetzung der Empfindlichkeit der Haut« (1967, 240 f.).

Auf den zweiten Faktor, die Umwelt, führte die Beobachtung, daß die Ekzemkinder im Vergleich zu einer Kontrollgruppe viel weniger oft die normalerweise zu erwartende »Acht-Monatsangst« zeigten. Das Fehlen dieser Reaktionen wies auf ein Zurückgebliebensein in der Affektentwicklung hin, das *Spitz* wiederum auf die Behandlung der Säuglinge durch die Mutter im Heim zurückführte. Es handelte sich um die erwähnten inhaftierten Mütter, die in einer Strafvollzugsanstalt ihre Kinder zur Welt brachten, um dann später ihre Strafe zu verbüßen. Diese Mütter waren vielfach infantile Persönlichkeiten.

»Diese Mütter zeigten auch noch andere bemerkenswerte Besonderheiten: Sie berührten ihre Kinder nicht gern; es glückte ihnen immer, die eine oder andere ihrer Freundinnen in der Anstalt dazu zu bewegen, ihre Kinder zu wickeln, zu baden, ihnen die Flasche zu geben, usw. Zugleich waren sie besorgt wegen der Zartheit und Verletzlichkeit ihrer Kinder; eine von ihnen – und das ist charakteristisch – pflegte zu sagen: ›Ein Baby ist ein so zartes Ding, die kleinste falsche Bewegung könnte ihm schaden.‹ Die übertriebene Besorgnis ist eine überkompensierte unbewußte Feindseligkeit. Die Taten dieser Mütter widersprechen ihren Worten. Unsere Auslegung wird bestätigt durch die zahlreichen Fälle, in denen die gleichen Mütter ihre Kinder unnötigem Risiko, ja ernsten Gefahren aussetzten. Oft vermieden sie es kaum noch, dem Kind ernsthaften Schaden zuzufügen, z. B. wenn eine von ihnen dem Kind mit dem Brei eine offene Sicherheitsnadel einfütterte; einige dieser Mütter überheizten das Schlafabteil des Kindes ständig und unerträglich unter dem Vorwand, es könnte sich erkälten; eine von ihnen schnürte ein Lätzchen so eng um den Hals des Kindes, daß dieses blau im Gesicht wurde und nur mein rechtzeitiges Eingreifen es vor der Erdrosselung bewahrte« (1967, 244 f.).

Neben der angeborenen Disposition für erhöhte Hautreaktionen war also die »als Ängstlichkeit getarnte Feindseligkeit« der Mütter, »die ihr Kind nicht gern berührten, es ungern pflegten und ihm systematisch den Hautkontakt vorenthielten«, der 2. pathogene Faktor für die Entstehung von Ekzemen anzusprechen. Unabhängig von den komplizierten psychoanalytischen Gedankengängen, die Spitz weiter zur Klärung heranzieht (vgl. 1967, 244 f.), haben inzwischen – unabhängig von Spitz – einige Dermatologen und Kinderärzte diesen Zusammenhang bestätigt (nach Spitz 1967, 253 f.). Spitz vermag auch zu erklären, warum das Säuglingsekzem auf einen bestimmten Entwicklungsabschnitt im Säuglingsalter beschränkt bleibt und gewöhnlich nach dem Ende des 1. Lebensjahres verschwindet. Im Fortschritt der Entwicklung erwirbt das Kind die Fähigkeit, zu stehen und zu laufen, so daß es nun immer unabhängiger von der Mutter wird.

»Es kann nun ohne die zahlreichen Kontakte mit der Mutter auskommen; es kann von der Mutter ausgehende Reize durch Kontakte mit Dingen oder anderen Personen ersetzen, die es sich aussuchen kann, denn nun hat es die Passivität hinter sich gelassen und hat sich zur gerichteten Aktivität weiterentwickelt. Es ist zu erwarten, daß das Zwischenspiel des Ekzems während des 1. Lebensjahres in der psychischen Entwicklung des Kindes bleibende Spuren hinterlassen wird; welcher Art sie sind, können wir nur mutmaßen« (1967, 253).

In ähnlicher Weise hat Spitz andere »psychotoxische Störungen« des Kindes im frühen Alter in zweigleisiger somatogener und psychogener Argumentation erklärt: Das Koma des Neugeborenen, die Dreimonatskolik, die Hypermotilität (Bewegungsunruhe), die Koprophagie (Kotessen) und die aggressive Hyperthymie (Übererregbarkeit). Als die ätiologischen Faktoren auf der psychogenen Seite fungieren Einstellungen der Mutter, die nicht mehr eigentlich Mutterentbehrungen setzen, sondern allenfalls als Fehlen optimaler Mütterlichkeit verstanden werden können. Auch ein Zuviel an mütterlicher Zuwendung, eine übertriebene ängstliche Besorgnis z. B., wird als ätiologischer Faktor bei der Entstehung von Störungen angesehen. Wir haben es hier mit »unzulänglichen« Mutter-Kind-Beziehungen zu tun, die *Spitz* den »unzureichenden« gegenüberstellt, die die anaklitische Depression und den Marasmus erzeugen.

Obschon wir hier an eine Grenze unseres Themas stoßen, seien die Überlegungen von *Spitz* kurz berücksichtigt, indem zuerst die etwas mißverständliche Tabelle IV seines Buches um die ätiologischen Faktoren somatogener Art ergänzt wird.

Tabelle 8   Somatogene und psychogene Faktoren bestimmter psychosomatischer Störungen im frühen Kindesalter (ergänzt nach Angaben von Spitz 1967, 222 f.)

Somatogene Disposition beim Kind	Psychogene Ursache: Einstellung der Mütter	Psychosomatische Störung des Kindes
Hilfloser Geburtszustand	Primäre unverhüllte Ablehnung des Kindes	Koma des Neugeborenen
Konstitutionelle Hypertonie	Primäre ängstlich übertriebene Besorgnis	Dreimonatskolik
Disposition zu erhöhten Hautreaktionen	Feindseligkeit in Form von Ängstlichkeit	Hautekzem des Säuglings
Disposition zu Hypermotorik (?)	Kurzschlägiges Oszillieren zwischen Verwöhnung und Feindseligkeit	Hypermotilität (z. B. Schaukeln)
Disposition zu depressiven Zuständen (?)	Zyklische Stimmungsverschiebungen	Koproghagie (Kotessen, -schmieren)
Hypermotorik (?)	Bewußt kompensierte Feindseligkeit	Aggressive Hyperthymie (Übererregbarkeit)

Im Falle der Dreimonatskolik, Leibschmerzen, die zwischen der 3. Lebenswoche bis Ende des 3. Monats täglich kolikartig auftreten, formuliert *Spitz* die Zwei-Faktoren-Ätiologie wie folgt: »Wenn ein Neugeborenes mit angeborener Hypertonie von einer ängstlich und übertrieben besorgten Mutter aufgezogen wird, dann kann es sein, daß es eine Dreimonatskolik entwickelt« (1967, 230). Es greifen also eine konstitutionelle Hypertonie (vergrößerter Spannungszustand des Organismus) und die psychische Überängstlichkeit der Mutter ineinander, wobei die körperliche Schwäche der Entstehung der Störung entgegenkommt. Die Kinderärzte haben bereits seit *Weil* und *Pehu* (1900) und *Finkelstein* (1938) eine »spastische Diathese« mit der Unfähigkeit zur Verdauung der Muttermilch beschrieben. Später machten andere amerikanische Kinderärzte die interessante Beobachtung, daß alle diese Kinder zu Hause von ihren Müttern nach dem »self-demand«-System (Stillen auf Verlangen) aufgezogen worden waren. Bei Anstaltskindern konnte man demgegenüber die Dreimonatskolik nicht beobachten. Die Entstehung der Störung war offensichtlich an bestimmte Bedingungen geknüpft:

»Das Verdauungssystem dieser Säuglinge ist aktiver, die Peristaltik rascher, möglicherweise heftiger, und überflüssige Nahrung ruft übermäßige Tätigkeit des Verdauungstrakts hervor. Ein Circulus vitiosus ist die Folge: das hypertonische Kind kann seine Spannung während des Stillens nicht normal loswerden. Statt dessen entlädt es sie durch das Schreien nach der Mahlzeit und die motorische Unruhe, die für diese Kinder typisch sind. Die überängstliche Mutter füttert das Kind sofort wieder – in übertriebener Befolgung des self-demand-Prinzips. Während dieser unplanmäßigen Fütterung wird durch die orale Tätigkeit und das Schlucken ein Teil der Spannung abgeführt; das Kind beruhigt sich für eine Weile. Die Nahrung, die das Kind wieder zu sich genommen hat, überlastet jedoch von neuem das Verdauungssystem, steigert die Spannung, ruft ein erneutes Auftreten des Unlustzustandes hervor und führt so wieder zu Kolik und Geschrei. Die ängstlich besorgte Mutter kann das Schreien ihres Kindes nur im Rahmen des self-demand-Prinzips deuten und wird den Säugling von neuem füttern; so geht der Circulus vitiosus immer weiter« (1967, 232).

Auch die Tatsache, daß die Störung nach etwa drei Monaten verschwindet, ist nach dieser Auffassung zweigleisig zu erklären. Einmal wird die Mutter erfahrener werden und die übermäßige Forderung des Kindes also richtig erkennen und nicht mehr erfüllen. Wichtiger scheint es noch zu sein, daß der Säugling infolge seiner fortschreitenden Entwicklung zu geistigen und affektiven Tätigkeiten fähig wird. Es entstehen nun willensgesteuerte Verhaltensweisen, die ersten gerichteten Bewegungen, Experimentierbewegungen und auch Fortbewegungsversuche. Dadurch wird eine vorher nicht gekannte Spannungsabfuhr möglich, die den Hypertoniezustand des Kindes verringert. Schließlich hat die Mutter vielleicht zu der einfachen Weisheit der Großmutter Zuflucht genommen, dem Kind einen Schnuller zu geben. Auch durch diese einfache Therapie wird unter Umständen ebenfalls eine Spannungsabfuhr geboten, ohne daß überflüssige Nahrung in den Verdauungsstrakt kommt, und somit der oben beschriebene Teufelskreis durchbrochen.

An dieser Stelle wird sehr deutlich, daß das Konzept der Muttertrennung einer Ergänzung in Richtung auf die von *Aubry* (1962) unterschiedenen Formen von Störungen in den seelischen Beziehungen zur Mutter bei erhaltenem Körperkontakt bedarf.

Bei den ersten der beiden in der Tabelle übriggebliebenen Müttertypen handelt es sich um vorwiegend depressive Mütter, denen das Kind »in die Depression folgt« (*Anna Freud* nach *Spitz* 1967, 276). Mit der Koprophagie verwirklicht das Kind in einem Prozeß der Erleichterung die unbewußte Haltung der depressiven Mutter. Die Haltung der Mütter von aggressiv hyperthymischen Kindern, die übrigens erst in späteren Lebensjahren auffällig werden, fiel weniger auf und wird von Spitz wie folgt beschrieben:

»Das Verhalten der Mütter in diesen Fällen ist das Ergebnis eines bewußten Konflikts. Für diese Mütter ist das Kind ein Gegenstand narzißtischer und exhibitionistischer Befriedigung – kein Liebesobjekt. Eine solche Mutter merkt jedoch, daß ihre Einstellung zu ihrem Kind nicht richtig ist, sie bekommt Schuldgefühle und überkompensiert deshalb fortwährend durch eine säuerlich salbungsvolle Sanftheit. Diese mütterliche Haltung ist vor allem in intellektuellen und akademischen Kreisen zu finden.

Die zugehörigen Väter erweisen sich als aggressiv und in ihrer Arbeit recht erfolgreich. Das könnte daran liegen, daß sie fähig waren, ihre Feindseligkeit offen zum Ausdruck zu bringen. In ihren Beziehungen zu dem Kind sind sie herzhafte, laute, etwas exhibitionistische Typen, die nicht wissen, wo man aufhören muß, und häufig das Kind durch rauhe Behandlung erschrecken, obwohl die besorgte Mutter protestiert« (1967, 277).

Die meisten Untersuchungen zum Deprivationsproblem diesseits und jenseits des Atlantiks gingen von der Fragestellung aus, ob nach Muttertrennungen bei Heimkindern Beeinträchtigungen der Gesamtentwicklung und insbesondere Intelligenzschäden zu befürchten sind. Beiträge zu dieser Frage beschäftigten uns bereits bei der Darstellung der Ergebnisse von *Spitz* und in den beiden ersten Abschnitten dieses Kapitels. Trotz der verschiedenen Ansätze in den Untersuchungen und der teilweise erheblichen methodologischen Mängel gibt es eine Reihe von Übereinstimmungen in den Ergebnissen. Bei Kindern, Jugendlichen und Erwachsenen mit Heimvergangenheit wurden dabei festgestellt:

1. Rückstände in der körperlichen Entwicklung und Motorik.
2. Verzögerung der seelischen Gesamtentwicklung und Gesamtintelligenz und
3. Schäden in verschiedenen Intelligenzbereichen wie Sprache, abstraktes Denken, Zeit- und Raumbegriffe.

Für das körperliche Wachstum stellten z. B. *Meierhofer* und *Keller* fest, daß die Gewichtskurven der Heimkinder im 1. Lebensjahr deutlich hinter denen von Familienkindern zurückgeblieben waren. Der durchschnittliche Prozentrangplatz 50 der Heimkinder lag in manchen Monaten unter dem Prozentrangplatz 25 der Familienkinder, d. h. die Hälfte der Heimkinder war leichter als das leichteste Viertel der Gruppe der Familienkinder (1966, 92 f.). Wie lückenhaft unsere Kenntnisse hier noch sind, geht beispielsweise daraus hervor, daß die in dieser Arbeit weiter angeführten Angaben über den Gesundheitszustand der Heimkinder nicht verwertbar sind, weil entsprechende Zahlenwerte für Familienkinder zum Vergleich fehlen.

Sicher ist auch, daß nicht alle Kinder mit Heimerfahrung nach einer Muttertrennung Entwicklungsschäden zeigen und daß es gleitende Übergänge zum Zustand der Unversehrtheit gibt. Dennoch wird übereinstimmend von signifikanten Gruppenunterschieden berichtet, wenn der Entwicklungsrückstand der Heimkinder in Rede steht. Das gilt sowohl für Säuglinge und Kleinkinder (*Dennis* und *Najarian* 1957, *Dührssen* 1958, *Fischer* 1952/53, *Gesell* und *Amatruda*

1941, *Koch* 1960, *Meierhofer* und *Keller* 1966, *Loeber* 1963, *Schmitt-Kolmer* 1960, *Skeels, up de Graf, Wellmann* und *Williams* 1938, *Spitz* 1945/46) als auch für ältere Kinder und Jugendliche (*Bender* 1947, *Goldfarb* 1945, Levy 1947, Lowrey 1940). In manchen dieser Arbeiten wird von ganz erheblichen Rückständen bei einzelnen Kindern berichtet, in anderen bewegen die Schäden sich auf dem Niveau einer verlangsamten Normalentwicklung (*Du Pan* und *Roth* 1955, *Fischer* 1952/53, *Freud Burlingham* 1944, *Klackenburg* 1956, *Rheingold* 1956).

Wenn in einigen Arbeiten der Entwicklungsstand bei fortgesetztem Heimaufenthalt bei denselben Kindern wiederholt untersucht worden war, ergab sich regelmäßig ein progressives Absinken der Entwicklungsquotienten (z. B. *Dennis* und *Najarian* 1957). Bei den 50 ein bis drei Monate alten Säuglingen, die *Meierhofer* und *Keller* untersuchten, zeigte sich ein zunehmend rapider Abfall. Auch in anderen Arbeiten wird angenommen, daß der Entwicklungsrückstand desto erheblicher wird, je jünger die Kinder zur Zeit der Heimunterbringung sind (z. B. *Beeres* und *Obers* 1950). Jedoch sind die Unterschiede meistens in Querschnittsuntersuchungen an verschieden alten Kindergruppen und nicht in Längsschnittuntersuchungen festgestellt worden. Umgekehrt konnte bewiesen werden, daß die rückständigen Heimkinder nach einem Wandel der Heimwelt und bei entsprechenden Lernanreizen bemerkenswerte Fortschritte machen (*Skeels* und *Dye* 1938) oder daß bei entsprechenden Maßnahmen auch im Heim intellektuelle Schädigungen verhütet werden können (*Skeels* 1942).

Bei der Analyse verschiedener Aspekte der Intelligenz stellte sich heraus, daß unter der Muttertrennung und dem Heimaufenthalt nicht alle Funkionen gleichermaßen gelitten hatten. *Meierhofer* und *Keller* (1966) fanden sogar, daß sich Rückstände in einzelnen Funktionsbereichen später wieder ausgleichen konnten.

So hatten die Leistungen in der motorischen Entwicklung und der Koordination zwischen Wahrnehmung und Bewegungsablauf ihren Tiefpunkt im Alter von etwa zwölf Monaten, während sie sich mit 18 Monaten wieder etwas erholten. Die Entwicklung der Soziabilität erreichte zwischen zwölf und 21 Monaten den größten Rückstand. Diese Daten sind im Zusammenhang mit den sensorischen und sozialen Frustrationen in den verschiedenen Stationen der Säuglings- und Kinderheime zu sehen (vgl. Abschnitte eins und zwei).

Mangelnde Kontaktmöglichkeiten erklären auch, daß der durchgängigste und eindrucksvollste Beweis eines Rückstandes auf dem Gebiet der Sprache geführt worden ist (*Brodbeck* und *Irwin* 1946, *Dupan* und *Roth* 1955, *Fischer* 1952/53, u. a.). Auch bei *Meierhofer* und *Keller* war die sprachliche Entwicklung am schwersten betroffen:

»Die drei Monate alten Säuglinge in den Heimen sind also sprachlich auf der Stufe von knapp zwei Monate alten und sind bereits um mindestens zwei Monate im Rückstand gegenüber den Familienkindern. Dieser katastrophale Rückstand in der Sprachentwicklung erreichte ein Maximum im Alter von zwölf Monaten, auf welcher Lebensstufe kein einziger Heimsäugling mehr den altersgemäßen Aufgaben gewachsen war. Auf dieser Altersstufe lösten sogar nicht einmal ²/₃ der Kinder die Testitems für acht Monate. Für die Altersgruppen von 18 Monaten war das Resultat nur wenig besser. Man mußte bis zu den Testaufgaben für zehn Monate zurückgehen, bis knapp ³/₄ der Heimkinder diese zu lösen vermochten. Es ist also hier ein Rückstand von etwa acht Monaten gegenüber den Teststufen und von etwa elf Monaten gegenüber den Familienkindern festzustellen« (1966, 887).

Mit diesen sorgfältig erhobenen Befunden dürfte die von *Yarrow* aufgewiesene Streitfrage zwischen *Brodbeck* und *Irwin* (1946) auf der einen und *Burlingham* und *Freud* (1949) auf der anderen Seite, ob vor dem 12. Lebensmonat Sprachrückstände stattfinden können, zugunsten von *Brodbeck* und *Irwin* entschieden sein. Diese Autoren mußten bereits auf frühe Ausfälle aufmerksam machen, die sich in ihrer sorgfältigen Analyse phonetischer Daten zeigten, während *Burlingham* und *Freud* keine systematischen Sprachdaten der von ihnen untersuchten Kinder anführten. Intelligenz- wie Sprachrückstände sind auf zu seltene und dann inadäquate Sprachreize zurückzuführen, wenn z. B. statt einer mütterlichen Zuwendung nur Geschrei auf der Station vor den Mahlzeiten zu hören ist. Es fehlt dann der Verstärkungseffekt sowie die Motivation für die Nachahmung der von den Erwachsenen gehörten Sprache. Detaillierte Beobachtungen zu diesem Problemkreis liegen jedoch nicht vor, wohl tiefenpsychologische Interpretationen mit Hilfe der Identifizierungstheorie (z. B. *Bender* 1946 und *Goldfarb* 1955).

Diese Theorie leitete auch die Erklärung über die Defekte im abstrakten Denken und in der Bildung der Raum- und Zeitbegriffe bei älteren Kindern mit Heimerfahrungen. *Bender* (nach *Yarrow* 1961) führt z. B. aus, daß die früheste Identifikation mit der Mutter und ihre fortwährende emotionelle Sorge während der Phase der Gewohnheitsbildung innerhalb der Familie für die schnelle Entwicklung der Sprache und der Begriffsbildung unbedingt notwendig ist. Ohne diese mütterliche Führung sind weder in der sozialen und in der semantischen Entwicklung noch in der Erziehung Fortschritte möglich. Auch für die Zeitbegriffe vermutete *Bender*, daß sie in der Zeitspanne der frühesten Liebesbeziehungen zur Mutter gebildet werden, wenn das Kind etwa bei seinen Aktivitäten Zuwendung und Betreuung erwartet.

Störungen im abstrakten Denken wurden ebenfalls bei Kindern im Schulalter und bei Jugendlichen beobachtet. *Goldfarb* (1943 b) beschreibt als Charakteristikum eine ungewöhnlich geringe Fähigkeit, Begriffe zu bilden, sowie sinnvolle und abstrakte Beziehungen herzustellen. Im *Rohrschach*test zeigten Jugendliche mit Heimvergangenheit ein ungewöhnliches Haften an der konkreten Einstellung und eine inadäquate Begriffsbildung. Auch *A. Dührssen* (1958) fand bei ihren Heimkindern besondere Schäden in der Abstraktionsleistung und Detailauffassung, vor allem wenn sie in den ersten Lebensmonaten bis zu zwei Jahren im Heim gewesen waren. Sie zieht zur Erklärung eine Hirntheorie heran und sieht diese Schädigung in Analogie zu einer organischen Hirnschädigung, die bei den Heimkindern im frühen Alter durch den Mangel an affektiven Entwicklungsreizen entstanden sein könnte. *Stott* (1956) dagegen stellte bei geistig unternormalen Heimkindern fest, daß die Defekte zum großen Teil vor dem Heimaufenthalt durch Schwangerschaftsstreß der Mutter und Hirnverletzungen der Kinder vor und während der Geburt entstanden sein müßten. In künftigen Untersuchungen sollte man diesem Faktor bei der Isolierung der zu untersuchenden Bedingungen besondere Aufmerksamkeit schenken.

An die Möglichkeit zentralnervöser Schädigungen durch

Heimaufenthalte ist auch angesichts der Bewegungsstörungen gedacht worden, von denen besonders die bizarren Stereotypien jüngerer Kinder und die Hyperkinesen älterer hervorgehoben worden sind. Es liegen aber für solche Auffälligkeiten keine Vergleichszahlen von Familienkindern vor, und vor allem ist zu betonen, daß diese Störungen nur zeitweise aufgetreten sind und dann wieder verschwanden. Unter Umständen handelt es sich um vorübergehende reifungsbedingte Entwicklungsereignisse, die aufgrund ihrer Heftigkeit einen besorgniserregenden Eindruck machen. Andererseits konnte der psychogenetische Anteil der Heimbedingungen an diesen Bewegungsstörungen in den vorhergehenden Abschnitten bereits wahrscheinlich gemacht werden.

6. Persönlichkeitsstörungen

Die Autoren haben viele Mühen aufgewendet, die Folgen der Muttertrennung, vielfachen Bemutterung, Heimunterbringung und der verschiedenen Arten der Bemutterung auf die Persönlichkeitsentwicklung nachzuweisen. In manchen Arbeiten werden diese Zusammenhänge auch bestritten, wenn z. B. *Schaeffer* und *Emerson* (1964) aufgrund von Mütterinterviews berichten, daß beim Vergleich von 19 Kindern zwischen zwölf und 18 Monaten, die positiv auf Umarmungen und zärtlichen Kontakt reagierten, mit neun Kindern, die negativ und ablehnend reagierten, die Reaktionen mehr angeboren als von Variablen der Mutterbeziehungen beeinflußt zu sein schienen. In anderen Arbeiten wurden jedoch erhöhte Quoten von Auffälligkeiten bei Heimkindern im Vergleich zu Pflege- und Familienkindern festgestellt, die sich über extreme Formen der Kontaktlosigkeit und Kontaktsucht über Aggressivität bis hin zu Lügen, Stehlen und Weglaufen erstreckten. Durch solche mehr klinischen Daten und Untersuchungen und ihre manchmal viel zu weit reichenden Schlußfolgerungen sind die Ergebnisse oft recht vage ausgefallen und jedenfalls viel weniger klar als auf dem Gebiet der geistigen Entwicklung.

Soziale Fehlanpassungen und Persönlichkeitsstörungen sind von den geistigen Defekten nach einer Muttertrennung und einem Heimaufenthalt abgeleitet worden, allerdings ohne daß schlüssige Beweise erbracht werden konnten. Mängel in der Zeitbegriffsbildung, ein geringes Gedächtnis und unterentwickelte Gefühle für menschliche Beziehungen sollen zu einem Mangel in der Motivation führen, das Verhalten auf künftige Ziele auszurichten, aus eigenen Fehlern zu lernen und sich mit Beziehungen zu anderen Menschen zu identifizieren. Die Bindungslosigkeit bringe Mängel in der Steuerung von Impulsen und die Unfähigkeit mit sich, adäquate Schuldgefühle zu erleben. Dadurch würden die Begriffe für gutes und schlechtes Verhalten, die psychosexuelle Entwicklung und das Verhalten in Familie und Schule verschoben, und es käme zu Schwierigkeiten in den verschiedenen sozialen Feldern. Unter diesen Gesichtspunkten zeichnet sich die Entstehung des sog. gemütlosen Charakters ab, den *Bowlby* und andere beschrieben haben (vgl. III, 4).

Interessante Untersuchungen sind auch zu den verschiedenen Erziehungsformen und Erziehungsstilen von Müttern und Eltern durchgeführt worden, die unser Thema berühren. *Finney* belegt z. B. in einer Faktorenanalyse drei Beziehungen: 1. Elterliche Überbehütung verursacht das Zwangssyndrom bei Kindern, 2. Mangel an Wärme und Zuneigung führt zu Abhängigkeit und Angst und 3. elterliche Feindseligkeit führt zu Haßeinstellungen beim Kind. Diese Arbeiten zu den Erziehungsstilen, die in Deutschland vom Ehepaar *Tausch* in die Wege geleitet worden sind und in einem Symposion zusammenfassend dargestellt wurden (*Herrmann* 1966), bleiben hier jedoch außer Betracht.

Neuere Untersuchungen zur Kontroverse einerseits »soziale Apathie« (anaklitische Depression, Deprivation, Verlassenheit) und andererseits »Affekthunger und Kontaktsucht« und ihre Auswirkungen auf die Persönlichkeitsentwicklung liegen anscheinend nicht vor. Auch Literatur über die Entwicklung einzelner psychosomatischer Symptome der Heimkinder in den späteren Lebensjahren ist nicht bekanntgeworden. Wohl der Zusammenhang dieser Störungen mit mangelnder mütterlicher Zuwendung wurde wiederholt bestätigt (z. B. *Garner* und *Wenar* 1960).

Wichtig sind die Arbeiten, die den Vorläuferbedingungen von Persönlichkeitsstörungen neurotischer Art und vom Formenkreis der Schizophrenie und Depression gewidmet waren und dabei Arten der mütterlichen Fürsorge in die Betrachtung einbezogen. Die Quote von Patienten, die eine psychiatrische Ambulanz aufsuchten, war größer, wenn eine Muttertrennung in den ersten fünf Lebensjahren vorgekommen war, als wenn sie sich in späterer Zeit ereignet hatte (*Barry, Lindemann* 1960). Unter Depressiven war die Quote der Patienten mit Muttertrennung bis zum Alter von 15 Jahren größer. Der Verlust des Vaters schlug sich in einer höheren Quote nieder, wenn er sich bei Kindern und Jugendlichen im Alter zwischen fünf und 15 Jahren ereignet hatte (*Brown* 1961).

7. Jugendkriminalität und andere Spätfolgen

Die Arbeiten von *Bowlby* über die Diebstahlssymptomatik bei Jugendlichen als Spätfolge einer Muttertrennung sind heftig kritisiert worden. Manche Autoren bestritten eine solche Wirkung der Muttertrennung überhaupt, andere wiesen darauf hin, daß es mehr kriminelle Jugendliche ohne Muttertrennung als solche mit dieser Erfahrung gibt (*Lewis* 1954, *Naess* 1959) und eine weitere Gruppe sah schlechte Heimbedingungen als wirksamer an denn die Muttertrennung (*Stott* 1956).

Wie in der Arbeit von *Bowlby* (vgl. Kap. III) gibt es aber in diesen Studien viele Schwächen, die im Falle der Arbeit von *Naess* (1959) z. B. darin besteht, daß als Kontrollgruppe die Geschwister der Kriminellen herangezogen wurden, die keine Muttertrennung erfahren hatten. Unter Umständen gelangten dadurch nur andere erhebliche Faktoren, etwa erbliche Dispositionen und belastende familiäre Komponenten, stärker ins Spiel. Es wäre dann nur bewiesen, daß bei einer erblichen Belastung die Muttertrennung nicht den Ausschlag zu geben braucht. Am meisten Vertrauen verdient hier noch die Arbeit von *Glueck* (1950), wonach der Verlust eines Elternteils durch Tod, Trennung oder längere Abwesenheit vor dem 5. Lebensjahr unter kriminellen zweimal so oft vorkommt wie unter nichtkriminellen Jugendlichen. Auch ein Elternverlust (nicht nur Mutterverlust) zwischen dem 5. und 10. Lebensjahr kommt unter kriminellen Jugendlichen signifikant häufiger vor.

Dennoch scheint eine Muttertrennung allein nicht auszureichen, um spätere Jugendkriminalität auszulösen. Es müssen zusätzliche Voraussetzungen in der Charakterdisposition und Familienerziehung vorhanden sein. Die gestörte Fähigkeit, Bindungen einzugehen, spielt dabei eine große Rolle, und insofern Muttertrennungen diese Bindungsfähigkeit stören, sind sie als Faktor mit zu beachten. Bei den kriminellen Jugendlichen, die als gemütlose Charaktere anzusprechen sind, scheinen Muttertrennungen häufiger vorzukommen, aber natürlich werden nicht alle gemütlosen Charaktere kriminiell.

Einen interessanten neuen Aspekt hat *Andry* (1962) in die Debatte gebracht, als er die Rolle des Vaters in der Vorgeschichte der kriminellen Jugendlichen mit in die Betrachtung einbezog. Diese Jugendlichen hatten früher in Schwierigkeiten die Mutter aufgesucht und dabei die Väter gemieden, denen sie auch weniger gehorchten als die nicht kriminellen. Erstaunlicherweise waren die befragten Väter sich ihrer Rolle bewußt, daß sie von den delinquenten Söhnen im Vergleich zu den Müttern als weniger liebevoll angesehen wurden, sie wußten nur nicht, was sie zur Erleicherung der Situation hätten tun können. Der Autor zieht die Konsequenz, auch die Väter in die Beratung bei Diebereien von Kindern und Jugendlichen einzubeziehen.

Weniger erheblich als in seiner 1. Untersuchung waren die Langzeiteffekte, die *Bowlby* in einer späteren Studie festgestellt hat (*Bowlby* u. a. 1956). Es handelte sich um 60 Kinder zwischen sechs und 13 Jahren, die vor ihrem 3. Lebensjahr in ein Tuberkulosensanatorium eingewiesen worden waren und dort mehrere Jahre verbracht hatten. Spätfolgen konnten in der Intelligenzentwicklung gar nicht und in den Persönlichkeitsmerkmalen nur als Tendenzen in Richtung auf Symptome des Sich-Zurück-Ziehens, der Apathie und Aggressivität nachgewiesen werden. Nach Interviews von Sozialarbeitern mit den Eltern wurden 63 Prozent der Kinder als fehlangepaßt eingeschätzt, 13 Prozent als gut angepaßt und 21 Prozent als »angepaßt mit kleinen Problemen«. Nur eine kleine Gruppe hatte so erhebliche Schwierigkeiten, daß eine pathologische Natur der Erfahrungen angenommen werden muß. Ohne die Ergebnisse verharmlosen zu wollen, gestehen die Autoren zu, daß einige Deprivationsforscher dazu neigten, die Spätfolgen zu überschätzen.

Neben der Gefahr der Überschätzung gibt es aber sicherlich auch die der Unterschätzung. Zum Beweis dafür, daß eine frühe Muttertrennung keine widrigen Auswirkungen zu haben braucht, wird etwa die Arbeit von *Lewis* (1954) zitiert. Von 500 Kindern wurden nach zwei bis dreieinhalb Jahren 240 Kinder über einen verschickten Fragebogen brieflich nachuntersucht, davon 100 intensiver durch Interviews von psychiatrisch geschulten Sozialarbeitern. Bei den Schätzdiagnosen wurden nur drei als mit erheblichen Persönlichkeitsstörungen behaftet angesprochen. Gleichzeitig erfährt man aber, daß 22 einige Schwierigkeiten hatten und 36 milde neurotische Symptome oder kriminelles Verhalten zeigten. Offensichtlich hängt es von der Definition des Schweregrades einer Störung ab, wie viele und welche Kinder nach einer Muttertrennung als gestört angesehen werden.

Schenck-Danzinger (1961) fand bei Kindern, die von Geburt an bis zum 3. oder 4. Lebensjahr in Anstaltspflege geblieben waren und seit mindestens zwei Jahren in Familien lebten, daß sie im Schulalter wegen mangelnder Arbeitshaltung und übermäßiger Feindseligkeit gegenüber ihren Klassenkameraden im schulpsychologischen Dienst vorgestellt werden mußten. In einer schottischen Untersuchung an 5386 Kindern zeigte es sich im 7. Lebensjahr der Kinder, daß eine Krankenhausaufnahme oder eine andere Form einer zeitweisen Herausnahme des Kindes aus dem elterlichen Haushalt zu einer Zunahme von nächtlicher Unruhe, Daumenlutschen, Nägelkauen und anderen Symptomen geführt hatte (*Douglas* und *Blomfield* 1958).

Überzeugender noch werden die Ergebnisse, wenn Kontrollgruppen mit herangezogen werden, wie bei *Annemarie Dührssen* (1958). Im Schulalter beobachtet sie, daß nur 20 Prozent der Heimkinder die Anforderungen des 1. Schuljahres altersgemäß bewältigen, dagegen 57 Prozent der Pflegekinder und 85 Prozent der Familienkinder (1958, 90). Die Heimkinder fielen in den Eigentümlichkeiten des Leistungsvollzugs durch Schwerfälligkeit, Apathie, Indifferenz und Abwehrhaltungen auf. Auch die Belastung mit neurotischen Symptomen wie Bettnässen, Einkoten, Kopfschaukeln und motorischer Unruhe waren in der Heimkindergruppe größer.

Interessant ist eine Untersuchung an 20 jungen Erwachsenen, die im 1., 2., 3. oder 4. Lebensjahr während des Zweiten Weltkrieges eine frühkindliche Muttertrennung und eine Einweisung in ein staatliches Kriegskinderheim erlebt hatten (*Maas* 1963). Es zeigten sich spätere Anpassungsprobleme im Familienleben, die im Zusammenhang mit der Trennung einerseits und der Art der Kinderheime andererseits standen. Obschon die Ergebnisse wegen der Geringfügigkeit der Schwierigkeiten als Beweis für die Plastizität und Spannkraft der menschlichen Persönlichkeit angesehen wurden, ergaben sich interessante Ergebnisse, die für späte Wirkungen einer frühen Muttertrennung sprechen. Es zeigte sich, daß die Trennung im 1. Lebensjahr nachweislich erheblichere Auswirkungen auf die Testergebnisse hatte als eine spätere Trennung. Keine Anhaltspunkte gab es dafür, daß eine Trennung nach Erreichen des 4. Lebensjahres belangvoll war.

Ein weiteres Ergebnis macht die Annahme fraglich, daß die Muttertrennung desto verhängnisvoller ist, je jünger die betroffenen Kinder sind. Die im Alter von zwei Jahren getrennten Kinder waren nämlich auf die Dauer besser dran als die im 3. Jahr getrennten. *Maas* erklärt dieses Ergebnis damit, daß die Zweijährigen in der Entwicklung eher in einer stabilen, »autonomen Phase« stehen und die Dreijährigen sich der kritischen »ödipalen Phase« nähern. Von daher gesehen müßten besonders bei Muttertrennungen eines Kindes aus einer Problemfamilie größere Konflikte befürchtet werden, wenn es drei Jahre alt ist. Normalerweise scheint es möglich zu sein, Kinder bereits im Alter von zwei Jahren, ganz sicher aber im Alter von vier Jahren, ohne größere Schwierigkeiten von der Familie getrennt aufwachsen zu lassen.

Nähere Auskünfte in dieser Richtung gibt eine sehr sorgfältige Studie von *Wassef* (1965), in der es um die Auswirkungen einer Muttertrennung in den ersten fünf Lebensjahren auf den Zustand im 12. Lebensjahr ging. Es wurden die Persönlichkeitsstörungen nach Muttertrennungen 1. in bezug auf das Alter des Kindes zur Zeit der Trennung und 2. in bezug auf die Anzahl der Ersatzmutterfiguren in der Trennungszeit überprüft. Bei den Zwölfjährigen, die in de sechs Lebensmonaten von ihren Müttern getrennt worden waren, ließen sich in Sozial- und Persönlichkeitstests keine dauernden Schäden nachweisen. Die heftigsten und hartnäckigsten Schäden hatten sich bei den Schülern festgesetzt, bei denen die Trennungserfahrung in der zweiten Hälfte des 1. Lebensjahres lag. Eine Trennung im 2. Lebensjahr hatte ähnlich katastrophale Auswirkungen, aber die Werte stiegen nun bis zu den Normalwerten bei den mit fünf Jahren Getrennten ständig an. Wenn im 2. Jahr mehr als eine Pflegeperson für das Kind sorgte, war die Schädigung erheblicher als wenn es nur eine Person war. Aber der Zusammenhang mit der Anzahl der Ersatzmütter war weniger erheblich als die Dauer der Trennung ohne Rücksicht auf die Anzahl der Ersatzmütter. Kritisch ist anzumerken, daß es einer Ausrichtung der Untersuchung auf die Intelligenz bedurft hätte, um etwaige Spätfolgen einer sensorischen Isolierung aus den ersten sechs Monaten auszuschließen, die nach den Ergebnissen von *Meierhofer* und *Keller* (1966) wahrscheinlich sind.

8. Konstitutionelle Faktoren

Ob eine Mutterentbehrung die Entwicklung eines Kindes verändert, hängt selbstverständlich entscheidend von den anlagemäßigen Voraussetzungen und der Charakterdisposition ab. Die Deprivationsforschung würde mißverstanden, wenn man annähme, sie hätte die konstitutionellen Faktoren außer acht gelassen und allein den Umwelteinflüssen Bedeutung zugeschrieben. In diesem Zusammenhang sei noch einmal ausdrücklich auf die Ausführungen über die Entstehung psychosomatischer Störungen und die Jugendkriminalität in früheren Abschnitten hingewiesen.

Der dramatische Charakter der Trennungsschäden darf schon deshalb nicht zu Verallgemeinerungen führen, weil in den Untersuchungen eine Anzahl von Kindern keine erheblichen Reaktionen oder Spätfolgen erkennen ließen. Bei *Spitz* etwa zeigten von den 123 getrennten Kindern »nur« 19 die schwersten Formen der anaklitischen Depression. Auch die Dauer der Reaktionen war manchmal sehr unterschiedlich und schien von individuellen Faktoren beim Kind abzuhängen. Andererseits besagt die Tatsache, daß manche Kinder widerstandsfähiger gegen Muttertrennungen sind, nichts dagegen, daß auch bei ihnen unter erschwerten Bedingungen mit Schäden zu rechnen ist und daß diese Erfahrungen in anderen Fällen viel eher wirksam werden.

Leider gibt es keine direkten Untersuchungen, aber z. B. das Ergebnis, daß in identischen Umwelten manche Kinder Rückstände zeigen und andere nicht, spricht für konstitutionell bedingte Differenzen in der Verletzbarkeit für Trennungs- und Heimerlebnisse. Die hier zugrunde liegenden Bedingungen gilt es in Zukunft näher zu untersuchen. Belangvoll scheinen vor allem Gefühlsdispositionen zu sein, die Empfänglichkeit für Angsterlebnisse, die Stärke der Gefühlserregbarkeit, allgemein eine Übersensibilität und weiter eine Hypermotorik, die z. B. *Schultz-Hencke* als begünstigende Faktoren für die Entstehung von Neurosen herausgestellt hat.

Wie mächtig die Mutterbeziehungen sind, geht aus dem umgekehrten Beweis hervor, daß Flüchtlingskinder das traumatisierende Erlebnis der Flucht mit Hunger, Elend und Verlust der bisherigen Lebenswelt im Kriege nur dann ohne nachweisbare Schäden überstanden, wenn der Kontakt zur Mutter erhalten geblieben war. Die Mütter hatten die Kinder gewissermaßen gegen die schädlichen äußeren Einwirkungen abgeschirmt (*Brandt* 1964, 153).

Das komplizierte Netzwerk von Konstitutionsfaktoren und Mutterbeziehungen bedarf detaillierter weiterer Forschung, wenn auch die übereinstimmenden Ergebnisse der Deprivationsforschung keinen Zweifel an der Bedeutung der mütterlichen Fürsorge für die seelische Gesundheit der Kinder lassen.

9. Rehabilitationsmöglichkeiten

Von der Verletzlichkeit des Kindes für Mutterentbehrungen und von konstitutionellen Faktoren hängen schließlich auch die Rehabilitationsmöglichkeiten nach aufgetretener Schädigung ab. Es geht um die Frage, ob und unter welchen Umständen die durch Mutterentbehrungen auftretenden Schäden rückgängig gemacht werden können. Hier ist in erster Linie an eine Aufhebung der Trennung oder auch an Erleichterungen zu denken, etwa durch eine intensive Ersatzmuttterzuwendung. Der Erfolg der Bemühungen ist an unmittelbaren Reaktionen des Kindes auf eine Wiedervereinigung mit der Mutter und die danach auftretenden Veränderungen abzuschätzen. Die Untersuchung des Erfolgs bestimmter Rehabilitationsmaßnahmen ist vor allem für die Praxis der Sozialhilfe von größtem Interesse.

Die vorliegenden Arbeiten zeigen gegensätzliche Tendenzen, die zum Teil allerdings schon dadurch erklärt werden können, daß die Nacheffekte und Rehabilitationsmöglichkeiten sehr von der Dauer der Trennung und den Erfahrungen der Kinder vor, in und nach der Trennung und Wiedervereinigung abhängen. Wenn z. B. in der Entwicklung der Deprivation noch nicht die Phase der Gleichgültigkeit und Leugnung der Mutter eingetreten ist, klammert sich das Kind zunächst ängstlich an. Es folgt der Mutter auf Schritt und Tritt in der Angst, wieder getrennt zu werden, besonders dann, wenn vorher gute Beziehungen zur Mutter bestanden (*Robertson* 1952).

Wiederholte Muttertrennungen im Heim, die z. B. durch den Abteilungswechsel der Kinder hervorgerufen werden, stellen zusätzliche Belastungen dar. Bei einer kurzzeitigen Trennung dagegen können die offenen Störungen leichter aufgehoben werden. Über mehr verdeckte Langzeitwirkungen braucht damit allerdings noch nichts ausgemacht zu sein. So zeigte es sich z. B., daß unter den Pflegekindern, die im Alter von fünf bis elf Jahren wieder in die Heimerziehung zurückgegeben werden mußten, weil die Familienpflege oder Adoption gescheitert waren, 80 Prozent bis zum 2. Lebensjahr von der Mutter getrennt gelebt hatten. Diese Kinder fühlten sich auch in objektiv guter Pflege nicht geliebt, sondern zurückgewiesen, alleingelassen und ungerecht bestraft, so daß ihr Verbleib in der Familie abgebrochen werden mußte.

Im allgemeinen aber läßt sich sagen, daß manchmal schon geringfügige Maßnahmen, die Erleichterungen für die Kinder mit sich bringen, für eine deutliche Verbesserung ihres Zustandes sorgen. Wenn sich in Heimen die Pflegerinnen den Kindern zusätzlich zuwandten und sich morgens und nachmittags vermehrt mit ihnen beschäftigen, oder ganz einfach mehr Pflegerinnen zur Verfügung standen, so konnte im Vergleich zu Kontrollgruppen ohne diese Verbesserung ein Stillstand im Absinken des Intelligenzquotienten oder gar ein Anstieg festgestellt werden (*Skeels* a. *up de Graf* 1938, *Skeels* a. *Dye* 1939, *Rheingold* 1956 und 1959). Eine geringfügige Verbesserung der Kontakte zu den Ersatzmüttern zeitigte bereits einen Anstieg im Wortschatz der Kinder. *Beres* a. *Obers* (1950), die das gleiche Heim wie vorher *Goldfarb* untersuchten, konnten Schäden wirkungsvoller rückgängig machen, als *Goldfarb* das vorher für möglich gehalten hatte.

Nach einer frühen und erfolgreichen Adoption hatten 87 Kinder von Müttern, die einen IQ unter 75 zeigten, einen Durchschnitts-IQ von 106 (*Skeels* a. *Harms* 1946). Eine Aufhebung der Trennung durch Adoption in den ersten zwölf Monaten erwies sich als besonders günstig, aber auch wenn es zur Aufhebung erst am Ende des 1. Lebensjahres kam, wurde ein Stillstand in der Retardation und ein allgemeiner intellektueller Fortschritt beobachtet. Optimistischer als durch *Spitz*, der in sehr ungünstigen Verhältnissen schwere Schäden beobachtete, werden neuerdings auch die Möglichkeiten psychotherapeutischer Hilfen im Heim beurteilt. So konnte *Aubry* (1955) bei zweijährigen Kindern nach 17monatiger »Psychotherapie« einen Anstieg des Entwicklungsquotienten von 35 auf 97, also Durchschnittsniveau feststellen.

Es ist zu fragen, welche Schäden wie schnell und wie vollständig aufgehoben werden können. Besonders beunruhigt dabei das Problem der mehr verborgenen Schäden mit Langzeitwirkung, weil sie vielleicht nicht früh genug erkannt und deshalb nur schwer vermieden werden können. Es sind subtile Formen von Beeinträchtigungen denkbar, die bei einer entsprechenden Konstellation und Reaktionslage des Organismus vielleicht in späteren Jahren das Zünglein an der Waage für den Ausbruch einer Störung sein können. Gute Mutterbeziehungen vor der Trennung führen zu einer heftigen unmittelbaren Reaktion der Kinder auf eine Trennung und sehen bedenklicher aus als die milde Reaktion nach ungünstigen Beziehungen (*Spitz*). Vermutlich sind diese guten Beziehungen auf die Dauer gesehen jedoch von Vorteil. Kinder, die enge Beziehungen erfahren haben, sind wahrscheinlich besser auf neue Bindungen im späteren Leben vorbereitet, als wenn sie solche Bindungen vorher nicht erlebt hätten, auch wenn diese Bindung zu schmerzlichen Erlebnissen geführt hat.

Fassen wir die in den vorliegenden Abschnitten erörterten Ergebnisse unter dem Gesichtspunkt der Chancen einer Wiederherstellung der gestörten Entwicklung nach Muttertrennung zusammen, so läßt sich folgendes sagen (vgl. *Ainsworth* 1962, 345 f.).

1. Eine früh im 1. Lebensjahr beginnende Muttertrennung, die sich über mehr als drei Jahre erstreckt, läßt gewöhnlich schwere und nicht aufhebbare Entwicklungs-, Intelligenz-, vor allem Sprach- und Persönlichkeitsschäden bis ins späte Alter hinein befürchten. In diesem Zusammenhang muß die Wirkung des Alters bei Beginn und bei Aufhebung der Muttertrennung dringend intensiver untersucht werden. Es läßt sich jedoch schon jetzt sagen, daß eine Rehabilitation im 1. Lebensjahr desto aussichtsreicher ist, je jünger das Kind bei der Aufhebung des Trennungszustandes ist und je weniger lange dieser dauerte.

2. Nach dem 1. Lebensjahr können die Schädigungen desto vollständiger rückgängig gemacht werden, je älter das Kind bei Beginn der Trennung war und je gelinder die Trennungserlebnisse ausfielen. Aber auch in milden Formen muß mit schweren bleibenden Schädigungen gerechnet werden, z B. bei einer Muttertrennung im 2. Lebensjahr mit Persönlichkeitsschädigungen. Die Reversibilität von Intelligenzschäden wird etwas günstiger beurteilt, aber es fehlen vor allem Untersuchungen in speziellen Intelligenzbereichen. Weniger reversibel scheinen jedenfalls die Sprache, das abstrakte Denken und die Fähigkeit zu sein, dauernde Gefühlsbeziehungen aufzunehmen.

3. Schäden nach einer einzigen kurzen Trennungserfahrung können durch spätere günstige Entwicklungsbedingungen ziemlich schnell und sicher aufgehoben werden. Bei schwereren Trennungserlebnissen ist eine Wiederherstellung des alten Zustandes nicht einfach durch eine Aufhebung der Trennung zu erwarten. Hier sind intensive Bemühungen, vor allem auch kinderpsychotherapeutischer Art angezeigt, die – so möchte man hoffen – zu einigem Optimismus berechtigen. Immer ist aber mit einer Verletzlichkeit des Kindes und einem Wiederaufleben von Schwierigkeiten zu rechnen, wenn

nachfolgende Erfahrungen in die Richtung einer schwachen, gestörten oder unterbrochenen Mutterbeziehung gehen.

Sollen aus solchen Ergebnissen Konsequenzen für die Praxis gezogen werden, so kann man sich nicht nur mit groben Hinweisen begnügen. Hier stehen vielmehr bestimmte spezifische Bedingungen in Frage, die geklärt sein müssen, um die praktischen Maßnahmen voll zur Wirkung zu bringen. Eine Grundvoraussetzung für die dringend notwendige weitere Forschung ist es dabei, einmal den Gesamtkomplex Muttertrennung in seinen verschiedenen Dimensionen aufzuweisen, um aufgrund der bisherigen Erfahrungen Klarheit in einigen wichtigen Variablen zu erhalten, deren Wirkung weiter untersucht werden muß. Aber auch für die Beurteilung des Einzelfalles, etwa in der Beratungspraxis, sind nähere Unterscheidungen zu treffen.

VI. Begriff und Formen der Mutterentbehrung

Die Komponenten im Kontaktgefüge zwischen Mutter und Kind sind so vielschichtig und so eng miteinander verflochten, daß es fast aussichtslos erscheint, sie genauer zu erfassen und über ihre Wirkungen auf die Entwicklung des Kindes im einzelnen Aussagen zu machen. Es ist deshalb sehr fruchtbar gewesen, dieses reichhaltige Beziehungsgeflecht vom engbegrenzten Tatbestand der Muttertrennung her aufzuhellen, also vom massiven Fehlen eines guten Mutter-Kind-Kontaktes aus. Aber auch diese scheinbar einfache und isolierte Entwicklungsbedingung zeigt bei näherem Zusehen die unterschiedlichsten Komponenten, so daß es immer noch schwer ist, hier zu einer einheitlichen Begriffsbildung zu kommen.

Überblickt man die neueren Untersuchungen, so scheint es zunächst einmal notwendig, über das von *Spitz* und *Bowlby* stammende und gewiß verdienstvolle Konzept der frühen Hospitalismus- und Deprivationsforschung hinauszugehen, das eng auf den Mutterverlust oder die körperliche Muttertrennung ausgerichtet war. *Bowlby* weist selbst darauf hin (1952, 13), daß es neben der Muttertrennung andere pathogene Faktoren in den Beziehungen des Kindes zu seinen Eltern gibt und nennt im einzelnen:

1. eine unbewußte Ablehnung des Kindes,
2. ein exzessives Bedürfnis, sich der Liebe des Kindes zu versichern und
3. eine unbewußte Projizierung anderweitiger Liebesbedürfnisse auf das Kind, trotz heftiger Ablehnung desselben.

Die von solchen Bedingungen ausgehenden Wirkungen will *Bowlby* jedoch ebensowenig untersuchen, wie die Beziehungen des Kindes zu seinem Vater. Er unterscheidet zwar zwischen einer totalen und partiellen Muttertrennung, wobei im letzten Fall ausreichende Beziehungen zu einer Ersatzmutter zustande kommen, aber als das ausschlaggebende Moment sieht er die körperliche An- und Abwesenheit der Mutter an.

Dagegen ist jedoch darauf aufmerksam zu machen, daß für das Kind das Erlebnis einer psychischen Isolierung von der Mutter bei erhaltener körperlicher Gegenwart ebenfalls sehr bedeutsam sein kann. Wir sind im Einzelfall nicht einmal sicher, von welcher Bedingung einschneidendere Entbehrungen ausgehen können. Im Sinne des Tatbestandes eines Gefühlsentzugs auch unter der Bedingung des erhaltenen körperlichen Kontaktes sprechen *Prugh* und *R. G. Harlow* (1962) von »masked deprivation«, von verborgener Muttertrennung. *Andry* (1962) unterscheidet in diesem Sinne drei Aspekte der Mutter-Kind-Trennung:

1. eine körperliche Trennung, die mit einer psychischen verbunden ist,
2. eine körperliche Trennung unter erhaltener seelischer Beziehung etwa bis zur Wiedervereinigung mit der Mutter,
3. eine Störung der seelischen Beziehung bei erhaltenem körperlichen Kontakt.

In den ersten beiden Konstellationen tritt im Regelfall eine Ersatzmutter in das Leben des Kindes ein, oft in der Form einer Pflegerin oder Erzieherin in einem Heim. In diesem Falle braucht es nicht eine seelische Beziehung zur leiblichen Mutter zu sein, die dafür sorgt, daß das Kind die notwendige gefühlsmäßige Zuwendung und Fürsorge erhält. Die Ersatzmutter kann sogar als Beziehungsperson auftreten, die durch Gewährung von Körperkontakt einen Ersatz auch für die körperliche Trennung bietet. Für *Bowlby* schieden schädliche Folgen der Muttertrennung weitgehend aus, wenn das Kind eine positive Beziehung zu einer Ersatzmutter herzustellen vermochte. Es gibt hier also zwei Formen, die eine körperliche Trennung von der leiblichen Mutter annehmen kann:

1. ohne Herstellung von seelischem und körperlichem Kontakt zu einer Ersatzmutter,
2. mit Herstellung eines solchen Kontaktes zur Ersatzmutter.

Eine Muttertrennung in der oben aufgeführten Form eines Verlustes des seelischen Mutterkontaktes bei erhaltener körperlicher Gegenwart einer Mutter oder Ersatzmutter kann in folgenden Formen auftreten:

1. kann es sich um eine zu schwache mütterliche Gefühlszuwendung bis zum extremen Liebesentzug handeln. Die seelischen Beziehungen zwischen Mutter bzw. Ersatzmutter und Kind reichen nicht aus, was auf Seiten der Mutter hervorgerufen werden kann durch Mängel in der Fürsorge und im

zwischenmenschlichen Kontakt (insufficient care and interaction).

Die Mutter entwickelt aus irgendeinem Grund nicht genügend Wärme. So gibt es z. B. kalte, isolierte und narzißtische Mütter, wobei natürlich auch eine Unfähigkeit des Kindes eine Rolle spielen kann, zur Mutter oder Ersatzmutter Beziehungen aufzunehmen,

2. kann es sich um eine gestörte Gefühlszuwendung der Mutter handeln (distorted relatedness). Hier sind alle Fälle unterzubringen, in denen das Kind von der Mutter falsch gesehen wird: Es wird nicht als Individuum akzeptiert, oder die Mutter reagiert auf das Kind in Begriffen ihrer eigenen Bedürfnisse, identifiziert sich mit Teilen seiner Persönlichkeit, projiziert sie auf das Kind usw. (vgl. dazu *Richter* 1963). Auch hier können etwa organisch bedingte Störungen des Kindes die Belastungsfähigkeit der Mutter überschreiten und von daher gesehen die Störungen mit verursachen.

In diesen Fällen, in denen die psychische Isolierung des Kindes von der Mutter durch zu schwache oder gestörte seelische Beziehungen zustande kommt, wird der Begriff der Muttertrennung im Sinne einer körperlichen Isolierung überschritten. Hierbei sind nun verschiedene Kombinationen denkbar, die zu unterschiedlichen Schweregraden führen. Dabei wird vor allem auch der Zeitpunkt des Eintritts vor und nach Erreichen der Fähigkeit des Kindes wichtig, zur Mutter stabile Gefühlsbeziehungen aufzubauen.

Weiter sind in diese Überlegungen die verschiedenen Möglichkeiten einer partiellen und totalen Isolierung von der Mutter bis hin zur Isolierung von Artgenossen überhaupt in die Betrachtung einzubeziehen. Der Gesichtspunkt der Trennung von der Mutter oder Ersatzmutter bleibt dabei maßgebend, weil sie der entscheidende Repräsentant der Beziehungen des Kindes zu den Mitmenschen ist und aller Kontakt über sie zustande kommt.

Es ist vor allem *Yarrow* (1961) gewesen, der darauf aufmerksam gemacht hat, daß das Erlebnis der Muttertrennung für die meisten Kinder mit der Einweisung in ein Heim verbunden ist, wodurch die Analyse der Deprivationsbedingungen praktisch auf die Analyse der Heimsituation hinausläuft.

Dabei unterscheidet er drei Bedingungen:

        1. die sensorische,
        2. die soziale und
        3. die emotionale Deprivation,

von denen gewöhnlich nur die emotionale, gefühlsmäßige Deprivation als Folge der Muttertrennung Beachtung findet. Das Heimmilieu enthält aber oft Bedingungen, die über einen Mangel an mütterlicher Zuwendung hinaus eine schwerwiegende Verarmung der Umwelt im Gefolge haben und an die Bedingungen von Reizisolierungsexperimenten bei Tieren und neuerdings an Erwachsenen erinnern (*Zuckermann* 1964). Wir wissen aus diesen Arbeiten, daß die sensorische Reizverarmung der Umwelt für jedes Lebewesen mit einer erheblichen Einschränkung seiner Funktionen verbunden ist und schnell zu massiven Verhaltensstörungen zu führen vermag.

Wenn auch in der Heimsituation nicht das Ausmaß der sensorischen Deprivation wie in den Versuchen an Erwachsenen und Tieren erreicht wird, ist zu bedenken, daß auch ein geringer Ausfall an anregenden Reizen für sehr kleine Kinder gefährlich und mit Entwicklungsrückschlägen verbunden sein kann.

Auch eine soziale Deprivation, ein Mangel an sozialem Kontakt über die Entbehrung der Mutterbeziehung hinaus, ist für die Heimsituation charakteristisch. Die Kinder leiden daran, daß sie nicht genügend soziale Reize von Altersgenossen oder Menschen überhaupt erhalten und infolgedessen keine Gelgenheit zu sozialer Aktivität haben. Es wäre zu überprüfen, ob das Symptom einer sozialen Überaktivität oder des Affekthungers hier kompensatorische Funktionen übernehmen kann.

Eine besondere Variante, die in neueren Untersuchungen Beachtung gefunden hat, stellt auch die Mehrfachbemutterung dar. Schon wenn ein Heimkind eine Gefühlsbeziehung zu einer Ersatzmutter aufbaut, ist die Tatsache der Mehrfachbemutterung gegeben. Darüber hinaus muß ein Kind in der Heimerziehung manchmal erleben, daß die sozialen Beziehungen, die zu einer Ersatzmutter aufgebaut worden sind, plötzlich durch einen Erzieher- oder Gruppenwechsel unterbrochen werden und so ein erneutes Trennungserlebnis über es hereinbricht. Auch die Pflege- und Adoptionskinder, die gewöhnlich über einen Heimaufenthalt vermittelt werden, unterliegen dieser Bedingung. Wie aus einigen Untersuchungen hervorgeht, scheint es zweckmäßig zu sein, auch diese Bedingung der Muttertrennung in die Überlegungen einzubeziehen, weil sie – besonders bei gehäuftem Auftreten – für das Kind sehr belangvoll sein dürfte.

Unter diesen erweiterten Gesichtspunkten liegt es nahe, den engeren Begriff der körperlichen Muttertrennung, der durch *Spitz* und *Bowlbys* Untersuchungen den Leitfaden der Forschung bildete, zu dem umfassenderen Begriff der *psychischen Mutterentbehrung* zu erweitern:

Mutterentbehrung liegt vor, wenn ein Kind im reichhaltigen leib-seelischen Beziehungsgeflecht zwischen Mutter und Kind die leibliche oder/ und seelische Gegenwart, Zuwendung und Fürsorge seiner Mutter oder einer ständigen Ersatzmutter vermissen muß.

In diesem Sinne seien nun in Erweiterung des Schemas von *Ainsworth* und *Bowlby* (1954) stichwortartig verschiedene *Arten der Mutterentbehrung* aufgeführt, wobei die Reihenfolge noch keine Schweregrade anzuzeigen braucht:

1. Totale Isolierung: Aufwachsen in der Kindheit nicht nur ohne Mutter, sondern ohne Kontakt mit Artgenossen, wobei nur das Überleben garantiert worden ist (Isolationstypen).

2. Partielle Isolierung: Eine körperliche und seelische Muttertrennung ohne ausreichende Ersatzmutterbeziehungen ist erschwert durch zusätzliche sensorische, soziale und emotionale Reizverarmung des Milieus (besonders in Heimen).

3. Mehrfach-Muttertrennung: Eine Muttertrennung bleibt ohne Aufbau stabiler Gefühlsbeziehungen zu einer Ersatzmutter, weil diese häufig wechselt.

4. Mehrfach-Bemutterung: Neben der Mutter sorgen andere Pflegepersonen für das Kind oder nach einer Muttertrennung wird das Kind gleichzeitig durch mehrere Personen betreut.

5. Mutter-Trennung: Vor dem Aufbau stabiler Gefühlsbeziehungen wird das Kind von der Mutter getrennt, entweder vollständig (ohne Beziehungen zu einer Ersatzmutter), zeitweise (mit späteren befriedigenden Kontakten zur leib-

lichen Mutter oder Ersatzmutter) oder in kaum merklicher Form (sofortiger Aufbau von Beziehungen zu einer Ersatzmutter, etwa im Fall der frühen Adoption).

6. Mutter-Verlust: Nach dem Aufbau stabiler Gefühlsbeziehungen und bevor das Kind alt genug ist, von der Mutter unabhängig zu sein, verliert es sie. Das kann geschehen in der Form des schmerzlichen Mutterverlustes (durch Tod oder Ehescheidung, ohne unmittelbare Gelegenheit, befriedigende Ersatzmutterbeziehungen aufzunehmen), des zeitweisen Mutterverlustes (mit baldigen befriedigenden Ersatzmutterbeziehungen) oder in der Form der vorübergehenden Muttertrennung (mit baldiger Wiedervereinigung mit der Mutter).

7. Mangel an mütterlicher Gefühlszuwendung: Bei erhaltenem körperlichen Mutterkontakt entbehrt das Kind psychisch die Mutter vor erreichter Unabhängigkeit. Hier können vorliegen einmal schwache Gefühlsbeziehungen (durch geringe mütterliche Zuwendung bis zum krassen Gefühlsentzug), zum anderen gestörte Gefühlsbeziehungen (durch direkte Ablehnung des Kindes oder seine Einbeziehung in neurotische Abwehrmechanismen wie Projektion, Übertragung, Identifikation).

Gewiß ist auch dieses Schema nicht unangreifbar und ideal. So könnte man es etwa noch weiter ausdehnen und z. B. unter Einbeziehung oder mehrfach ins Spiel gebrachten väterlichen Einflüsse Formen der Elternentbehrung unterscheiden, wie das *Andry* (1962, 229) vorgeschlagen hat:

1. Entbehrung allein der Mutter,
2. Entbehrung allein das Vaters und
3. Entbehrung beider Elternteile.

Es ließe sich auch die Überbehütung (overprotection) des Kindes in das Konzept der Mutterentbehrung hineinnehmen, weil überbehütete Kinder streng genommen eine echte mütterliche Zuwendung vermissen müssen. Aber von solchen Erweiterungen wurde hier abgesehen, um das Prinzip der Mutterentbehrung nicht zu überdehnen. Andererseits dürfte das Schema zu einer vereinheitlichenden Begriffsbildung beitragen und dazu führen, in künftigen Untersuchungen die Art und den Grad der verschiedenen Formen der Trennung und Isolierung eines Kindes von der Mutter zu präzisieren.

Als zusammenfassende Begriffe sind für die verschiedenen Erscheinungsformen folgende Bezeichungen in die Literatur eingegangen: Hospitalismus *(v. Pfaundler, Spitz)*, Deprivation *(Bowlby)*, Hospitalmarasmus *(Tugendreich)* oder einfach Marasmus *(Spitz)*, anaklitische Depression *(Spitz)*, psychische Inanition, akute und chronische Verlassenheit sowie Dystrophia mentalis *(Meierhofer-Keller)*. Dabei verlagerte sich das Gewicht von dem mehr die Anstaltsschäden treffenden Begriff des »Hospitalismus« auf den Begriff »maternal deprivation« oder einfach »Deprivation« (eingedeutscht), der den in der Massenpflege ausschlaggebenden Mangel an mütterlicher oder personaler Zuwendung und Fürsorge hervorhebt. *v. Harnack*, der auf Übersetzungsschwierigkeiten hinweist, schlägt die deutsche Bezeichnung »Mutterverlust« vor, während in dieser Studie der allgemeinere Begriff »Mutterentbehrung« als zweckmäßig und angemessen vorgezogen wird.

Dieser Begriff würde sich nur dann als sprachlich schwerfällig erweisen, wenn wir veranlaßt wären, nun zur Kennzeichnung der Folgeerscheinungen, die sich durch die Mutterentbehrung bei einem Kind einstellen, von einem einheitlichen »Mutterentbehrungs-Syndrom« zu sprechen. In diesem Falle wäre *Hellbrügge* (1966, 389) zuzustimmen, der sich zum Zwecke der internationalen Verständigung für den Begriff »Deprivationssyndrom« einsetzt. Da unter dem Deprivationssyndrom jedoch je nach den besonderen Bedingungen sehr verschiedenartige Einzelsymptome zusammengefaßt worden sind, die getrennt oder in verschiedenen Kombinationen vorkommen können, scheint es nach den vorliegenden Untersuchungsergebnissen nicht ratsam zu sein, von einem einheitlichen Symptomenkomplex zu sprechen. Es wird sich vielmehr sowohl in der empirischen Forschung als auch in der psychologischen Diagnostik als notwendig erweisen, in jedem Einzelfall genaue Feststellungen zu treffen und die Symptomatik in den Einzelheiten zu beschreiben.

VII. Tierexperimente

1. Vorteile in der Forschungsstrategie

Die Untersuchungen der letzten 20 Jahre stimmen darin überein, den frühkindlichen Muttererfahrungen für die Entwicklung der Persönlichkeit und ihrer Störungen eine große Bedeutung beizumessen. Bei näherem Zusehen ist aber festzustellen, daß unser Wissen in vielen Einzelheiten noch sehr lückenhaft ist. Das liegt zum großen Teil an den bisher verwendeten Forschungsmethoden. Im Grunde handelt es sich bei den vorliegenden Arbeiten weniger um experimentelle Untersuchungen als um klinische Beobachtungen, die durch empirische Untersuchungen nur unzulänglich belegt sind. Verhältnismäßig einwandfrei haben sich die Auswirkungen der Mutterentbehrung noch in den begleitenden Untersuchungen feststellen lassen, wenn es um die direkte Beobachtung der Kinder in der Situation der Muttertrennung geht. Aber je mehr die Auswirkungen in rückblickender Betrachtung – gleich ob in klinischer oder follow-up-Technik – untersucht werden und je später die vermuteten Folgen auftreten sollen, desto ungenauer werden die Daten, die in den klinischen Untersuchungen zur Verfügung stehen.

Wir stoßen hier auf eine Grenze der klinischen Feststellungsverfahren für unsere, aber auch für alle anderen Untersuchungsobjekte. Die Beweiskraft der rückblickenden Studien ist durch unübersehbare Schwierigkeiten belastet, die ihnen von Natur aus anhaften, weil die weit in der Vergangenheit zurückliegenden Trennungsereignisse in ihren Einzelheiten nicht festgestellt und ins Gedächtnis zurückgerufen werden können. An die Stelle der Fakten tritt notgedrungen die Phantasie der Untersucher oder auch der Untersuchten, wenn sie nach den vergangenen Ereignissen gefragt werden.

Man kann auf diese Weise auch kaum andere mögliche Ursachen für die Verhaltensauffälligkeiten ausschalten, so sehr man sich im Interesse einer sauberen Untersuchungsanlage auch darum bemüht. Argumente, die konstitutionelle Faktoren oder andere Ursachen für die Intelligenz- oder Persönlichkeitsstörungen verantwortlich machen, wie z. B. frühkindliche Hirnschädigungen, lassen sich kaum entkräften. Es ist nicht auszumachen, ob im Anfang tatsächlich alle Voraussetzungen für eine normale Entwicklung gegeben waren und die eingetretenen Veränderungen tatsächlich auf die eine Variable zurückgeführt werden müssen, die die Untersuchung leitete.

In der Rekonstruktion der Vergangenheit werden allzuleicht andere wesentliche Sozialfaktoren, wie z. B. die Beziehungen zu den Geschwistern oder Altersgenossen übersehen. Über die Bedeutung der Geschwisterbeziehungen und der frühen sozialen Beziehungen zu Altersgenossen wissen wir noch recht wenig. Vor allem ist zu fragen, ob diese sozialen Kontakte ungenügende Mutter- oder Elternkontakte wenigstens teilweise zu ersetzen vermögen. Es könnten hier auch noch andere, den Untersucher gerade nicht interessierende Faktoren auf die frühe Entwicklung des Kindes eingewirkt haben.

Schließlich sind die Zeitspannen, mit denen man bei der Untersuchung der Auswirkungen früher Erfahrungen auf die spätere Entwicklung des Menschen rechnen muß, ein schwieriges Hindernis, eine fruchtbare und schlüssige Forschung zu betreiben. In einer sorgfältig angelegten Längsschnittstudie etwa, die möglichst viele intervenierende Variablen konstant hält, kann man erste Ergebnisse nicht vor dem Ablauf vieler Jahre erwarten, so daß die Arbeit manchmal nur von einem anderen oder wenigstens einem ergänzten Forscherteam zu Ende gebracht werden kann.

Demnach sind die für eine strenge experimentelle Erforschung der Muttertrennung geforderten Bedingungen im menschlichen Erfahrungsfeld nicht herzustellen und anzutreffen. Diese Schwierigkeiten humanpsychologischer Untersuchungen lassen sich umgehen, wenn man das Problem in vergleichender Betrachtung an Tieren erforscht. Das Tierexperiment bietet sich in diesem Zusammenhang schon deshalb an, weil sich ein eigentliches Experimentieren mit massiven sozialen Einwirkungen bei Kindern – wie Kaiser Friedrich II. es tat – aus ethischen Gründen verbietet. Wir können ganz einfach keine Menschenkinder im 1. Halbjahr ihres Lebens von der Mutter trennen und sie in einen dunklen, künstlich beleuchteten Käfig sperren, um die Folgen der Isolierung nach einem oder zwei Jahren zu studieren. Es geht nicht an, eine Mutter zu veranlassen, ihr Kind für eine gewisse Zeit von anderen Kindern fernzuhalten, um zu sehen, wie es sich später dann den Altersgenossen gegenüber verhält. Es ist uns nicht erlaubt, Menschenkinder weder von gut noch von schlecht sorgenden Müttern fernzuhalten, um ihnen Gelegenheit zu optimalen sozialen Kontakten mit Altersgenossen zu geben, die unter Umständen die unzulänglichen Mutterbeziehungen zu ersetzen vermögen. Aber gerade die Herbeiführung solcher präziser Bedingungen interessiert, wenn wir etwas über die Bedeutung der Mutterbedingung im Vergleich zu anderen Entwicklungsfaktoren des Kindes wissen wollen. Diese und andere Fragen sind für die Gestaltung der menschlichen Verhältnisse wichtig genug, damit sie nach Maßgabe der Tierschutzbestimmungen an Tieren erforscht werden.

In der tierpsychologischen Forschung können die Untersuchungen in idealer Weise unter kontrollierten Laboratoriumsbedingungen durchgeführt werden. Während der Forscher in der Untersuchung an Kindern von den jeweils vorliegenden Verhältnissen ausgehen muß, kann er bei Ausweichen auf das Tierexperiment bestimmte Trennungserfahrungen bewußt herbeiführen. Vor allem kann er dabei die gewünschte Variation der Isolierung etwa nach Beginn und Dauer vornehmen, um die zu erwartenden unterschiedlichen Effekte zu beobachten. Unter den Ausgangsbedingungen lassen sich auch die sogenannten intervenierenden Variablen, z. B. der Gesundheitszustand und die Intelligenz der Tierkinder, genauer unter Kontrolle halten. Man kann dann zufällig ausgesuchte Experimentiergruppen bestimmen, auf die vor, während und nach der Muttertrennung zusätzliche Umwelterfahrungen einwirken sollen. Auch das Zeitproblem beim Nachweis späterer Folgen ist wesentlich gemildert, weil die Tiere eine erheblich kürzere Jugendzeit haben und schneller wachsen als die Menschen, wodurch eine präzise Schätzung der in der Entwicklung untersuchten Variablen möglich wird. Außerdem kommen die Tiere im Regelfall in einem ausgereiften Geburtszustand zur Welt, der es bereits in den ersten Tagen erlaubt, mit Untersuchungen zu beginnen.

Andererseits wirft die tierpsychologische Forschung und die Absicht, mit ihrer Hilfe Probleme der Humanpsychologie der Klärung näher zu führen, natürlich neue Fragen auf. Vor allem ist die Voraussetzung zu prüfen, ob denn die an Tieren gewonnenen Ergebnisse für die menschlichen Verhältnisse Erkenntniswert besitzen und auf sie übertragen werden können. So berechtigt diese Frage ist, es dürfte nicht von der Hand zu weisen sein, daß unter den reinen Bedingungen des Tierexperiments das beim Menschen Festgestellte sicherlich klarer bewiesen und bekräftigt werden kann. Oder es können umgekehrt bestimmte Vermutungen mit stärkeren Argumenten verworfen oder kritischer betrachtet werden. Vielleicht wird sogar die Feststellung wesentlicher Unterschiede auf unsere weniger exakten Erfahrungen an Menschenkindern ein neues Licht werfen und zu neuen Fragestellungen führen. Auf die hier angeschnittenen Probleme der vergleichend entwicklungspsychologischen Fragestellung ist selbstverständlich noch zurückzukommen.

Tierpsychologische Untersuchungen haben im Zusammenhang mit dem Problem der Muttertrennung schon früher Beachtung gefunden. So macht bereits *Bowlby* auf interessante Versuche aufmerksam, die *Lidell* an Ziegen durchgeführt hat, von denen eine nach Muttertrennung durch Nahrungsverweigerung starb. Bei einem Ziegen-Zwillingspaar ließ sich nachweisen, daß ein Angstreiz im Zustand der Muttertrennung zu Verhaltensänderungen der Art führte, daß das Tier sich in die Ecke verkroch. Über Versuche an Hühnern und Ratten, die sich in diesem Zusammenhang verwerten ließen, berichtet *Thomae* (1959, 255 f.). Andere Arbeiten sind an isolierten Ratten (*Zinbardo* 1958, *Woods* u. a. 1960), Hunden (*Fisher* 1955) und Meerschweinchen (*Valenstein* u. a. 1955, *Goy* und *Yung* 1957) durchgeführt worden und beweisen den bedeutenden Einfluß früher sozialer Erfahrungen auf das soziale Verhalten. Da die Ergebnisse an die menschlichen Isolationstypen erinnern, sind Tierversuche, die zum Studium des Anlage-Umwelt-Problems angesetzt wurden, *Kaspar-Hauser*-Versuche genannt worden.

Besonders müssen nun Ergebnisse von Tieren interessieren, die dem Menschen unter dem Gesichtspunkt der vergleichenden Verhaltensforschung in der Säugetierreihe am nächsten stehen. Hier sind in erster Linie die Primaten zu nennen, deren menschenähnliches Sozialverhalten z. B. bis in Begrüßungsformen hinein die Ethologen wiederholt festgestellt haben (vgl. *Eibl-Eibesfeld* 1967). Deshalb war es eine glänzende Idee des amerikanischen Verhaltensforschers *Harlow*, das Problem der Mutterentbehrung unter den verschiedensten Bedingungen an Rhesus-Affen zu untersuchen. Das Rhesuskind unterscheidet sich vom Menschenkind darin, daß es bei der Geburt schon sehr reif ist und viel schneller wächst. Das ist für die Forschung vorteilhaft. In vielen fundamentalen Reaktionen, die die Gefühlsentwicklung, die Entwicklung der Wahrnehmung, des Neugierverhaltens, der Furcht und Angst betreffen, unterliegen Menschen- und Rhesuskinder sehr ähnlichen Entwicklungsfolgen. Besonders die menschenähnlichen Mutter-Kind-Beziehungen, z. B. mit Stillen und Anklammern, sowie die Entwicklung des Spiels und des Sexualverhaltens überraschen immer wieder. In der Tat müssen sich an diesen Tieren in idealer Weise Vergleichsuntersuchungen durchführen lassen.

2. Die Rhesusaffen-Versuche Harlows

Die Untersuchungen *Harlows* und seiner Mitarbeiter aus den Jahren 1958 bis 1966 an der Universität Wisconsin USA werden zunächst in Tab. 9 chronologisch aufgeführt. In den nächsten Abschnitten folgt eine zusammenfassende systematische Darstellung.

Tabelle 9   Die Untersuchungen der Harlow-Schule

Verfasser/Jahr	untersuchte Rhesusaffen	experimentelle Anordnung
Harlow 1958	60 Tiere im Alter bis zu einem halben Jahr, einzelne bis zu 2 Jahren	Trennung von der Mutter 6–12 Stunden nach der Geburt, Aufzucht mit Mutterattrappen aus Stoff und Draht in Variationen, Wahlversuche mit je 4 Tieren: Nahrungs- gegen Kontaktbedürfn. Furchtreize *(Open-Field)* Neugierverhalten *(Butler-Box)* u. a.

Verfasser/Jahr	untersuchte Rhesus-affen	experimentelle Anordnung
Harlow a. *Zimmermann* 1959	32 Tiere im Alter bis zu einem halben Jahr	Trennung von der Mutter, Aufzucht an Draht- oder Stoffmüttern für $^1/_2$ Jahr. Nach 5, 10, 20 Lebenstagen in 20tägigen Intervallen Versuche: Gerader-Allee-Test in Variationen, Furchtobjekte *(Open-Field) variiert, Butler-Box*
Harlow 1962	89 vor allem weibl. (51) Tiere im Alter von 1 bis 2$^1/_2$, 3$^1/_2$, 5 und 7 Jahren *Kontrollgruppen:* u.a. 17 Zootiere	Totale und partielle (Kontakt mit Altersgenossen) Isolierung von der Mutter in verschiedener Dauer, mindestens 6 Monate; zurückweisende Mutterattrappen, Sexualverhalten beobachtet, Trainingsprogramm für das Paarungsverhalten, »Gruppentherapie« im Zoo
Harlow a. *Harlow* 1962 a	etwa 200 Tiere bis zu 5 Jahren	Wirkung der partiellen und totalen Isolierung auch auf das mütterliche Verhalten untersucht
Harlow a. *Harlow* 1962 b	62 Tiere bis zu 5–8 Jahren alt mit verschiedenen Trennungserfahrungen	Totale und partielle Isolierung in verschiedenen Kombinationen und verschiedener Dauer, Beobachtung des Spiel-, Verteidigungs- und Sexualverhaltens, z.T. durch Begegnung mit normal herangewachsenen Tieren
Cross a. *Harlow* 1963	15 Weibchen, z.T. schwangere mehrgebärende und nichtgebärende mit Zyklen	Blickkontakt auf Kinder mit *Butler*-Box geprüft
Rosenblum a. *Harlow,* 1963	2 vom 7.–160. Tag getrennt aufgewachsene Tiere, Kontrollgruppe: 4 Tiere	Attrappe »zurückweisende Mutter« mit Preßluft, Messung der an verschiedenen Attrappen verbrachten Zeit

Verfasser/Jahr	untersuchte Rhesus-affen	experimentelle Anordnung
Seay, Alexander a. *Harlow* 1964	9 Mütter, 4–6 Jahre alt, *Kontrollgruppe:* 4 wild aufgewachsene Tiere	Bei den total oder partiell bis zu $1^{1}/_{2}$ Jahren isolierten Müttern wurde das Säug- und Fütterungsverhalten beobachtet
Cross a. *Harlow* 1965	84 1- bis 7jährige Tiere in Gruppen zu 6 Männchen und 6 Weibchen	Teilweise oder total isolierte Affen werden in verschiedenen Altersstufen auf orales, aggressives und gestörtes Verhalten 3 Wochen lang fraktioniert und spezifiziert beobachtet
Harlow 1965	16 Tiere mit totaler (für 3, 6, 12 Monate) und partieller Isolierung (6 Monate lang, danach total)	Die isolierten Tiere wurden mit anderen zusammengebracht und auf die Rückgängigmachung der Isolierungsschäden hin untersucht
Seay a. *Harlow* 1965	8 Mutter–Kind-Paare	Mit $6^{1}/_{2}$ Monaten für 2 Wochen getrennt mit Beobachtungen vor, während und nach der Trennung
Griffin a. *Harlow* 1966	12 Tiere	Vergleich der Auswirkungen einer 3monatigen totalen gegen 3monatige partielle Isolierung. Beobachtungen im Käfig, Spielraum (Sozialverhalten) und in Lernsituationen
Harlow a. *Seay* 1966	8 isoliert gewesene Mütter	Mütterliches Verhalten der mutterlos aufgewachsenen Weibchen untersucht
Mitchell a. o. a. *Harlow* 1966	8 etwa 1- bis 4jährige Tiere Kontrollgruppen: 8 durchschnittlich $2^{1}/_{2}$jährige und 12 andere, z. T. erwachsene oder jüngere Tiere	Auswirkungen einer Isolierung von 6 und 12 Monaten in verschiedenen Altersstufen auf Sozialverhalten, Aggressivität, Angst, durch Verhaltensbeobachtung registriert

Verfasser/Jahr	untersuchte Rhesus- affen	experimentelle Anordnung
Harlow a. *Dodsworth* a. o. 1966	56 isoliert herange- wachsene ge- schlechtsreife Weib- chen, von denen 36 z. T. freiwillig, z. T. unter Zwang geschwängert wur- den, und 30 Junge	Das mütterliche Verhalten der unter verschiedenen Bedingungen zu Müttern gewordenen Tiere wurde unter der Bedingung ihres Heranwachsens unter tota- ler oder partieller Isolie- rung beobachtet

3. Mutterattrappen

Harry F. Harlow ging mit seinem Forscherteam von der Frage nach der Natur der Liebe aus und sieht sie in der Entwicklung zuerst in den Gefühlsbeziehungen der Mutter zum Kind verwirklicht. Über diese einfache Tatsache hinaus aber, so meint er, ergingen wir uns in dieser Frage nur in Theorien und Vermutungen, die von Psychologen, Soziologen, Anthropologen, Medizinern und Psychoanalytikern aufgestellt worden sind (1958, 1959).

Die traditionelle Psychologie etwa setzt primäre Bedürfnisse an, Hunger, Durst, Schmerz und Sexualität. Alle anderen Motive aber, einschließlich der Liebe und anderer Gefühlsbeziehungen, sieht sie als abgeleitete oder sekundäre Bedürfnisse nach folgendem Schema an: Wenn die Mutter Hunger und Durst des Kindes stillt und seine Schmerzen lindert, so wird ihr Gesicht vom Kind mit der Triebbefriedigung assoziiert. Durch diese Triebreduktion lernt das Kind die Liebe zur Mutter, die damit ein neues abgeleitetes Bedürfnis geworden ist. So einleuchtend diese Entstehungsgeschichte zu sein scheint, sie vermag aber kaum zu erklären, warum die Liebesbindung nicht ebenso leicht wieder verschwindet, wenn die entsprechenden Verstärkungen ausbleiben, und daß die Mutter-Kind-Beziehungen lebenslang fortdauern.

Die *Freud*sche Psychoanalyse dagegen, die das Verdienst hat, die Aufmerksamkeit der Wissenschaftler auf die Liebe und Sexualität gelenkt zu haben, führt die Liebesbindung des Kindes auf ein primäres biologisches Luststreben, die Libido, letztlich die Sexualität zurück. Das erste Objekt des Luststrebens ist in den oralerotischen Tendenzen die Mutterbrust, die zu erreichen und daran zu saugen die Kinder ein gleichsam angeborenes Bedürfnis haben. Am weitesten noch ist *Bowlby* gegangen, der aufgrund der bisherigen Untersuchungen an Menschen und Tieren eine Theorie der zusammengesetzten Instinktreaktionen aufstellte, wobei u. a. die Kontaktsuche, das Anklammern, Saugen und Schreien die Beziehungen des Kindes zur Mutter ausmachen. Hier wird nicht nur dem Hunger und dem Durst Bedeutung beigemessen, sondern ein primäres Bedürfnis nach intimem physischen Kontakt angesetzt, das ursprünglich mit der Mutter verbindet.

Diese unterschiedlichen Auffassungen über die Liebesbindungen, die entweder als abgeleitete oder als primäre Bedürfnisse verstanden werden, wollte *Harlow* experimentell überprüfen, indem er in dem Geschehen einzelne Faktoren zu isolieren versuchte. Er knüpfte dabei in seinen beiden ersten Arbeiten von 1958 und 1959 an die bekannten Attrappenversuche an, die *Konrad Lorenz* an Vögeln und Tieren durchführte, um deren angeborene Verhaltensschemata im Zusammenhang mit frühen Prägungsvorgängen systematisch zu untersuchen. Um die Beziehungen der Affenkinder zu ihren Müttern unbeeinflußt zu studieren, mußte er die Affenjungen zunächst einmal sofort nach der Geburt von ihren Müttern trennen.

So nahm er in einer ersten Versuchsserie über 60 neugeborene Rhesus-Affenjungen sechs bis zwölf Stunden nach der Geburt von ihren Müttern fort und ließ sie von Tierpflegern an kleinen Flaschen aufziehen. Es zeigte sich, daß es ohne weiteres möglich war, die Tiere ohne ihre Mütter großzuziehen. Die Flaschenkinder waren sogar bis zu 25 Prozent größer und schwerer als die gewöhnlich von ihren Müttern aufgezogenen Jungen und ihre Sterblichkeit war wesentlich niedriger. Durch Diät, Vitamine, Eisenextrakte, Penizillin, Chloromycetin, fünf Prozent Glukose und dauernde, zärtliche Fürsorge glaubten die Untersucher »bessere Affenmütter als die wirklichen« zu sein (1958, 675).

Bei der Aufzucht beobachteten die Forscher, daß die im Laboratorium heranwachsenden Säuglinge vom 1. Tage an eine starke Anhänglichkeit an den Stoffbezug des Käfigbodens zeigten. Die Kleinen klammerten sich an die Gazewindeln und gerieten in Temperamentsausbrüche, wenn diese zur Reinigung ausgewechselt werden mußten. Auch bei anderen Affenkindern, z. B. Schimpansen, ist solches Kontaktbedürfnis festgestellt worden und erinnert an die Hingebung, mit der sich auch Menschenkinder an ihren Kissen, Wolldecken und weichen Stofftieren festhalten. *Harlow* bemerkt dazu, daß Menschen- und Affenkinder, wenn sie am Leben bleiben sollen, nach mehr als einem Strohhalm greifen müssen.

Die auf blanken Drahtkäfigböden aufgezogenen Tiere gediehen besonders in den ersten fünf Tagen sehr viel schlechter. Aber bereits Drahtkegel, an denen die Tiere sich festhalten konnten, verbesserten ihre Lebensbedingungen. Wenn die Kegel schleißlich mit Stoff bezogen wurden, wuchsen stramme, gesunde und glückliche Affenkinder heran. Die Beobachter vermuteten, daß für die Aufzucht der Tiere nicht so sehr die Nahrung als vielmehr das Kontaktbedürfnis den entscheidenden Faktor darstellte.

An dieser Stelle setzten die Attrappenversuche *Harlows* an, in denen das Kontaktbedürfnis unter kontrollierten Bedingungen untersucht werden sollte. Es wurden künstliche, leblose Ersatzmütter gebaut, die ohne überflüssige Beigaben das Notwendigste enthielten. Die kegelförmigen Holzgestelle von der Größe eines erwachsenen Tieres waren mit runden blanken Holzköpfen und angedeuteten Gesichtern mit Augen versehen. An Stelle von zwei Brüsten gab es nur eine milchspendende Stelle, ein innen angebrachtes Fläschchen, dessen Sauger in der Mitte des Brustkorbes heraustrat. Besondere Sorgfalt wurde darauf gelegt, daß die Ersatzmutter dem Kind Gelegenheit gab, seine Kontaktbedürfnisse zu befriedigen. Das Gestell war mit Schaumgummi und einem weichen Frottee-Baumwollstoff überzogen, und eine Lampe im Innern strahlte Wärme aus. Das Ergebnis war eine weiche, warme und zärtliche Mutter, die – wie *Harlow* sagt – nie ungeduldig wurde, Tag und Nacht erreichbar war und zur Verfügung stand, eine Mutter, die ihr Kind nie beschimpfte, schlug oder im Ärger biß. *Harlow* war überzeugt, eine (weniger für die Väter, aber) für die Kinder ausgezeichnete Affenmutter konstruiert zu haben.

Zur Variation der Kontaktbedingungen wurde nun noch eine zweite Mutterattrappe gebaut, die die Möglichkeiten zur Befriedigung der Kontaktbedürfnisse planmäßig verschlechterte. Diese Ersatzmutter hatte die gleichen Ausmaße, bestand aber nur aus einem Drahtgeflecht ohne Stoff, das keine so angenehmen und bequemen Kontaktberührungen wie die Stoffmutter erlaubte. Das Gestell war jedoch ansonsten auch von innen erwärmt und bot für die Trinkstellung des Säuglings und das Stillen den nötigen Halt und die entsprechenden Einrichtungen.

Nach den vorhergegangenen Beobachtungen war es nicht sehr verwunderlich, daß sich die neugeborenen Äffchen sehr schnell den Mutterpuppen näherten, sich an ihnen festhielten und an sie gewöhnten. Erstaunlicherweise entwickelten sie an den Attrappen alle jene Verhaltensweisen, die normal aufgezogene Tiere ihren natürlichen Müttern gegenüber zeigen. Sie klammerten sich wie an natürliche Mütter an, suchten Schutz bei ihnen und bauten lebhafte Gefühlsbeziehungen wie zu gewöhnlichen Müttern auf.

Diese Anhänglichkeit machte ein erstes Wahlexperiment möglich, indem es in einer Untersuchung an acht Affensäuglingen um die Dominanz des Nahrungs- gegen das Kontaktbedürfnis ging. Vier neugeborene Tiere bekamen in ihren Käfig eine Doppel-Ersatzmutter-Attrappe, in der die Stoffmutter Milch spendete und die Drahtmutter nicht. Bei vier weiteren Tieren waren die Bedingungen umgekehrt, so daß die Drahtmutter mit Milch gegen die Fellmutter ohne Milch konkurrierte. Sobald die Tiere nicht mehr künstlich gefüttert zu werden brauchten, d. h. längstens nach zwei oder drei Tagen, mußten sie ihre Milch an diesen Mutterattrappen holen. An der Zeit, die die Tiere bei der Draht- bzw. Stoffmutter verbrachten, wurde unter den beiden Fütterungsbedingungen die Stärke des Nahrungs- und Kontaktbedürfnisses gemessen.

Dabei ließ sich eine eindeutige Bevorzugung der Stoffmutter gegenüber der Drahtmutter nachweisen. Die Äffchen kümmerten sich in dem Konflikt Nahrungs- gegen Kontaktbedürfnis um die Drahtmütter überhaupt nicht, solange die Stoffmütter Milch gaben. Hatte die Stoffpuppe keine Milch, so gingen sie zum Trinken zu dem Drahtgestell und kehrten alsbald aber wieder zur Stoffmutter zurück. Wenn die Stoffmutter Milch spendete, verbrachten sie in den ersten 165

Tagen durchschnittlich zwölf bis 18 Stunden an der Stoff-
und etwa eine Stunde an der Drahtmutter. War die Milch
nur an der Drahtpuppe zu bekommen, so wurde die an ihr
verbrachte Zeit nicht länger, und die Tiere blieben bereits in
den ersten fünf Tagen durchschnittlich sieben Stunden und in
der 4. Woche dann durchschnittlich 17 Stunden bei der
Stoffmutter. Mit zunehmendem Alter und Lernfortschritt
wurde die Anhänglichkeit an die nahrungsspendende Drahtmutter immer geringer und die Zuneigung zu der nicht näh-
renden Stoffmutter immer größer. Dieses Ergebnis steht im
völligen Gegensatz zu der Theorie, daß die Mutterbeziehung
als Sekundärbedürfnis durch die Befriedigung des Nahrungs-
triebes entsteht. Es beweist vielmehr, daß die Kontaktbedürfnisse des Kindes von außerordentlicher Bedeutung sind und
die Nahrungsbedürfnisse ihnen gegenüber vernachlässigt
werden können.

In Kontrollversuchen, in denen je vier Affenbabys an je
einer nahrungsspendenden Stoff- und Drahtmutter allein
aufgezogen wurden, ergaben sich keine Unterschiede in der
Milchmenge, die die Tiere unter der einen und der anderen
Bedingung aufgenommen hatten. Dieser biologischen Zu-
länglichkeit der Drahtmütter in bezug auf die Ernährung
stand aber ihre psychologische Unzulänglichkeit gegenüber,
die sich bald herausstellte. Die allein an Drahtpuppen groß-
gezogenen Tiere zeigten nämlich später psychosomatische
Störungen wie Durchfälle. Die Drahtattrappenkinder ließen
Bindungen an die Ersatzmutter vermissen und wiesen in
ihrem Verhalten einen deutlichen mehrmonatigen Entwicklungsrückstand auf.

Sehr eindrucksvoll waren auch die Ergebnisse der Experimente, in denen die Affenkinder

1. Angstreizen, z. B. einem lärmenden Spielbären, ausgesetzt
   wurden,
2. in einem »Offenen-Feld-Test« in einer fremden Situation
   sich neuen Objekten nähern sollten oder in denen
3. schließlich ihre Neugier in der sog. *Butler*-Liebesmaschine
   gemessen wurde, indem sie durch Hebelbetätigung auf
   Stoff- oder Drahtmütter oder auf wirkliche Artgenossen
   schauen durften.

Unter den verschiedensten experimentellen Bedingungen

zeigte sich immer wieder, daß die Tiere in Neugier, Angst und Schrecken sich ausschließlich der Stoffmutter zuwandten, gleich ob sie Nahrung spendete oder nicht, während die Drahtpuppe sie gleichgültig ließ. Die Stoffmutter fungierte als Quelle der Sicherheit, zu der die Babys immer wieder zurückkehrten, an die sie sich anklammerten und an der sie die Körper rieben, an der sie herumkletterten und deren Kopf und Gesicht sie mit den Händen und Füßen berührten, wenn sie nur eben erreichbar waren. Ihre Anwesenheit machte sie auch mutig, so daß sie sich vorwagten, um in Neugier geleiteten Aktionen unbekannte Objekte in einer fremden Welt zu entdecken. In Abwesenheit der Ersatzmütter dagegen änderte sich das Verhalten schlagartig. Die Tiere erstarrten vor Angst, wenn sie fremden Objekten begegneten, und krochen förmlich in sich zusammen, indem sie die Arme über ihren Kopf legten. Manche rannten auch an die Stelle, an der die Attrappe gewöhnlich gestanden hatte, und liefen laut schreiend von einem Objekt zum anderen, um dann heftig ihren Körper zu packen und in der zusammengekrümmten Lage wie tot zu verharren.

Wenn die Äffchen die Stoffmutter in erreichbarer Nähe sahen und, um zu ihr zu gelangen, ganz nah an einem Furchtobjekt vorbei mußten, weil eine Plexiglasscheibe den direkten Weg versperrte, so überwanden sie ihre Angst und waren nicht eher ruhig, bis sie sich an die Stoffmutter anklammern konnten. Nach dem Kontakterlebnis – und nur dann – begannen sie sogar einen Erkundungsgang durch den Käfig und hatten den Mut gewonnen, die vorher gefürchteten fremden Objekte anzugreifen und sogar zu zerstören, als ob die Mutter ihnen bei diesen Unternehmungen einen unweigerlichen Schutz böte.

Zu den Drahtmüttern dagegen entwickelten die Affenkinder eine sehr viel geringere Bindung, die bereits nach wenigen Tagen verschwunden war, wenn die Tiere nicht ständig bei der Attrappe lebten. In der Furchtsituation waren die Drahtmutterkinder sehr aufgeregt und ließen sich durch die Anwesenheit der Attrappen nur wenig beruhigen. Sie suchten zwar Kontakt zur Drahtpuppe, aber sie schmiegten sich nicht an, griffen nicht nach ihr, wie es die Stoffmutterkinder taten, sondern saßen auf ihrem Schoß und umarmten sich selbst mit

Kopf und Körper und schlugen mit dem Kopf auf den Boden.

In ersten Trennungsexperimenten wurden die Affenkinder im 6. Lebensmonat von ihren Ersatzmüttern getrennt und neun Tage lang, anschließend in 30 Tage Abständen beobachtet. Dabei ließ sich die Dauerhaftigkeit der Bindung der Kinder ausschließlich an die Stoffmutterattrappe deutlich nachweisen. Die Stoffmutter wurde in 85 bis 90 Prozent der Fälle vorgezogen, und die Gefühlsreaktionen bei An- und Abwesenheit der Stoffmütter zeigten das Verhältnis von 2 : 1. Die Tiere bewiesen ihre Anhänglichkeit an die Stoffmutter vor allem in den verschiedensten Testsituationen, z. B. im Neugierverhalten, wenn durch Hebelbetätigung in der *Butler*-Box der Blick zur Puppe frei wurde, wobei sie bevorzugt die Stoffmutter sehen wollten. Im »Offenen-Feld-Test«, in dem die Äffchen durch die Furchtobjekte erschreckt wurden, änderten sich die Reaktionen der Tiere nach der Trennungserfahrung insofern, als sie nur noch Interesse an der wiedererlangten Stoffmutter zeigten, auf die sie stürmisch losgingen, die sie heftig umklammerten und betasteten, mit der sie schließlich spielten, indem sie an ihrem Bezug zerrten und sie sogar bissen. Sie machten aber keinen Versuch, sie zu verlassen oder – wie vorher – die anderen Objekte des Raumes zu erkunden. Es gab nur eine Ausnahme, als ein Affenkind für einen Augenblick seine Stoffmutter verließ, um ein Stück Papier zu fassen und es schnell der Mutter zu bringen. Die Bindung an die Mutter überwog also bei weitem jede Tendenz, sich in der von früher her bekannten sonstigen Umgebung umzusehen und zu bewegen.

Mit dieser experimentellen Analyse einzelner Faktoren im frühen Kontaktgeschehen zwischen Affenkindern und leblosen Ersatzmüttern entdeckte *Harlow* die außergewöhnliche Bedeutung der Variablen eines befriedigenden Körperkontaktes, der das Auftreten und die Entwicklung einer engen Mutterbindung garantiert. Ohne diese körperlichen Berührungserlebnisse entsteht – wenn überhaupt – eine nur sehr schwache Bindung und Gefühlsentwicklung. Über die Entdeckung der Kontaktbedürfnisse hinaus war es das überraschendste Ergebnis, in welchem Ausmaß die Erfüllung eines befriedigenden Körperkontaktes die Bedeutung der oralen

Bedürfnisbefriedigungen in den Schatten stellte. *Harlow* meint, daß sicherlich auch der Mensch nicht allein von Milch leben kann (1958, 677).

Gewiß erleichtern das Saugen und Füttern den Gefühlskontakt, aber sie sind für die Gefühlsentwicklung weder eine notwendige noch eine hinreichende Bedingung. Wenn man von der Kontaktzeit, den Furchtreaktionen, den Fremdheitserlebnissen und den Neugierreaktionen ausgeht, spielen die oralen gegenüber den Kontaktbedürfnissen keine oder nur eine untergeordnete Rolle. *Harlow* läßt offen, daß es vielleicht noch andere Variablen im Kontaktgeschehen gibt, die wichtig sind, etwa das Wiegen des Kindes oder die Stützung des Kopfes, die Laute und das Gesicht der Mutter. Zweifellos sind für ihn aber mit dem Anklammern und dem Körperkontakt die wichtigsten Variablen in der Gefühlsentwicklung erfaßt.

Vergleichende Beobachtungen der an Stoffmutterattrappen aufwachsenden Tiere mit solchen, die von natürlichen Müttern aufgezogen wurden, veranlaßten *Harlow* weiter anzunehmen, daß die Beziehungen des Kindes zur natürlichen Mutter genau den Bindungen an die Stoffmutter entsprechen. Das unter gewöhnlichen Bedingungen heranwachsende Rhesus-Kind verbringt viele Stunden des Tages in der Anklammerungsposition bei der Mutter, in Angst eilt es zu ihr und in ihrer Anwesenheit zeigt es ein ruhiges und gelassenes Verhalten. Die Liebe zur natürlichen Mutter ist ein starkes Band und die von ihr ausgehende Sicherheit sehr groß. Aber die Beziehungen des Affenkindes zu einer leblosen Stoffmutter stehen dem nicht nach. Es scheint also durchaus eine zulängliche Aufzucht von Affenkindern an leblosen Mutterattrappen möglich zu sein, wenn die Kontaktbedürfnisse nur befriedigt werden können.

Harlow scheut sich auch nicht vor einer Anwendung seiner Ergebnisse auf die menschlichen Verhältnisse, weil er glaubt, mit seinen Untersuchungen dem Wesen der Liebesbindungen überhaupt näher gekommen zu sein (1958, 685). Angesichts der zunehmenden Berufstätigkeit der Frauen in der gegenwärtigen Gesellschaft glaubt er, daß eine ausreichende Praxis für die Kindererziehung nicht von der Anwesenheit der Mütter abhängt, da das Stillen der Neugeborenen im Grunde ein

Luxus sei. In dieser Sicht sei es tröstlich zu wissen – bemerkt er mehr scherzhaft –, daß auch der Mann über die physischen Voraussetzungen verfügt, um mit den Frauen in der Aufzucht und Pflege der Kinder konkurrieren zu können. Ernst gemeint ist aber die Überzeugung, daß im Grunde die persönliche Pflege und Sorge einer Mutter für eine gesunde körperliche und seelische Entwicklung des Kindes überflüssig seien. Man brauche nur die in seiner experimentellen Forschung nachgewiesenen Faktoren der Gefühlsbindungen künstlich herzustellen, um die Erziehung der Kinder von den lebendigen Mutterbeziehungen unabhängig zu machen.

Die Weiterentwicklung seiner an Ersatzmüttern aufgezogenen Affenkinder zeigte *Harlow* jedoch, daß er sich in diesen Annahmen und Schlußfolgerungen gründlich geirrt hatte. Er mußte seine Hypothese, daß Affenkinder ohne mütterliche Zuwendung und Pflege gesund heranwachsen könnten, revidieren. Sein groß angelegtes Forschungsprogramm belehrte ihn eines Besseren, als er Gruppen von Affenkindern unter den verschiedensten Isolierungsbedingungen heranwachsen ließ, in der Erwartung, mit den kräftig und gesund entwickelten Tieren weiter experimentieren zu können. Ohne daß er es wollte, hatte er bereits unter harmlos scheinenden Isolierungsverhältnissen bei den Tieren neurotische Verhaltensstörungen erzeugt.

4. Grade sozialer Isolierung

Ein Überblick über die Isolierungsbedingungen, mit denen die *Harlow*-Schule in den Jahren 1962–1966 arbeitete (siehe Tabelle 9), ergibt im wesentlichen drei Techniken (vgl. *Harlow* und *Harlow* 1967):

1. selektiver sozialer Umgang,
2. partielle soziale Isolierung und
3. totale soziale Isolierung.

Durch eine wohl überlegte Kombination von Faktoren, die die Isolierung von der Mutter und von den Altersgenossen betreffen, wurden verschiedene Schweregrade von Isolierungen herbeigeführt. In Abweichung vom normalen Aufwachsen mit der Mutter und mit den Altersgenossen erstreckte sich der selektive soziale Verkehr auf Kontakte mit der Mutter oder mit den Altersgenossen in zwei Versionen: a. Aufzucht mit normalen Müttern, ohne Umgang mit Altersgenossen oder b. Aufzucht ohne Mütter, aber mit Altersgenossen.

Das uns bekannte Aufwachsen an Mutterattrappen stellte eine Variation der letztgenannten Bedingungen dar. Dabei wurden weiter Attrappen verwendet, die eine brutale Ersatzmutter verkörperten:

1. wurden die Kinder einem Preßluftstrom ausgesetzt, der Affen sehr unangenehm ist und sie abschreckt, und

2. gab es Attrappen, die durch ruckende Bewegungen den Klammerkontakt der Kinder erschwerten und sie von der Mutter abschüttelten.

Der Vergleich der unter den verschiedenen Bedingungen herangewachsenen Tiere wurde mittels der Laufgitteranordnung durchgeführt (Beschreibung *Harlow* 1962). Diese experimentelle Vorrichtung bestand aus vier Wohnkäfigen, in denen die Affenkinder mit oder ohne Mütter heranwuchsen. Von diesen Käfigen aus führte in den angrenzenden Laufraum eine sehr niedrige Tür, die nur den Affenjungen ein Durchschlüpfen erlaubte und nicht einer Affenmutter, wenn sie mit im Käfig lebte. Die Drahtwände zwischen den Laufräumen ließen sich einzeln, paarweise oder allesamt entfernen, so daß je zwei Äffchen oder auch die ganze Gruppe zur Kontaktaufnahme zusammengebracht werden konnten. Diese Anordnung erlaubte die verschiedensten vergleichenden Untersuchungen zur Selektion des sozialen Umgangs. So waren z. B. in den beiden linken Wohnkäfigen die Tiere untergebracht, die mit ihren natürlichen Müttern heranwuchsen, und in den rechten Käfigen die Tiere, die mit Stoffmüttern lebten. In den ersten sechs Monaten wurden paarweise Kontakte mit den unter gleichen Bedingungen (an einer Stoffmutter oder einer natürlichen Mutter) heranwachsenden Partnern herbeigeführt, und in den nächsten sechs Monaten spielten dann die Stoffmutterkinder mit den an natürlichen Müttern aufwachsenden zusammen.

Unter der Bedingung der sog. partiellen sozialen Isolierung (hier anders als in VI definiert) wurden die Affenkinder von ihren Müttern getrennt und konnten auch mit ihren Altersgenossen keine körperlichen Kontakte aufnehmen. Es war ihnen aber möglich, die Altersgenossen in Nachbarkäfigen zu sehen und zu hören und mit ihnen visuelle und akustische Kontakte aufzunehmen. Die partielle Isolierung wurde von der Geburt an bis zu zehn Jahren durchgeführt.

Bei der totalen sozialen Isolierung schließlich lebte jedes Affenkind sofort nach der Muttertrennung einzeln in einem beleuchteten Käfig, so daß es nie ein anderes Lebewesen – weder Affen noch Menschen – sehen, hören oder berühren konnte. Auch bei der ersten Handfütterung der Tiere durch Menschen gleich nach der Geburt wurde jeder Kontakt, auch ein Sichtkontakt, mit ihnen vermieden. Der Apparat bestand aus vier Teilen (Abb. und Beschreibung: *Griffin* u. a. 1964 und *Harlow* 1967): der Fütterungsbox, dem Aufenthaltskäfig, dem Beobachtungsraum und dem Luftraum. Die Wände waren aus Metall oder einseitig durchschaubarem Spiegelglas und bei der Fütterung wurde ein Drehgestell verwendet, so daß die Tiere außerhalb ihrer Isolierungszellen wirklich nichts sehen konnten. Die Isolierung erstreckte sich über verschiedene Zeiträume: von der Geburt der Tiere an bis zu 3,6 oder zwölf Monaten, während in einer anderen Version sechs Monate alte, gewöhnlich aufgewachsene Tiere im 2. Lebenshalbjahr isoliert wurden.

Die Untersucher führten die vergleichenden Beobachtungen der verschieden aufgewachsenen Tiere in standardisierten Beobachtungssituationen durch. Neben der bereits erwähnten Laufgitteranordnung fand dabei ein etwa 32 qm großes soziales Spielzimmer Verwendung, das in seiner Einrichtung den Tieren Gelegenheit zur Aktivierung ihrer Bewegungskünste und Spielbedürfnisse gab (Abb. in *Harlow* 1962 und 1967). Hier standen viele starre und bewegliche Geräte, fliegende Ringe, ein Rad, ein künstlicher Baum, eine Kletterwand aus Maschendraht, Stangen und vieles andere mehr zur Verfügung.

5. Verhaltensstörungen nach Mutter-Kind-Trennungen

So kräftig und frei von Krankheiten die unter den verschiedensten Isolierungsbedingungen herangewachsenen Affenbabys auch waren, es erwies sich später, daß sie in ihrem Gefühlsleben gestört waren und auf die Dauer gesehen anfangs verborgene, schwere Entwicklungsschäden davongetragen hatten.

Das galt nicht nur für die an Drahtmüttern aufgezogenen Tiere, deren ungünstigere Entwicklung *Harlow* nicht so sehr überrascht hätte, sondern auch für die milder isolierten Stoffmutterkinder. In der beiden 1962 veröffentlichten Arbeiten wird von 56 damals fünf bis acht Jahre alten Rhesusaffen berichtet, die im ersten halben Jahr partiell isoliert worden waren, von vier im 1. Halbjahr an Drahtmüttern herangewachsenen fünfjährigen Tieren und von 100 im 1. Halbjahr an Stoffmüttern bzw. an Mutterattrappen mit Stoff- und Drahtmüttern großgewordenen Tieren. Brachte man diese Affenkinder nach einem halben oder ganzen Jahr der Isolierung mit anderen gleichaltrigen, gleich- oder verschieden geschlechtlichen wild aufgewachsenen Tieren zusammen, so zeigten sie regelmäßig abnorme Verhaltensmuster. Solche Reaktionen konnten bei den wild aufgewachsenen Tieren oder denen, die erst nach ihrer Kindheit in Laboratoriumskäfige gebracht wurden, niemals beobachtet werden.

In einem ersten Reaktionsmuster saßen die früh isolierten Laboratoriumsäffchen teilnahmslos da, starrten vor sich hin ins Leere und schenkten den anderen Äffchen und der Umwelt keine Aufmerksamkeit. Ähnlich verhalten sich Schizophreniekranke im Stupor oder autistische Kinder, die in ihrer Selbstbezogenheit keine Betätigung und Anteilnahme an der Außenwelt zeigen. Ein anderes abweichendes Verhalten bestand im ruhelosen, stereotypen Hin- und Hergehen, wie man es bei Löwen und Tigern sieht, die in Gefangenschaft im Käfig gehalten werden. Viele Affen umfaßten in der bereits beschriebenen Art ihren Kopf und Körper mit Armen und Beinen, stellten sich in zusammengekauerter Haltung tot oder schaukelten während längerer Perioden hin und her. Ein solches Verhalten ist uns aus den Heimbeobachtungen bei gestörten Kindern bekannt, die nachts und machmal auch tagsüber den Körper hin und her wiegen, in dem sie etwa von einem Bein aufs andere treten, oder den Kopf hin und her werfen, gelegentlich mit so heftigen Schlägen, daß Verletzungen entstehen (vgl. Kap. V, 4).

Oft entwickelten die Äffchen zwanghafte Gewohnheiten, z. B. faßten sie ein und dasselbe Fellstückchen auf ihrer Brust und rieben es hunderte Male am Tag zwischen den Fingern. Gelegentlich erhielten solche Stereotypien den Charakter von Selbstbeschädigungen, wenn die allein gelassenen Tiere in Wut gerieten und so heftig an sich herumzerrten, bis sie bluteten und ärztliche Hilfe brauchten. In anderen selbstschädigenden Verhaltensweisen kauten die Tiere an ihren Händen, Armen, Füßen oder Beinen bis ins Fleisch hinein, wobei wir unwillkürlich an das Nägelkauen, Haarausreißen und andere Selbstaggressionen gestörter Kinder erinnert werden. Während die wild aufgewachsenen Tiere Drohungen oder Aggressionen nach außen, auf einen Gegner oder Angreifer und nicht auf sich selbst richteten, war bei den Laboratoriumstieren das gesamte Verteidigungssystem völlig unentwickelt und pervertiert.

In einer späteren sorgfältigen Untersuchung (*Cross* und *Harlow* 1963) konnten die Verhaltensunterschiede sogar an nur milde getrennten Tieren, die ein halbes Jahr lang partiell isoliert worden waren, statistisch gesichert werden. Im Vergleich zu normal aufgewachsenen Tieren zeigten sich bei den isolierten Langzeitwirkungen bis ins 7. Lebensjahr hinein. Dabei fiel besonders die Saugoralität in Form des Zehenlutschens bei den isolierten Tieren auf, die bei den anderen so gut wie gar nicht beobachtet werden konnte. Die Kauoralität dagegen mit Käfig- sowie Nägelbeißen kam in beiden Gruppen vor, war aber bei den nicht isolierten Tieren etwas häufiger. Das Umfassen des Körpers mit Händen und Beinen, das ebenfalls nicht normal ist, verlor sich bei den Tieren erst im 3. Lebensjahr. Die bei den Müttern aufgezogenen Tiere waren später sehr viel aggressiver nach außen hin und drohten und schrien mehr als die isolierten Tiere, die dafür mehr Selbstaggressionen wie das Sich-selbst-Beißen zeigten.

Als weitere Langzeitwirkung wurde ein Verhalten beobachtet, das die Untersucher in Anlehnung an die Schizophreniesymptomatik »katatone Gewohnheit« nannten. Die Tiere saßen ruhig da und hoben langsam und stufenweise einen Arm, wobei das Handgelenk und die Finger gebeugt wurden und man den Eindruck hatte, daß diese bizarren Gliederbewegungen gar nicht zum Körper der Affen gehörten.

Die Störung der Gefühlsbindung durch die Mutterentbehrung wirkte sich auch auf die anderen Gefühlssysteme aus, die Beziehungen zu den Altersgenossen und zu den Geschlechtspartnern. Brachte man die isolierten Tiere in der Laufgitteranordnung und im Spielzimmer mit Altersgenossen zusammen, so zögerten sie, irgendwelche Spiele aufzunehmen, benahmen sich sehr zurückhaltend, waren furchtsam und gegenüber Annäherungsversuchen der anderen von vornherein ablehnend oder feindselig eingestellt. Wenn sie angegriffen wurden, konnten sie sich auch nicht verteidigen und spielten besonders älteren und wild aufgewachsenen Tieren gegenüber die Rolle des Prügelknaben.

Diese Hemmungen zeigten sich besonders deutlich im Verhalten dem anderen Geschlecht gegenüber, das bei normalen Tieren von Anfang an in die Sozialspiele einbezogen ist und sich in vielerlei Kontaktformen auswirkt. Bei den isolierten Tieren kam es zu den üblichen heterosexuellen Spielen kaum einmal, selbst wenn sie nach der Isolierung jahrelang bis zur Geschlechtsreife mit Partnern zusammenlebten. Sie zeigten keinerlei Interesse am anderen Geschlecht und wurden in sieben Beobachtungsjahren niemals bei normalem Paarungsverhalten beobachtet. Auch wenn die Weibchen läufig waren, näherten sich die Männchen nicht in normaler Weise. Sie attackierten vielmehr die Weibchen so heftig, daß diese von ihnen getrennt werden mußten, um Verletzungen zu vermeiden. Unter den an Drahtmüttern aufgezogenen Tieren, die dabei am ungestümsten waren, gehörten oft umgekehrt sogar die Weibchen zu den Aggressoren. Die an Stoffmüttern aufgezogenen Tiere verhielten sich in anderer Form nur wenig erfolgreicher, weil sie in einem unproduktiven infantilen Sexualverhalten zu wenig aggressiv waren.

Große Schwierigkeiten ergaben sich, als man die isoliert gewesenen geschlechtsreifen Affen mit wild aufgewachsenen Tieren zusammenbrachte. Die normalen Tiere stießen auf Unverständnis, wenn sie als Männchen die Paarungsposition einnehmen wollten oder sich als Weibchen in entsprechender Weise präsentierten. Die unerfahrenen isolierten Tiere zeigten sich über die Annäherung der anderen erstaunt und manchmal bestürzt, entzogen sich ihnen und brachten dann allenfalls Kümmerformen ihrer Geschlechtsrolle zustande. Sie benahmen sich so ungeschickt, daß es oft Mißverständnisse gab und sogar die geduldigsten normalen Tiere die Stümper schließlich angriffen.

Trotz dieser Schwierigkeiten führte *Harlow* mit den isoliert gewesenen Affen ein Züchtungsprogramm durch (*Harlow* 1962, *Harlow* a. *Harlow* 1962, *Seay* 1964, *Harlow*, *Dodsworth* a. o. 1966). Anfangs wurden 18 an Stoffmüttern großgezogene, drei bis fünf Jahre alte Tiere, zur Hälfte Männchen und Weibchen, für zwei Monate in einen Zoo gebracht, um sie unter den auf einer Affeninsel frei lebenden Tieren einer Art Gruppentherapie zur Nachentwicklung ihres Sozial- und Sexualverhaltens zu unterziehen. Zwar entwickelten die Tiere nach einer gewissen Zeit der Mißverständnisse einige positive soziale Verhaltensmuster, aber das Sexualverhalten war sehr minimal und absolut erfolglos, was eine Paarung anging. Die Weibchen blieben unbeweglich, teilnahmslos, starrten ins Leere oder teilten gar Abwehrbisse aus. Wenn die Männchen ihre Versuche trotzdem fortsetzen, fielen manche Weibchen buchstäblich in Ohnmacht und legten sich flach auf den Boden. Jedenfalls sah keiner der Beobachter je eine echte Paarung, und – so meint *Harlow* – wenn ein isoliertes Tier schwanger geworden wäre, es müßte sich um eine Parthenogenese gehandelt haben.

Schließlich wurden die Bemühungen doch belohnt, und es gelang, die gewünschten Schwangerschaften bei isolierten Tieren herbeizuführen. Das wurde in besonders konstruierten Brunstkäfigen erreicht, in die die erfahrensten, geduldigsten und zärtlichsten Männchen der Zuchtkolonie mit isoliert gewesenen Weibchen zusammengebracht wurden. Die Männchen wandten gleichsam Suggestions- und Verführungskünste an und ließen sich auch nicht durch Drohungen oder Aggressionen der Weibchen irritieren. Nachdem zunächst fünf der mutterlos aufgewachsenen Weibchen ein Junges bekommen hatten, gelang es im Laufe der Zeit bei 51 wenigstens sechs Monate isoliert gewesenen Tieren, die mindestens ein Jahr trainiert werden mußten, 20 zur Paarung zu bringen, von denen aber nur neun ein Kind zur Welt brachten (*Griffin* 1964). Im Jahre 1966 waren es sogar 20 Tiere geworden (*Harlow* a. *Harlow* 1966, *Harlow* a. *Dodsworth* und *Arling* 1966). Im Grunde aber entstand mit der Lösung dieses Problems ein weit schwierigeres, das sich im Verhalten der mutterlos herangewachsenen Mütter ihren Kindern gegenüber zeigte, auf das wir zurückkommen müssen.

Eine normale Mutter-Kind-Beziehung erwies sich somit als Voraussetzung für ein gesundes Sozial- und Sexualverhalten. Wenn das Affenkind von Anfang an die Mutter nachahmt und auf deren Verhalten eingeht, kommen neben den Sozialspielen schon früh Sexualspiele vor. Die Tiere üben dabei gleichsam das Paarungsverhalten beider Geschlechter, so daß eine normale Bemutterung das heterosexuelle Verhalten erleichtert. Gleichzeitig bereitet die Mutter dieses Verhalten dadurch vor, daß sie vom 3. oder 4. Monat an die Annäherungen des Kindes unterdrückt und es wegschlägt, damit es von nun an intensiver Beziehungen zu den Altersgenossen und späteren Geschlechtspartnern aufnimmt. Dieser Funktion der natürlichen Mutter wird z. B. die Stoffmutter in keiner Weise gerecht. Die Stoffmutterkinder entwickelten ihr gegenüber weder Sexualspiele, noch erhielten sie von der unbeschränkt Kontakt gewährenden Attrappe die notwendigen Ermutigungen, sich ihr unabhängig zu machen und gesunde Bindungen an Altersgenossen anzuknüpfen.

6. Folgen nach Ausmaß und Zeit der Isolierung

Die Auswirkungen je nach dem Ausmaß (partiell oder total) und den Zeitverhältnissen der Isolierung (Zeitpunkt und Dauer) studierte die *Harlow*-Forschungsgruppe u. a. im Zusammenhang mit der Frage, inwieweit die beschriebenen Schädigungen rückgängig gemacht werden können oder von Dauer sind (*Harlow* a. *Harlow* 1962, *Harlow* 1965, *Griffin*, *Harlow* a. o. 1966, *Mitchell*, *Raymond*, *Harlow* 1966).

In den Versuchen zur totalen sozialen Isolierung ging es letztlich um die Feststellung, welches Maximum an Isolierung die Tiere zu überleben vermögen und welche kritischen Zeiten dabei eine Rolle spielen. Dieser früher beschriebenen Prozedur wurden insgesamt zwölf Tiere unterzogen, die von Geburt an für 3,6 oder zwölf Monate bzw. von sechs bis zwölf Monaten isoliert wurden.

Die drei Monate isolierten Tiere wiesen nach ihrer Freilassung die uns bekannten Störungen im Verhalten und sozialen Kontakt auf, sie waren schreckhaft und von der fremden

Laboratoriumsumgebung entsetzt, hatten Angst vor ihren Altersgenossen, verweigerten die Nahrung, zeigten vermehrtes Zehenlutschen und konnten sich schlecht an neuartige Situationen anpassen. Die Depression war in einem Fall so tiefgreifend, daß das Tier am 6. Tag nach der Aufhebung der Isolierung an Nahrungsverweigerung starb. Erstaunlicherweise erholten die überlebenden Tiere sich aber sehr schnell, machten Fortschritte in der Oralität und im manipulierenden Spiel, und nach einer gewissen Zeit konnten keine Verhaltensstörungen mehr festgestellt werden. Auch Langzeiteffekte in bezug auf das spätere heterosexuelle und mütterliche Verhalten wurden nicht beobachtet. Eine partielle Isolierung von drei Monaten mit Seh- und Hörkontakten zu Altersgenossen (ohne Berührungskontakte) hatte noch mildere Wirkungen und führte nach gelinden Anfangsschwierigkeiten sehr schnell zur vollständigen Rehabilitation.

Eine totale Isolierung von sechs Monaten dagegen führte sechs Affenkinder in dauernde Schwierigkeiten bis in die Pubertät und das Erwachsenenalter hinein. Sie nahmen nun auch keine Stoffmütter mehr an und waren völlig unfähig, sich an gleichaltrige isolierte oder mit Mutterattrappen aufgezogene Tiere anzupassen. Sie blieben ängstlich und behielten die Furcht vor der Umgebung und den Altersgenossen, wobei sie jedoch unangemessen aggressiv und feindselig waren, nicht nur durch Drohungen, sondern vor allem auch in Taten. Bei annähernd normalem Sozialspielverhalten waren die Männchen in geschlechtlicher Hinsicht impotent und die Weibchen paarungsunfähig, obschon es keine Anzeichen dafür gab, daß ihre Geschlechtsreife nicht eingetreten war. Sie betätigten sich vielmehr vorwiegend autoerotisch. Anders als gegen Schicksalsgenossen und gewöhnlich aufgewachsene Kontrolltiere verhielten sie sich erst, wenn man sie mit noch schwerer geschädigten zwölf Monate isolierten Tieren zusammenbrachte. Hier gingen sie aus sich heraus und tyrannisierten die noch hilfloseren feigeren Affen in manchmal brutaler Weise. Genauere Daten über die Rehabilitationsmöglichkeiten nach einer partiellen Isolierung von sechs oder zwölf Monaten liegen anscheinend noch nicht vor (*Cross* a. *Harlow* 1965).

Verheerend waren die Folgen bei den zwei Affenkindern, die ein Jahr lang gänzlich in Isolierung gehalten wurden. Jeder Ansatz zur sozialen Entwicklung war bei ihnen gehemmt, und die Geschöpfe schienen als soziale Wesen vernichtet zu sein. Sie hatten in der Isolierung dank der guten Pflege gesundheitlich zwar keinen Schaden gelitten und waren auch körperlich normal entwickelt, was sich z. B. im Zustand ihres Pelzes zeigte. Aber noch ein bis zwei Jahre nach Aufhebung der Isolierung kauerten sie nur in der Ecke nud nahmen untereinander keinen Kontakt auf. Übermäßige Angst hatten sie vor den unbekannten erwachsenen Tieren. Aber auch vor den gleichaltrigen und jüngeren Tieren bis zu den Säuglingen hin verkrochen sie sich. Da sie anfangs keinerlei Aggression entwickeln konnten, die ihre sechs Monate isolierten Leidensgenossen noch aufzubringen verstanden, wurden sie von weniger isoliert gewesenen Tieren ständig mißhandelt und waren so hilflos, daß sie nach zehn Wochen zum Schutz von ihnen fortgenommen werden mußten. Das ging bis in die Pubertät im Alter von zwei bis drei Jahren hinein, in der sie anfangs weder Aggressivität noch heterosexuelles Verhalten entwickelten. Sie beachteten ihren Körper so wenig, daß sie auch zu den sonst üblichen autoerotischen Sexualspielen nicht kamen. Ihre unterdrückte Aggression kam erst ein Jahr später zum Vorschein, als sie mit Ausbrüchen unbeherrschter Aggressivität überraschten, die von schwerer Angst begleitet waren.

Sehr aufschlußreich war der Gesamtvergleich der total isolierten Tiere mit den partiell isolierten. Wurden die Säuglinge nicht bei natürlichen Müttern oder Attrappen, wohl aber im Sicht- und Hörkontakt mit den Gleichaltrigen aufgezogen, so traten in anschließenden Sozialsituationen im Vergleich zu normal aufgewachsenen Tieren zwar Verzögerungen im Spielverhalten auf, die noch bis zu einem Jahr in Form von Verlangsamungen anhielten. Aber die Annahme, daß diese Tiere im 2. Jahr nicht zur Aufnahme normaler heterosexueller Beziehungen fähig würden, bewahrheitete sich nicht. Wenn auch nicht eine völlig normale Entwicklung im gesamten Sozialverhalten erwartet werden konnte, so schien doch der Umgang mit den Gleichaltrigen das Fehlen mütterlicher Kontakte zu ersetzen.

Die Zuneigung zwischen Gleichaltrigen hat eine so wichtige Funktion im Aufbau der Gefühlsentwicklung, daß die Frage entsteht, ob die Affenkinder die Entbehrung von Mutterkontakten am Ende noch besser ertragen können als das Fehlen von Gefährtenkontakten. Zweifellos wird das Affenkind auf die Sozialkontakte mit den Gefährten am besten durch eine befriedigende Mutterbeziehung vorbereitet, und die mütterliche Geborgenheit bleibt der Zufluchtsort bei allen sozialen Unternehmungen und verleiht die nötige Sicherheit. Aber wenn die Mutterfigur als Gefühlszentrum fehlt, dann können Beziehungen zu den Gleichaltrigen anscheinend ebenfalls eine Vertrauensgrundlage bilden, die Umwelt zu erkunden und sich der sozialen Mitwelt zuzuwenden.

Allerdings wurde in einem Experiment, in dem zwei gleichaltrige Affenkinder miteinander an einer Stoffmutter großgezogen worden waren, die Gefahr ausschließlicher Gefährtenkontakte sichtbar. Die beiden Äffchen klammerten sich nämlich die ganze Zeit über fest aneinander und waren nicht dazu zu bringen, mit anderen Altersgenossen Kontakt aufzunehmen und zu spielen. *Harlow* nannte sie die »togethertogether-monkeys«, deren ausschließliche Gefährtenbildung offensichtlich steril und spannungslos war und zum Stillstand der Gefühlsentwicklung führte. Die Mutterbeziehung scheint demgegenüber den Vorteil zu haben, nicht so ausschließlich wechselseitig zu sein. Bei den unterschiedlichen Bedürfnisstrukturen zwischen Mutter und Kind führen sie in ihrer Offenheit für andere Bindungen zu einer fruchtbaren Sozialentwicklung und schließlich zur Verselbständigung des Kindes.

7. Interpretation nach Stadien der Gefühlsentwicklung

Zur Erklärung der verschiedenen Separationsfolgen in den Altersstadien zieht die *Harlow*-Schule eine Trilogie der Gefühlsentwicklung heran (*Mitchell, Harlow* a. o. 1966, *Harlow* a. *Harlow* 1966, *Harlow* a. *Harlow* 1967). Die vielfältigen Beobachtungen ließen sich auf einen Nenner bringen, wenn man annahm, daß die Rhesusaffen normalerweise zuerst gefühlsmäßige Bindungen entwickeln, danach Angst- und Furchtgefühle und zuletzt Aggressionen.

Die gefühlsmäßige Bindung wird durch die Liebe der Mutter hervorgerufen, die der Säugling vom 1. Monat an mit seiner Zuneigung erwidert. Die Angst entsteht zwischen dem 2. und 3. Monat und ist an die geistige Entwicklung gebunden, wenn das Affenkind etwas Fremdes und Drohendes wahrnehmen kann. Nach sechs Monaten reift in der Zeit bis zu einem Jahr die Aggressivität heran, zuerst in der Form aggressiver Spiele, zu denen das Umklammern, das Drohen und Verfolgen sowie das Scheinbeißen, Kneifen und Haarziehen gehört. Bei solchen Balgereien wird kein ernsthafter Schaden angerichtet, die Tiere stellen vielmehr untereinander eine soziale Rangordnung her. Im Laufe des 2. Lebensjahres bekommen die Aggressionen bis in die nächsten Jahre hinein immer ernsteren Charakter und dienen den Positionskämpfen in den Erwachsenengruppen.

Wenn das Affenkind in den ersten Lebensmonaten befriedigende Gefühlsbeziehungen zur Mutter oder zu Altersgenossen oder zu beiden herstellen konnte, ist es den später auftretenden Ängsten nicht schutzlos ausgeliefert. Fehlt diese Voraussetzung infolge der Isolierung, so wird das Kind mit Ängsten vor den anderen geplagt. Setzt die Isolierung wie in einem neueren Versuch von *Clark* (nach *Harlow* 1967) erst nach Ablauf der ersten drei Monate mit normalen sozialen Beziehungen ein und dauert dann etwa ein halbes Jahr, so kann das Kind auch nach dieser Unterbrechung wieder positive soziale Beziehungen zu den früheren Sozialpartnern eingehen. Es zeigt sich, daß die ersten sozialen Erfahrungen auch noch nach einer dreimonatigen Isolierung nachgeholt werden können, wenn es dann möglich ist, Kontakt mit Altersgenossen aufzunehmen und in den Gefühlsbindungen allmählich ein Gegengewicht gegen die Angst aufzubauen.

In diesem Zusammenhang sind die Versuche interessant, in denen man acht durchschnittlich sechseinhalb Monate alte Affenkinder, die teilweise isoliert waren, für zwei Wochen von ihren Müttern trennte (*Seay* a. *Harlow* 1965). Die Kinder zeigten nach dem Aufbau einer Mutterbindung in der Zeit der Angstentstehung genau die gleiche Reaktionsfolge, die *Bowlby* in seinem Syndrom der Trennungsangst beschrieben hat, nämlich Protest, Verzweiflung und Gleichgültigkeit, wobei allerdings die letzte Phase – wahrscheinlich wegen der zu kurzen Beobachtungszeit – nicht festgestellt werden konnte. Je massiver die frühe Separierung war und je weiter der Zeitabschnitt der ersten Bindungsfähigkeit verstrich, desto geringer wurden die Chancen, die Angst in der rechten Weise auszugleichen.

Auch das dritte auftretende Gefühlssystem, die Aggressivität, wird wie die Angst durch die frühen Gefühlsbindungen gemildert. Auf diese Weise kommt es zuerst zu den ungefährlichen Aggressionsspielen, die durch die Angstreaktionen der zweiten Phase gedämpft werden. Bei einer sechsmonatigen Isolierung, in der keine Gefühlsbindungen entstehen konnten, wird die soziale Angst übermächtig und führt zusätzlich zu einer Verzögerung im Auftreten der Aggressivität. Tiere, die man in der milden Form sechs Monate isolierte und anschließend sechs Monate total, erholten sich im Zusammenleben mit normal herangewachsenen Tieren zwar schnell, zeigten aber dann stark vermehrte Aggressionen (*Harlow* 1965). Anscheinend war hier die Stufe der Aggressionsspiele übersprungen worden, und die Feindseligkeiten konnten nicht genügend durch Angst kontrolliert werden. Nach zwölfmonatiger totaler Isolierung, die jede Aussicht auf eine normale gefühlsmäßige Zuneigung und Bindung zerstört hatte, traten bei der Begegnung mit der fremden neuartigen Welt noch größere Ängste auf. Gleichzeitig suchten die Tiere ihre inzwischen herangereiften Aggressionsneigungen zu realisieren, so daß ambivalente Verhaltensweisen zustande kamen, die gleichzeitig von Angst und Aggressionen bestimmt waren.

Normalerweise kann die Äußerung von Aggression nur durch vorangegangene Gefühlsbindungen wirksam kontrolliert werden. Ohne solche Bindungen kommen deshalb die schwer isolierten Tiere, wenn sie später mit etwa vier Jahren ihre Angst überwinden lernen, zu gesteigerten Aggressionsaffekten, die von den begleitenden Ängsten beinahe eher gefördert als gehemmt zu werden scheinen. So ist es zu erklären, daß die am meisten geschädigten isolierten Tiere später sogar Tötungsversuche gegen viel stärkere erwachsene Tiere unternahmen und auch kleinere hilflose Artgenossen grausam behandelten, ein Verhalten, das man bei gewöhnlichen Rhesus-Affen nicht kennt.

In den Etappen der emotionalen Entwicklungstrilogie von

Zuneigung, Angst und Aggression werden Sozialkontakte aufgenommen, die am Aufbau umfassenderer Gefühlssysteme mitwirken. Dabei handelt es sich in der Reihenfolge des Auftretens um die Mutter-Kind-Beziehungen, die Beziehungen zu den Altersgenossen, die heterosexuellen Beziehungen sowie schließlich die mütterlichen und väterlichen Beziehungen zu eigenen Kindern.

Über der Untersuchung von Auswirkungen der Mutter-Kind-Trennungen auf die Entwicklung der Kinder könnte man leicht übersehen, daß die Isolierung evtl. auch das elterliche Verhalten verändert. Bei den normalen erwachsenen männlichen Rhesus-Affen fällt immer wieder auf, wie rücksichtsvoll und schonend gerade die am meisten dominierenden Tiere mit Kindern umgehen. So angriffslustig sie in den Paarungsbeziehungen sind, man hat nie beobachtet, daß sie ihre überlegenen Kräfte den Jüngeren gegenüber ausspielen, die mit den älteren noch nicht in der Eroberung sozialer Positionen konkurrieren. Bei dem Vergleich jedoch, der in der *Harlow*-Gruppe zwischen normalen und drei isoliert aufgezogenen ausgewachsenen männlichen Affen durchgeführt wurde, die jeweils mit jüngeren im Spielraum zusammenkamen, richteten die isoliert gewesenen Männchen intensive und völlig grundlose Aggressionen gegen die Kleinen. Offenbar hatte sich die gestörte frühe Gefühlsbeziehung bis ins höhere Alter hinein ausgewirkt.

8. Folgen für das mütterliche Verhalten

Gründlicher als im Hinblick auf das männliche und väterliche Verhalten ist die Auswirkung der Isolierung auf das mütterliche Verhalten untersucht worden, und zwar

1. was das Verhalten der Mütter angeht, denen ihre Kinder fortgenommen wurden, und
2. in bezug auf das mütterliche Verhalten der mutterlos herangewachsenen Tiere, die selbst wieder Mütter wurden.

Den natürlich aufgewachsenen Affenmüttern konnten ihre Babys nur mit List und unter Anwendung von Gewalt weggenommen werden, da sie gleich von Geburt an enge Gefühlsbeziehungen zu ihnen hergestellt hatten, die sich vor allem im engsten Körperkontakt mit den sich anklammernden Säuglingen dokumentierten. Wenn man ihnen die Babys geraubt hatte, verhielten sich die Mütter gestört und versuchten, sie wiederzuerlangen. Sie beobachteten die Kleinen ängstlich, wenn sie in der Laufgittersituation in Sicht kamen, ohne daß sie mit ihnen Körperkontakt aufnehmen konnten. Wenn die Kleinen irgendwelchen Kontakt mit anderen Tieren hatten und die geringste Gefahr bestand, daß ihnen etwas geschah, schrien die Mütter laut, drohten den Übeltätern und griffen sie an, wenn sie in die Nähe kamen. Wie lange das Interesse der Mütter an ihren Kindern nach der Trennung anhält, wissen wir nicht genau, es gibt aber Anzeichen dafür, daß hier mit Grenzen zu rechnen ist (*Cross, Harlow* 1963).

Daß die Erfahrungen, die Mütter mit ihren Kindern machen können, für künftiges mütterliches Verhalten wichtig sind, geht aus Adoptionsversuchen der *Harlow*-Schule hervor (*Harlow* a. *Harlow* 1966). Mütter, denen ihre Kinder nach der Geburt weggenommen worden waren, adoptierten mehrere Monate danach regelrecht junge Affenkinder und versorgten und beschützten sie mütterlich. In freier Wildbahn wurden auch kinderlose Weibchen beobachtet, die Babys adoptierten, bis diese von den leiblichen Müttern wieder zurückgenommen wurden. Weitere Untersuchungen über die Adoptionsbereitschaft von Weibchen und dabei wirksame begünstigende und hemmende Faktoren wären sicherlich sehr interessant und wichtig.

Recht genau informiert sind wir dagegen bereits über das Verhalten der mutterlos aufgewachsenen Mütter. Wenn es bei den sechs Monate oder länger isolierten Tieren mit Mühe gelungen war, eine Schwangerschaft herbeizuführen, so konnten sie ihrer Mutterschaft nicht gerecht werden. Man erwartete bei ihnen vergebens Verhaltensweisen, die man bei Tieren und Menschen als durch den »Mutterinstinkt« gesichert ansieht. Ohne mütterliche Zuwendung in der eigenen Kindheit war ihr Gefühlsleben derart verkümmert, daß sie ihren eigenen Kindern gegenüber hilflose, hoffnungs- und herzlose Mütter abgaben. In der 1. Woche nach der Geburt ihrer Kinder saßen sie desinteressiert in der Ecke, ohne die Kinder anzusehen oder sich um sie zu kümmern, zogen sich vor ihnen zurück und ließen sie regelrecht im Stich. Die

Versuche der Kleinen, ihren Saug- und Anklammerungstrieb zu befriedigen, wurden im Keime erstickt. Jedes Baby mußte deshalb von einem Wärter durch die Hand künstlich gefüttert und in den ersten Stunden in einem Brutapparat gewärmt werden. Eine der Mütter erlaubte ihrem Kind dann am 3. Tag passiv, an ihrer Brust zu saugen. Bei einem anderen Säugling mußte die künstliche Ernährung am 4. Tage aufgegeben werden, weil sie heftige Attacken der Mutter gegen das Kind auslöste. Die Mutter drückte das Kind mit dem Kopf und Körper auf den Boden und schlug es mit vollem Körpergewicht auf und nieder.

Am ehesten konnten noch die nur teilweise isolierten und mit Altersgenossen herangewachsenen mutterlosen Mütter ihrer Mutterrolle gerecht werden. Die schwerer isolierten verhielten sich im Regelfall entweder brutal oder gleichgültig oder abwechselnd in der einen oder anderen Weise. Anders als natürliche Mütter blieben sie völlig gleichgültig und zeigten keine positiven Gefühlsbindungen, wenn man ihnen die Babys wegnahm und zu anderen Tieren gab. Sie griffen ihre Kinder im Gegenteil ohne Grund an, schlugen und bissen sie, manchmal bis sie bluteten, so daß die Experimentatoren für das Leben der Babys fürchten mußten. Sie konnten es nicht verhindern, daß vier der Säuglinge unter den Mißhandlungen der Mütter schließlich an den Verletzungen und an Verhungern starben. Einem Neugeborenen wurden in der 1. Stunde nach der Geburt sechs Finger abgebissen, bevor die Wärter es vor der Mutter retten konnten.

Aber auch wenn die Babys über die ersten Wochen gebracht worden waren, lebten sie in der Folgezeit unter viel schlechteren Bedingungen als Affenkinder bei normalen wilden Müttern. Während wilde Mütter ihre Kinder in den ersten Wochen nie zurückweisen, wurden sie ständig verstoßen und mußten auf die Bauchkontakte zur Mutter verzichten. Deshalb suchten sie vermehrt Rückenkontakte, drehten sich dabei um den Körper der Mutter, bis sie aber von dort vertrieben wurden. Manche Mütter erlaubten die Rückenkontakte eher, wenn sie selbst in oralem Luststreben ihre Zehen lutschten, ohne sich um das Kind zu kümmern.

Die Babys aber ließen trotz aller Strafen und Mißhandlungen nicht davon ab, sich ihren gefühllosen Müttern zu nähern. Sie schrien zwar viel mehr als normal aufgewachsene Babys, sie suchten aber auch viel intensiver Kontakt mit ihnen, kamen immer wieder, Stunde für Stunde, zurück und klammerten sich trotz aller schlechten Erfahrungen immer wieder an die Mutter an (*Harlow* a. *Harlow* 1962, *Harlow* a. *Seay* 1966). Die Bindung der Kinder an ihre Mütter wurde durch die Schwäche der mütterlichen Gefühle also eher noch stärker. Die Strafen, die sie in Kauf nahmen, zeigten, daß die Zuneigung zur Mutter stärker als die Angst vor Strafe war. Ähnlich hatten Babys sich an brutalen Mutterattrappen verhalten, die sich durch Preßluftströme oder Schüttelbewegungen abwiesen (*Rosenblum* a. *Harlow* 1963). Hier drängt sich der Vergleich mit Menschenkindern auf, die von grausamen, z. B. alkoholsüchtigen Eltern weggeschickt werden und deren einziger Wunsch es ist, zu den Eltern zurückzukehren.

Am auffallendsten aber war das Verhalten der mutterlosen Mütter, wenn sie nach dem ersten noch ein weiteres Baby bekamen (*Harlow* a. *Seay* 1966, *Harlow*, *Harlow* a. *Dodsworth* 1966, *Harlow* a. *Harlow* 1966). Als Mehrgebärende benahmen die mutterlosen Mütter sich plötzlich zu ihren weiteren Kindern völlig anders, so daß ihr Verhalten für gänzlich normal befunden wurde, ein Ergebnis, das – wie die Autoren sagen – kein Beobachter vorausgesagt hätte. Unter diesen jetzt normalen Müttern war sogar eine, die ihr erstes Baby in den beiden ersten Lebenswochen derart traktiert hatte, daß es trotz ärztlicher Hilfe am 42. Tag starb. Manche Mütter erlaubten ihren Babys jetzt sogar mehr Bauchkontakte als die mehr gebärenden wilden Tiere, bei anderen gab es keinen Unterschied. Die Mütter spielten mit ihren Kindern im Käfig jetzt auch intensiver, als das normale Mütter sonst taten.

Zur Erklärung des abnormen Verhaltens der mutterlosen Mütter ihren ersten Kindern gegenüber ziehen *Harlow* und seine Mitarbeiter die Reifungstatsachen in der Entwicklung der Aggression heran (*Harlow*, *Harlow* a. *Dodsworth* 1966). Die frühe Isolierung hatte den Tieren die Erfahrung einer eigenen Mutter vorenthalten und deshalb die Entwicklung von Gefühlsbindungen vereitelt, die die späteren Aggressionsneigungen hätten bremsen können. Bei den verkümmerten Zuneigungen und Ängsten kam es angesichts der hilflosen

Babys zu Aggressionsdurchbrüchen, gegen die nur unzulängliche Hemmungen bestanden. Dagegen schien ihre erste Mutterschaft trotz der nur schwachen Verwirklichung mütterlichen Verhaltens dazu geführt zu haben, daß es zu einer Nachentwicklung mütterlicher Gefühle kam. Andere, weniger massiv isolierte Tiere, die schließlich auf die Sexualspiele der Männchen eingegangen und freiwillige Mütter geworden waren, erwiesen sich von vornherein als gute Mütter. Die Sexualspiele hatten sie offenbar sozialisiert.

Mit diesen Untersuchungen liegt ein überzeugender Beweis dafür vor, daß die Entwicklung der Gefühlssysteme entscheidend von Lernprozessen in der Entwicklung der grundlegenden Mutter-Kind-Beziehungen abhängt. Eine beim Kind gestörte Mutter-Kind-Situation wirkt sich als Störung auf das eigene spätere mütterliche Verhalten aus und »vererbt« sich auf diese Weise gewissermaßen; ein schlagendes Beispiel für die »Symptomtradition« *(Mitscherlich)* in Familien. Die auf einen sog. Mutterinstinkt zurückzuführenden Verhaltensweisen kommen in der Entwicklung offenbar nicht unweigerlich und ohne ein in den Fundamenten gesundes Gefühlsleben zum Vorschein.

Die gesamte Gefühlsentwicklung stellt ein kompliziertes System dar, das von der mütterlichen Zuneigung zum Kind her aufgebaut wird und über verschiedene Entwicklungsstufen der Auseinandersetzung mit Altersgenossen und Geschlechtspartnern schließlich dazu führt, daß das Tier nun seinerseits eine gute Mutter sein kann. Der damit geschlossene Kreis läßt die Schicksalhaftigkeit der Gefühlsbeziehungen in der Generationsfolge erkennen und zeigt seine Wirkmacht am nachhaltigsten, wenn in den frühesten Entwicklungen irgendwelche Störungen in den Mutter-Kind-Beziehungen auftreten.

Da sich uns immer wieder Vergleiche mit den menschlichen Verhältnissen aufdrängten, gilt es nun der Frage nachzugehen, ob das an Tieren gewonnene Entwicklungsmodell auch für den Menschen Erkenntniswert besitzt.

VIII. Vergleiche zwischen Mensch und Affen

Die Tierexperimente der *Harlow*-Schule haben im Gegensatz zu den Untersuchungen an Menschenkindern zu sehr klaren und eindeutigen Ergebnissen geführt. Sie konnten in Bereiche vorgetrieben werden, die bei Menschen nicht untersucht worden sind und auch in manchen Hinsichten nicht untersucht werden können. Es ergibt sich nun die Aufgabe, einen Vergleich der Ergebnisse bei Menschen und Affen durchzuführen, um zu überprüfen, ob aus den tierpsychologischen Befunden evtl. Schlußfolgerungen auf die Psychologie des Menschen gezogen werden können, die unser bisheriges Wissen erweitern.

Der Erkenntniswert tierpsychologischer Untersuchungen für die Humanpsychologie wird oft unter dem Hinweis auf wesensmäßige Unterschiede zwischen der tierischen Lebensform und der menschlichen Existenz in Frage gestellt und aus sogenannten grundsätzlichen Erwägungen bestritten. Besonders von geisteswissenschaftlicher Seite lehnt man eine empirisch-verhaltenspsychologisch orientierte Betrachtungsweise des Menschen als seinem Geistwesen nicht entsprechend ab. Eine vorwiegend von seinem Naturwesen ausgehenden Sicht wird noch oft von vornherein verdächtigt, sie sei »prinzipiell reduktiv« und »verkleinere den Gesichtskreis der wissenschaftlichen Betrachtungsweise« (*Hassenstein* 1963, 18). Sieht man aber den Menschen als Geist- und Naturwesen an, so scheint sowohl die empirisch-verhaltenspsychologische als auch die philosophisch-anthropologische Schau möglich und angebracht zu sein. Ohne diese beiden Betrachtungsweisen gegeneinander auszuspielen, auch ohne sie zu verwässern, sollte man versuchen, sie gegenseitig fruchtbar zu machen. Jedenfalls bildet für die hier vertretene entwicklungspsychologische Forschung und die daraus zu ziehenden praktischen Folgerungen der eingeschlagene Weg die Grundlage. Allerdings hat eine vergleichend entwicklungspsychologische Betrachtungsweise, in der tierpsychologische Erfahrungen genutzt werden sollen, die Voraussetzungen zu klären, unter denen Vergleiche möglich sind.

1. Zur Vergleichsbasis

Die vergleichende Entwicklungspsychologie lehrt, daß die Entwicklung bei Tieren generell von geringer Plastizität ist als die des Menschen, wei sie relativ starrer und kürzer verläuft und zu verminderten Endergebnissen führt (*Werner* 1953). Speziell die Affenkinder kommen bereits in einem fertigen Zustand zur Welt, sind selbständig und können sich frei bewegen, wenn sie auch anfangs noch intensiv den Kontakt zur Mutter suchen. Sie wachsen dann auch viel schneller als das Menschenkind heran und erreichen schon bald, etwa im Alter von drei bis vier Jahren, mit der Geschlechtsreife den erwachsenen Endzustand. Das Menschenkind dagegen braucht ein bis zwei Jahre, ehe es sich bewegen kann wie ein Affe am ersten Tag und bleibt dann noch viele Jahre der Kindheit und des Jugendalters in Unselbständigkeit, ehe über die Reifungszeit in der Kulturaneignung der Erwachsenenstatus mit allen Rechten und Pflichten eingetreten ist.

Jeder Vergleich muß also von diesem viel schnelleren durchschnittlichen Entwicklungstempo der Affenkinder ausgehen. Man könnte dabei versuchen, bestimmte Zahlenverhältnisse in Rechnung zu stellen und mit *Harlow* ansetzen, daß das Rhesus-Affenkind ungefähr viermal so schnell heranwächst wie das Menschenkind (*Harlow* a. *Harlow* 1962). Unter dieser Annahme sind Überlegungen interessant, auch die Isolierungszeiten in ihrem Beginn und ihrer Dauer bei den Affen- und Menschenkindern miteinander in Beziehung zu setzen und die Folgen unter diesem Gesichtspunkt zu vergleichen.

Dabei darf allerdings der unterschiedliche Geburtszustand bei Menschen- und Affenkindern nicht unberücksichtigt bleiben. Nach den Ergebnissen der vergleichenden Zoologie der Hominiden, die der Schweizer Biologe *Portmann* (1956) gefördert hat, sind Affen- und Menschenkinder der Anlage nach zwar beide sogenannte Nestflüchter, die aufgrund eines reifen Geburtszustandes sofort einen hohen Grad an Selbständigkeit besitzen. In dieser Bezeichnung ist der Zustand mancher Jungvögel, die sofort nach der Geburt das Nest verlassen, auf den Geburtszustand der Säuger ausgedehnt worden, die wie neugeborene Elefanten und Kälber in den ersten

Stunden sofort stehen und der Herde folgen können. Der Name ist für die Affen dabei jedoch etwas irreführend, weil sie gerade nicht vom Nest flüchten, sondern von Geburt an triebhaft zur Mutter drängen, um sich an ihrem Pelz mit Händen und Füßen festzuhalten.

Beim Menschenkind wird darüberhinaus dieser der Gattung nach zu erwartende Nestflüchterzustand bei der Geburt erst gar nicht erreicht, weil es in einer »physiologischen Frühgeburt« ein Jahr zu früh auf die Welt kommt und damit dem Geburtszustand nach ein hilfloser »senkundärer Nesthocker« ist. In seinem Angewiesensein auf die mütterliche Fürsorge ähnelt das Menschenkind dabei den echten Nesthockern unter den Tieren, die wie die nackten Singvögel mit geschlossenen Augen geboren werden und in besonderer Weise auf das Nest und die Brutpflege angewiesen sind. *Portmann* hat uns gelehrt, die tiefere Bedeutung des hilflosen Frühgeborenenzustandes des Menschen zu erkennen. Das Menschenkind entwächst dem Mutterschoße verfrüht, damit im sozialen Kontakt mit der Mutter, im »sozialen Mutterschoß« der Familie, durch den Erwerb der Sprache und des aufrechten Ganges die zweite und eigentliche Geburt der Kultur-Menschwerdung gelingt. Die Frühgeburt bringt es mit sich, daß das Menschenkind gleich bei der Geburt bereits ein Jahr hinter der Entwicklung des Affenkindes herhinkt.

Beim Menschenkind müssen sich dann die sinnliche Wahrnehmung, die Koordinierung von Auge und Hand, das Sitzen und Aufrechtstehen in langsamen Prozessen erst entwickeln, die eng mit der neuromuskulären Reifung Hand in Hand gehen. Wenn auch die Affenkinder in der motorischen Geschicklichkeit dann überlegen bleiben, so holen die Menschenkinder den anfänglichen Entwicklungsrückstand doch sehr schnell auf, wenn sie vom 2. Lebensjahr an die Sprache erlernen und später mit Begriffen und Symbolen umzugehen verstehen. Ihre Entwicklung nimmt wegen der schwierigen Lernprozesse bei der Kulturaneignung dann allerdings einen sehr viel komplizierteren Verlauf.

Wie die interessanten Beobachtungen japanischer Forscher zeigen, über die *Chauvin* (1964) berichtet, müssen wir zwar eine Traditionsbildung auch den Affen zusprechen, aber die menschliche Entwicklung ist in besonderer Weise durch die

Aneignung eines großen Schatzes von Kulturgütern, ihre Vermehrung und Weitergabe ausgezeichnet. Die Menschenkinder teilen dabei mit den Affen die Werkzeugintelligenz, erreichen darin aber ein ungleich höheres Niveau und überflügeln den Affen dann vor allem in den theoretischen Leistungen, dem begrifflichen und abstrakten sprachlichen Denken. Die Menschenkinder sind anpassungs- und umstellungsfähiger, verfügen über ein reichhaltigeres Potential an Lernfähigkeit und Vorstellungsgabe, wachsen in überlegene Kommunikationssysteme, Symbolbildungen und Sprach- sowie Denkgebilde hinein, entwickeln reichere Beziehungen zur Umwelt und leben in komplizierteren sozialen Verhältnissen.

Eine Parallelisierung der Entwicklung beider Spezies ist demnach weniger in den Endprodukten möglich, wohl aber wegen der Übereinstimmung in den Entwicklungsfolgen der verschiedensten Verhaltensbereiche erlaubt. Es zeigen sich immer wieder die gleichen Stufen, nach denen das Entwicklungsgeschehen abläuft, auch wenn es bei Affenkindern nicht die letzten Höhen der menschlichen Entwicklung erreicht. So ist z. B. auch für die Affen das Spiel die grundlegende Tätigkeit und Kraft, die sowohl die motorischen und intellektuellen als auch die sozialen und gefühlsmäßigen Fortschritte hervorbringt. Für die intellektuelle Entwicklung gibt es bis heute keinen überzeugenderen Beweis als die weltberühmten Affenversuche *Wolfgang Köhlers*, die er während des Ersten Weltkrieges auf Teneriffa durchführte. Sie lehren uns, wie die Intelligenzleistungen der Affen über das Manipulieren und das Lernen durch Versuch und Irrtum schließlich die Höhe des einsichtigen Werkzeugdenkens erreichen. Diese Stufen lenkten dann später die Untersuchungen der *Bühler*schen Schule an Kindern und wurden bei ihnen voll bestätigt.

Daß auch auf dem Gebiet der sozialen und Gefühlsentwicklung mit Übereinstimmungen zwischen Menschen- und Affenkindern zu rechnen ist, dürfte nach den aufschlußreichen Untersuchungen *Harlows* nicht mehr zu bezweifeln sein. Wo wir über Daten aus der menschlichen Entwicklung verfügen, lassen sich die gleichen Sequenzen nachweisen. Wir müssen dabei aber – wie seinerzeit die Wiener Entwicklungspsychologen, nur auf einem anderem Gebiet – von der merkwürdigen Tatsache ausgehen, daß wir in manchen Hinsichten über die Entwicklung bei den Rhesus-Affen besser Bescheid wissen als über die menschlichen Verhältnisse. In dieser Situation ist es angemessen, in den vergleichenden Untersuchungen nicht vorschnell dem Menschen abträgliche Fragestellungen zu befürchten, sondern die Ergebnisse der Tierpsychologen als fruchtbare Forschungshypothesen für die Psychologie des Menschen anzusehen.

2. Analogien und Parallelen

Unser Überblick über die Untersuchungen an Menschenkindern und Rhesus-Affen bot immer wieder eindeutig empirische Beweise für die traurigen Auswirkungen einer frühen Mutterentbehrung auf die fernere Entwicklung und lieferte übereinstimmende Belege für die pädiatrischen und tiefenpsychologischen Hypothesen. Unwiderleglich hinterlassen Entbehrungen im sozialen Gefühlsaustausch der frühen Jugend irreparable Verödungen der Kontaktfähigkeit und der gesamten gefühlsmäßigen, sozialen und sexuellen Entwicklung. Die Folgen werden erheblicher, je früher die sozialen Beeinträchtigungen einsetzen und je länger sie dauern.

Dabei stellten sich im einzelnen erstaunliche Parallelen zwischen der Entwicklung bei den Affen- und den Menschenkindern heraus. Die bei den Affenkindern entwickelten Defekte in den Reaktionsweisen glichen den bei Menschenkindern beobachteten Verhaltensmustern aufs Haar. Die Sachverhalte und ihre Folgeerscheinungen, die mit Begriffen wie Hospitalismus, Marasmus, anaklitische Depression, maternal deprivation, Verlassenheitssyndrom und Prozeß der Resignation, bezeichnet worden sind, werden in der einen wie in der anderen Spezies in der gleichen Weise angetroffen und sind beinahe beliebig austauschbar. Das geht bis in konkrete Symptombildungen hinein, die normalerweise nicht angetroffen werden und ganz sicher bei Mutterentbehrungen gehäuft vorkommen, wenn sie auch wahrscheinlich noch andere Ursachen haben und in anderen Ursachzusammenhängen beobachtet werden können. Solche abnormen Verhaltensmuster und psychosomatischen Störungen sind z. B. die

Schaukelbewegungen, das Kopfschlagen, übersteigerte orale und autoerotische Betätigungen, Aggressionen, auch selbstschädigender Natur, Nahrungsverweigerung und autistische Symptome.

Ebenso lassen sich die Verlaufsprozesse der Syndrome parallelisieren, z. B. die Abfolge im *Bowlby*schen Separationssyndrom, Protest, Verzweiflung und Gleichgültigkeit. Für die nach milder Separierung auftretende auffallende Frühreife, für die *Harlow* bei seinen Affenbabys keine Erklärung fand, gibt es Parallelen im Verhalten von Kindern, und zwar bei solchen, die in Konzentrationslagern unter Altersgleichen, aber ohne Mütter herangewachsen waren *(A. Freud)*. Die frühe Selbständigkeit scheint hier wie da im Zusammenhang mit mangelnder mütterlicher Fürsorge zu stehen, die zu einer vorverlegten Unabhängigkeit von Erwachsenen führt. In diesen und anderen Reaktionsmustern sind allenfalls geringfügige Abweichungen festzustellen, die aber als belanglos angesehen werden können. Z. B. griffen die von *Bowlby* beobachteten Menschenkinder ihre Mütter nach der Wiedervereinigung an, was bei den Affenkindern nicht vorkam, weil die Affenmütter massive Aggressionen der Kinder nicht tolerieren, so daß diese auf Aggressionen gegen die Altersgenossen ausweichen mußten.

Die Untersuchungen belegen auch eindeutig, daß der spezifische affektive Sozialkontakt, den wir mit den Worten »Liebe zur Mutter« umschreiben, nur in einer beschränkten definierbaren Periode besteht. Die Erfüllung der Bedürfnisse, die sich mit einer Mutterfigur verbinden, muß in den Erfahrungen eines frühen Lebensabschnittes gegeben sein. Stellen wir ein Zeitverhältnis in der Entwicklung von 1 : 4 bei Affen und Mensch in Rechnung, so stimmen die Daten in den Untersuchungen gut überein, wenn *Harlow* hier die Zeit vom 1. bis zum vollendeten 3. Monat feststellt und beim Menschen an die Spanne zwischen dem 3. und 12. Monat gedacht wird. Nach diesen Entwicklungsabschnitten ist eine Prägung, wie sie zuerst *Konrad Lorenz* in seinen Versuchen mit Enten gezeigt hat, in der Richtung auf eine stabile Mutterfigur nicht mehr möglich. Hat das Kind in dieser Zeit nicht zu lieben gelernt, so wird es niemals lieben können. Dem Kind fehlen ohne das Erlebnis einer primären Liebe zur

Mutter die Sicherheit und das Vertrauen, sich der Welt zu nähern, die Umwelt zu erforschen und in der sozialen Mitwelt Kontakte aufzubauen. Nur dieses grundlegende Vertrauen, das sich in den Beziehungen zur Mutter aufbaut, das *Erikson* (1954) Urvertrauen nennt, läßt das Kind zu sich selbst kommen und über die Entwicklungskrise hinweg ein Gefühl der eigenen Konstanz und Verläßlichkeit entwickeln.

Für andere Ergebnisse, die an den Rhesus-Affen gewonnen wurden, lassen sich aus menschlichen Untersuchungen keine Parallelerscheinungen nachweisen, weil der humanpsychologischen Untersuchungsmethode Grenzen gesetzt sind. Wenn wir etwa an die Experimente zur totalen Isolierung für drei, sechs oder zwölf Monate denken, denen die Affenkinder ausgesetzt wurden, müssen wir bei dem hilflosen Geburtszustand der Menschenkinder beinahe noch verheerendere Folgen befürchten, wenn sie überhaupt noch möglich sind. Es ist völlig ausgeschlossen, daß Menschenkinder eine totale Isolierung von drei oder gar sechs Monaten unter den bei den Affenkindern herbeigeführten Bedingungen überlebten, und sehr zweifelhaft, ob sie eine sechsmonatige totale Isolierung im 2. Lebenshalbjahr so gut wie die Affenkinder überstehen würden.

Diese Erwägungen lassen uns eher den Zustandsschilderungen bei Heimkindern und den menschlichen Isolierungstypen in der Geschichte Glauben schenken, wenn sie auch noch so grausam ausfallen. Bei den Affenkindern waren die Schäden bei schweren Isolierungen nach Ablauf eines halben Jahres irreversibel. Nach einem ganzen Jahr war die Hoffnung auf eine normale Entwicklung zerstört. Verständlich, wenn im Experiment Friedrich II., beim Wildkind von Aveyron, bei den indischen Wolfskindern, aber auch den von *Spitz* beschriebenen Findelkindern die Entwicklung einen so trostlosen Verlauf nahm. Verständlich auch, wenn erfahrene Adoptionsmütter einem Kind, das bis zum 2. Lebensjahr im Heim war, keine normale Entwicklung mehr in Aussicht stellen. Es wäre eine große Überraschung, wenn die Entbehrungsfolgen bei Menschenkindern in irgendeiner Weise gelinder ausfielen als bei den Affenkindern.

Daß eine vergleichende Betrachtung wahrscheinlich weitere Aufschlüsse zu liefern vermag, hat jüngst *Spitz* (1965) gezeigt, der auf die Untersuchungen *Harlows* hin seine Protokolle aus den Jahren 1946-1948 erneut herangezogen hat. Mit Genugtuung stellte er dabei fest, daß auch *Harlow* bei den Affenkindern, die unter erheblichem Mangel an mütterlicher Zuwendung litten, keine autoerotischen Betätigungen beobachten konnte. Er sicherte nun als zusätzliches Ergebnis, daß bei guten Mutter-Kind-Beziehungen auch regelmäßig Spiele mit dem Körper und Genital vorkamen. Es korrelierte geradezu der Entwicklungsquotient mit dem Ausmaß an autoerotischer Betätigung, so daß dieses Verhalten bei allen gut entwickelten Kindern mit befriedigenden Mutterbeziehungen vorkam, dagegen fehlte, wenn bei schlechten Mutterbeziehungen ein unterdurchschnittlicher Entwicklungsstand gegeben war. Die Kinder aus dem Findelhaus ließen bis ins 4. Lebensjahr jedes Spiel mit dem eigenen Körper vermissen. *Spitz* knüpfte an solche Entwicklungen tiefenpsychologische Überlegungen an, die eine Beziehung zum Typus der »braven kleinen Prostituierten« und des »braven, verträglichen Burschen, der zum Mörder wird«, herstellen. Auch bei Menschenkindern werden offenbar Schäden in der späteren Sexualentwicklung angezeigt, wenn keinerlei mäßige spielerische Sexualbetätigung am eigenen Körper ausgebildet worden ist.

3. Unterschiede

Bei allen bemerkenswerten Analogien und Parallelen in den Entbehrungsfolgen und der Gefühlsentwicklung bei Affenkindern und Menschen muß man neben den bereits aufgewiesenen Unterschieden auch solche im Gefühls- und Sozialleben beachten und sich auch auf diesem Gebiet vor unkritischen und ungeprüften Schlußfolgerungen hüten. So weist etwa *Berna* (1965) mit Recht darauf hin, daß es eine unzulängliche Vereinfachung darstellt, aus den *Harlow*-Untersuchungen in Erweiterung der *Freud*schen Libido-Theorie auch beim Menschenkind einen Anklammerungstrieb zu fordern, wie *Bowlby* das getan hat und worin ihm bekannte Psychoanalytiker gefolgt sind. Ein genauerer Vergleich lehrt, daß das Anklammern, wozu der Affensäugling wenige Stunden nach der

Geburt reflexhaft und triebartig fast über den ganzen Tag fähig ist, beim Menschenkind in Verbindung mit Lernvorgängen ausgebildet werden muß und längst nicht so ausgiebig praktiziert wird. Man kann nicht von Trieb sprechen, wenn so eindeutig auch Lernprozesse am Werk sind.

In anderen Hinsichten gehorcht das menschliche Sozialverhalten und Gefühlsleben noch komplizierteren Entstehungsgesetzen und erreicht bei Tieren unbekannte Niveaustufen. So hält auch *Harlow* bei aller Reichhaltigkeit der sozialen Gefühle es nicht für möglich, daß die Rhesus-Affen moralische Gefühle der Versuchung, der Schuld und des sozialen Gewissens ausbilden. Dennoch spricht er in roher Analogie davon, daß ihr »Gewissen« so unentwickelt ist wie bei einer psychopathischen Persönlichkeit.

Wichtiger jedoch als die Hervorhebung einer überlegenen Sonderstellung des Menschen, deren Bedeutung beileibe nicht unterschätzt werden soll, erscheint in unserem Zusammenhang aber ein anderes Problem. Gerade die überlegenen und weitreichenden Entwicklungsmöglichkeiten der Menschenkinder führen zu der Erwägung, ob nicht der sehr viel kompl. iziertere Aufbau des menschlichen Verhaltens auch sehr viel störungsanfälliger ist. So hält es *Harlow* z. B. nicht für möglich, daß bei Rhesus-Affen abnorme Erlebnisreaktionen oder Geisteskrankheiten nach Art der menschlichen Persönlichkeitsstörungen vorkommen. In Richtung auf soziale Entbehrungen besteht der Unterschied zum Tier möglicherweise darin, daß der Mensch in dieser Hinsicht viel empfindlicher und seelisch viel leichter verletzbar ist.

Diese Auffassung wird durch die erstaunliche Entdeckung *Harlows* gestützt, daß der Beobachtung weder der teilweise noch der total isolierten Affenkinder irgendwelche Hinweise auf intellektuelle Schädigungen entnommen werden konnten. *Harlow* testete die Affen durch Lernversuche, z. B. von Schockvermeidung, aber auch in komplizierten Lernaufgaben, wobei es bei den isolierten Tieren natürlich einige Zeit dauerte, sie an die Testsituation zu gewöhnen. Da aber schließlich die isolierten Tiere den Anforderungen der verschiedensten Tests wie die natürlich aufgewachsenen nachzukommen vermochten, liegt ein Ergebnis vor, daß allen Erfahrungen mit menschlichen Kindern widerspricht. Hospitalisierte Menschenkinder fielen in allen Untersuchungen regelmäßig durch erhebliche geistige, insbesondere sprachliche Entwicklungsrückstände auf.

Freilich kommen die schlechteren Testergebnisse der sozial zu kurz gekommenen Kinder mit dadurch zustande, daß sie im Verständnis sozialer Anforderungen und im gesamten Sprachgebrauch zurückgeblieben sind, was sich auf das Aufgabenverständnis in der Testsituation nachteilig auswirkt. Die in den Intelligenztests gemessenen Fähigkeiten sind von sozialen und kulturellen Erwerbungen abhängig, die ein Kind normalerweise in der Familienerziehung und besonders im wechselseitigen Mutter-Kind-Kontakt mitbekommt. Bei isolierten Menschenkindern sind die intellektuellen Mängel und Schädigungen also im Grunde erworben, so daß man mit Recht von »Pseudodebilität« spricht. Tatsächlich kennen wir genug Fälle, in denen der niedrige Intelligenzquotient unmittelbar oder allmählich stieg, wenn kurzzeitig isolierte Kinder erfolgreich mit den Eltern wiedervereinigt wurden und eine Psychotherapie erhalten hatten.

Daß bei Menschenkindern mit komplizierteren Verhältnissen gerechnet werden muß, zeigt auch der Vergleich des Untersuchungsergebnisses von *Schraml* (1954) mit den Befunden von *Harlow*. Bei den frühest getrennten Menschenkindern wurde häufiger als das erwartete autistische Verhalten mit Kontaktscheue ein hohes Maß an Kontaktsuche bis zur Kontaktsucht hin, eine auffallende Anschmiegsamkeit und Liebebedürftigkeit bis zum wahllosen Anschmiegen und Anbiedern an völlig fremde Personen beobachtet. Dieses Ergebnis aus der Realität der Heimerziehung läßt vermuten, daß sich weitere spezifisch menschliche und wahrscheinlich auch persönlichkeitsspezifische Reaktionsmuster als Folge sozialer Entbehrungen nachweisen lassen. Hier hat *Spitz* mit seinen Studien zu den Folgen verschiedener Erlebnishaltungen bei Müttern bereits einen wertvollen Beitrag geleistet (vgl. V, 4).

Daß die Verhältnisse bei den Menschenkindern nicht ungünstiger als bei den Affenkindern liegen, möchte man angesichts des Ergebnisses wünschen, daß bei den Äffchen die schädlichen Folgen der Mutterentbehrung durch rechtzeitige Kontakte der jungen Tiere mit den Altersgenossen zu kompensieren waren. Bei guten Beziehungen zu den Gefährten traten zwar Verzögerungen in der Entwicklung des Spielverhaltens ein, aber die Affenkinder waren später zu normalen sexuellen Anpassungen fähig. Es wäre ein großer Trost für unsere Heimerziehung, wenn es gelänge, die Beziehungen der Kinder zu Gleichaltrigen so positiv zu gestalten, daß der Kontakt zur Mutter teilweise ersetzt werden kann.

4. Forschungsfragen

Die tierpsychologische Forschung hat überzeugende Belege für das Gewicht des Faktors Mutterentbehrung für die Entwicklung des artspezifischen Verhaltens geliefert, die auch bei vorsichtigster Deutung in einer vergleichenden Betrachtung die Zweifel an den oft vagen Ergebnissen der Untersuchungen bei Menschenkindern beseitigt haben dürften. Die bei Kindern beobachteten Verhaltensstörungen und Verlaufsformen in den Frühsymptomen und Spätfolgen zeigten sich bei den Tieren in teilweise erschreckender Deutlichkeit und konnten unter vergleichbaren Bedingungen experimentell herbeigeführt werden. Vor einer Verharmlosung der nicht immer eindeutigen Ergebnisse an Menschenkindern ist demnach dringend zu warnen. Die exakt und einwandfrei bestätigten Resultate konnten darüber hinaus neuen Fragestellungen zugeführt werden, die bisher verborgen gebliebene Gefährdungen vermuten lassen. Wir sind zwar noch weit davon entfernt, in das dabei sichtbar gewordene Beziehungsgeflecht von Mutter-Kind-Beziehungen und späterer Gefühls- und Persönlichkeitsentwicklung die notwendige Klarheit gebracht zu haben. Bei der Lösung der hier anstehenden theoretischen und praktischen Probleme stellen die tierpsychologischen Erkenntnisse aber ohne Zweifel fruchtbare Forschungshypothesen dar, zu deren näherer Überprüfung bei Menschenkindern wir aufgefordert sind.

Beinahe jedes Ergebnis der Tierexperimente bietet dabei Anknüpfungspunkte. So finden z. B. die Selbstaggressionen der depravierten Affenkinder eine Parallele in dem Untersuchungsergebnis *Graffs* (1967), der bei Patienten mit wiederholten Selbstmordversuchen durch Aufschneiden der Pulsader in der Vorgeschichte gehäuft Mutterentbehrungen und einen Mangel an Fähigkeit feststellen konnte, sich sprachlich mitzuteilen. Es ist von größter theoretischer wie praktischer Bedeutung, der Frage nach dem Hintergrund auch anderer Verhaltensstörungen und Persönlichkeitsveränderungen wie dem Kopfschlagen, den Depressionen, dem autistischen Selbstversunkensein oder den katatonen bizarren Bewegungsstereotypen nachzugehen. Sie gelten in der bisherigen Persönlichkeitslehre und Psychiatrie als »psychopathisch«, »neurotisch« oder gar »psychotisch«, jedenfalls als anlagebedingt bzw. erblich. In den Untersuchungen zur Mutterentbehrung bei Menschen und Tieren konnten sie jedoch in ihrer Entstehungsgeschichte auf äußere Ereignisse hin verfolgt werden.

Diese Tatsache gibt Veranlassung, das Problem »Anlage-Umwelt« in der Persönlichkeitsentwicklung neu zu durchdenken, wie das z. B. *H. Schultz-Hencke* (1965, 272 f.) begonnen hat. Insbesondere taucht die Frage auf, ob an der Entstehung von Psychosen fehlgeleitete frühe Mutter-Kind Beziehungen beteiligt sein können. Manche Symptome der Schizophrenie erinnern lebhaft an bestimmte Erscheinungen im Verlassenheitssyndrom, und von daher sind die Versuche zu verstehen, die Schizophrenie im Kindesalter mit Ausprägungsweisen der Mutter-Kind-Beziehungen in Zusammenhang zu bringen. So unterscheidet *Mahler* (1967) eine »symbiotische frühkindliche Schizophrenie«, in der »die seelische Repräsentanz der Mutter ... vom Ich nicht gelöst« wird, von einer »autistischen«, in der es nicht gelingt, die »Mutter als Repräsentantin der äußeren Welt gefühlshaft wahrzunehmen«.

Besonderes Interesse verdienen auch jene tierpsychologischen Untersuchungsergebnisse, die Folgen der Mutterentbehrung aufgewiesen haben, die aus der humanpsychologischen Forschung noch nicht bekannt waren. Hier ist z. B. an die Auswirkungen der Mutterentbehrung auf das Verhalten zu altersgleichen Gefährten, also das Sozialverhalten in der Gruppe und an das spätere heterosexuelle Verhalten zu denken. Der Zusammenhang der umfassenderen Gefühlssysteme der Mutterbindung, der Beziehungen zu Altersgenossen und Geschlechtspartnern ist in der Psychologie des Menschen noch weitgehend unerforscht. Wenn das Kind nicht nur überleben, sondern zur Erhaltung der Art fähig werden soll, dann muß es im Mutterkontakt die Grundlagen für das spätere arterhaltende heterosexuelle Verhalten erwerben.

Angesichts der Grausamkeiten, die isoliert gewesene erwachsene Rhesus-Affen auszeichneten, erhält die heftig kritisierte These *Bowlbys* neues Gewicht, einen Zusammenhang zwischen früher Mutterentbehrung und einem auf Gemütlosigkeit beruhenden kriminellen Verhalten anzunehmen. Vielleicht können die aus den Affenversuchen gewonnenen Einsichten auch zur Klärung mancher Formen von Kindesmißhandlungen beitragen, vor denen wir immer wieder fassungslos stehen. Zusammenhänge bestehen vielleicht auch zu den kaum einfühlbaren grausamen Aggressionen Kindern gegenüber, die mit Sexualverbrechen gekoppelt sind, deren Entstehungsgeschichte meistens dunkel vor uns liegt. Wahrscheinlich würde es sich sehr lohnen, das Modell der von *Harlow* aufgewiesenen emotionalen Entwicklungstrilogie als Hypothese an die menschliche Entwicklung heranzutragen, um die Entstehung der menschlichen Zuneigungen, Ängste und Aggressionen gründlicher kennenzulernen.

Ebensowenig wissen wir noch über den Aufbau des elterlichen Verhaltens, in das nach den tierpsychologischen Ergebnissen offensichtlich die Erfahrungen aus den früher entwickelten Gefühlssystemen eingehen. Wertvollste Forschungsfragen, die im menschlichen Bereich freilich nur unter großen Schwierigkeiten angegangen werden können, resultieren aus den Erkenntnissen zum mütterlichen Verhalten der mutterlos aufgewachsenen Tierweibchen, die später selbst Mütter wurden. Auch für Menschenmütter ist daran zu denken, daß ihr Verhalten keineswegs durch Instinkte gesichert ist, sondern vom Lernen abhängt. Sie müssen als Kinder die Erfahrung eines liebevollen Umsorgtwerdens durch die Mutter gemacht haben, um später selbst zulängliche Mütter zu werden, die Verständnis für die kindlichen Bedürfnisse haben und fähig sind, unter persönlichen Opfern darauf einzugehen. In diesem Zusammenhang ist auch das Ergebnis interessant, daß die gestörten Tiermütter bei ihrem zweiten Baby in ihren mütterlichen Gefühlen erhebliche Fortschritte gemacht hatten. Auch von den in der *Harlow*-Schule zur Adoptionsneigung laufenden Arbeiten dürfen wir weitere wichtige Erkenntnisse erwarten.

Alle diese aufschlußreichen tierpsychologischen Ergebnisse verdienen zumindest als heuristische Schemata in der psychagogischen Beratungspraxis und psychotherapeutischen Behandlung beachtet zu werden, wenn es etwa um die Klärung der Ursachen von Verhaltensstörungen bei Klienten geht. Gegebenenfalls wird sich umgekehrt ein Berufserzieher oder ein Berater mit Gewinn fragen, wie weit seine Verhaltensweisen in der Erziehung und Beratung durch eigene Mutterentbehrungen geprägt sind.

Abschließend ist jedoch zu sagen, daß unser Wissen in den hier angeschnittenen Detailfragen nur dann erweitert werden kann, wenn die psychologische und biologische Grundlagenforschung intensiviert wird. So stieß z. B. *Salzen* (1966, 1967) in vergleichenden Untersuchungen an Hühnern und Affen auf komplizierte Wechselwirkungen zwischen Prägungen, angeborenen Verhaltensweisen, dem Hormonhaushalt und sozialen Gefühlsfaktoren, die dringend weiterer Untersuchungen bedürfen. Die vergleichende Betrachtungsweise des tierischen und menschlichen Verhaltens scheint dabei besonders fruchtbar zu sein (vgl. auch *Eibl-Eibesfeld* 1967).

IX. Zur Entwicklungspsychologie der frühen Mutter-Kind-Beziehungen

Die traurigen Folgen der Mutterentbehrung bei Mensch und Tier weisen mit Nachdruck auf die Bedeutung der frühen Mutter-Kind-Beziehungen für die gesamte Persönlichkeitsentwicklung des Menschen hin. Die Ergebnisse werden erst verständlich, wenn man von der Wirklichkeit eines engen Mutter-Kind-Kontaktes ausgeht. Das hier waltende komplizierte Beziehungsgeflecht hat man tastend in Ausdrücken wie »Mutter-Kind-Einheit« oder auch »Zweieinheit«, »Mutter-Kind-Symbiose«, oder »Mutter-Kind-Diade« zu erfassen versucht. In verschiedenen Altersstufen sind für die hier in Frage stehenden Gefühlsbeziehungen unterschiedliche Voraussetzungen gegeben. Von daher erhält auch eine Mutterentbehrung jeweils andere Erlebnisbedeutungen, so daß mit verschiedenen Wirkungen in den Entwicklungsphasen gerechnet werden muß.

Im folgenden soll der Versuch unternommen werden, den bisher gewonnenen Befunden in einem vorläufigen Gesamtbild von der Gefühls- und Persönlichkeitsentwicklung in der frühen Kindheit ihren entwicklungspsychologischen Ort zuzuweisen. Dabei werden die tiefenpsychologischen Hypothesen über den Mutterkontakt und die Trennungsangst herangezogen, die – wie der geschichtliche Überblick zeigte – die Deprivationsforschung einleiteten und nun durch ihre Ergebnisse neue Stützen erhalten haben.

1. Die Mutter-Kind-Symbiose (Neugeborenenzeit)

Das werdende Menschenkind bildet im intrauterinen Leben mit dem mütterlichen Organismus eine symbiotische Einheit, die sein Wachstum und Gedeihen garantiert. Nach der Geburt ist es wie kaum ein anderes Lebewesen in seinem Überleben als Individuum davon abhängig, daß an die Stelle der körperlichen Einheit eine soziale Zweieinheit tritt, eine psychobiologische Symbiose zwischen Mutter und Kind. Die Mutter übernimmt in gefühlsmäßiger Zuneigung und Fürsorge das Stillen und die Pflegeleistungen, ohne die das Kind nicht existieren könnte. Im Stillen knüpft die Mutter durch das Wechselspiel des Gebens und Nehmens ein Liebesband. Wo Liebe voll gespendet wird, wo das Kind sich warm und geborgen fühlt, fängt es an zu vertrauen und die Angst vor der unsicheren Welt zu verlieren.

In dieser Zeit ereignet sich in der Mutter-Kind-Beziehung bereits so viel, daß es falsch ist, vom »dummen ersten Vierteljahr« zu sprechen, wie das in der früheren Entwicklungspsychologie der Fall war. Das Kind spürt und erlebt in der ersten Zeit ganz sicher schon sehr viel mehr, als wir ahnen. Das beweist etwa die frühe Beobachtung von *Canestrini* (1913 nach *Volkelt* 1926, 81), wonach die Neugeborenen in den ersten Lebenswochen bis in die Atmung und den Herzrhythmus hinein vom zärtlichen Angesprochenwerden durch die Mutter besser beruhigt werden können, als durch entsprechende Bemühungen sonstiger Pflegepersonen.

Über die sehr feinen »Antennen« der Säuglinge darf auch nicht hinwegtäuschen, wenn sie bei einer Muttertrennung ohne Schwierigkeiten von einer Ersatzperson Nahrung annehmen. Das Kind ist anfangs so hilflos und seine Nahrungsbedürfnisse sind so stark, daß es die Flasche und die Pflegevorrichtungen von jeder Person annehmen muß, um zu überleben. Wenn darüber hinaus seine körperliche und seelische Entwicklung gefördert werden soll, ist es aber auf persönliche Beziehungen angewiesen, die über eine bloß korrekte Pflege hinausgehen.

Die gefühlsmäßigen Kanäle des Ausdrucksgeschehens erschließen dem Kind auch die komplizierten Gefühlsbeziehungen der Eltern zueinander, die durch die Geburt verändert und neu geordnet werden. Entscheidend ist, ob das Kind sich bejaht und angenommen fühlen kann oder ob es sich zurückgestoßen fühlen muß. Je nachdem, ob das Kind erwünscht war, ob es das erwartete Geschlecht und Aussehen hat, ob der Vater auf das Kind reagiert, wie die Mutter sich das vorgestellt hat, gerät es in verschiedene Ausgangslagen hinein, die im Aufbau der ersten Beziehungen zwischen Mutter und Kind ausschlaggebend werden können. Die Liebe und Zuneigung der Mutter zeigen sich am deutlichsten darin, wie sie die Bedürfnisse des Kindes nach Nahrung und Pflege stillt, wie sie auf sein Schreien und seine Unlustäußerungen rea-

...as Schreien z. B. kann durch Nahrung beruhigt wer-
...Liebkosungen und Tröstungen veranlassen oder aber
...uhren, daß die Mutter das Kind ärgerlich abschiebt
und es im Stich läßt, bis es erschöpft einschläft. Auf diese
Weise können erste Verlassenheitsängste auftreten, und das
Kind wird in seinem Bedürfnis nach Mutterkontakt frustriert.

Wir müssen annehmen, daß dem Säugling überhaupt erst
über den Mutterkontakt der Zugang zur äußeren Realität er-
schlossen wird. Seinen Ausgang nimmt das Welterleben
wahrscheinlich von einem Gefühl des Kindes, mit dem mütterlichen Körper eins zu sein, das »eine Parallele in dem Gefühl der Mutter hat, daß der Körper des Kindes ein Teil ihrer
selbst sei« (*Burlingham* und *Freud* 1944, 7). So sind die Trieb-
wünsche des Kindes auf die Brust, die Hände und Augen der
Mutter gerichtet, es berührt sie und geht mit ihnen um, als
wären es Teile seines eigenen Körpers. Diese Körperkontakte
mit der Mutter repräsentieren für das Kind in ausgezeichne-
ter Weise die Welt außerhalb seines Selbst. Durch das Ge-
streichelt- und Geliebkostwerden kommt es zur Abgrenzung
des eigenen Körper-Ichs vom Nicht-Ich. Das macht verständlich, daß die erste Periode der Mutter-Kind-Beziehungen von einem elementaren Bedürfnis des Säuglings nach un-
mittelbarer Berührung und Zuwendung von seiten der Mutter bestimmt ist. Dabei geschieht die Kontaktnahme mit der
Welt nicht über das Auge, sondern durch die Vermittlung anderer Sinne, vor allem des Tastsinnes und des Hörens.

Die Zärtlichkeiten, Tätscheleien und Berührungserlebnisse
bei der Pflege sind demnach keineswegs überflüssig, sondern
stellen die Nahrungsquelle für das Welterleben und die Entwicklung des Gefühlslebens dar. Die taktilen Reize beim Füttern, Wickeln, Herumtragen und Drücken des Kindes sind
z. B. die »sozialen Zeitgeber« (*Hellbrügge* 1966) in der ersten
Lebenszeit, die über die Hautfunktionen schon wenige Tage
nach der Geburt zu einer Einstellung auf die Tag-Nacht-Peri-
odik führen. Ohne die mütterliche Zuwendung und die entsprechenden sensorischen Reize fehlt die Stimulation zu dieser Entwicklung, und die physiologischen Funktionen bis in
den Schlaf und die Verdauung hinein werden gestört.

Zum Glück sind die Zuwendungsbedürfnisse des Säuglings

anfangs vorwiegend mit den Zeiten der Nahrungsbefriedigung verknüpft. Sonst bestände keine Aussicht, daß die Mutter, die auch für die anderen Kinder und den Ehemann da sein muß, die unersättlichen Bedürfnisse des Säuglings erfüllen könnte. Andererseits reagiert das Kind gerade deshalb, auch bei einer beständigen Mutterperson und bei liebevoller Zuwendung, auf einen frühen Verlust der Brustnahrung besonders heftig. Die Umstellung auf die Flasche und der Entzug der Brust scheint als partieller Mutterverlust erlebt zu werden.

Wenn dem Kind die Mutter selbst entzogen wird, findet der Verlust einen noch deutlicheren erlebnismäßigen Ausdruck im Trauma der Trennung. Das Kind verfällt dann in der Mutterentbehrung in Angst, Kummer und Trauer. In Analogie zum Trauma der Geburt wird durch das Vermissen der geliebten und ersehnten Mutterperson die Trennungsangst erzeugt. Die Angst entsteht in Situationen des Verlassenseins von der Mutter und kann als Gefühl des Alleingelassenseins verstanden werden, das seinen Ausdruck im dranghaften Suchen nach der Mutter findet. Ihre Funktion kann als Sicherungsvorrichtung angesehen werden, daß das Kind nicht allzulange von der Mutter getrennt bleibt.

Die Beobachtungen an Kindern und Rhesus-Äffchen sprechen sehr für *Bowlbys* Theorie von der Primärangst, wonach die Angst nicht aus anderen Gegebenheiten abgeleitet werden kann und als eine unmittelbare Antwort des Kindes auf den Bruch der Beziehungen zur Mutter angesehen werden muß. *Freud* meint, daß dabei die Frustrierung des Körperbedürfnisses nach Nahrung die Hauptrolle spielt. *Bowlby* dagegen sieht »Systeme instinktbedingten Verhaltens« am Werk, die engstens mit dem Körperkontakt zur Mutter in Verbindung stehen und die Muttertrennung nicht erst über den Nahrungsentzug wirksam werden lassen. Als »allgemeine Antwort auf Trennung« wird die Angst »durch die Abdrosselung eines Versuchs nach emotionalem (psychischem) Kontakt und Befriedigung« verursacht (*Benedek* nach *Bowlby* 1961, 433). Bald nach der Geburt findet die Angst einer Isolierung von der Mutter ihren Ausdruck im Schreien des Säuglings, später gibt es ein ängstliches Sich-Anklammern und das Der-Mutter-Nachfolgen. Wenn das Kind sich wieder in der vertrauten Nähe der Mutter befindet, verschwindet die Angst und das Kind fühlt sich wohl.

2. Das kontaktsuchende Kind (1. Halbjahr)

Deutlich sichtbar werden die Bindung des Kindes an die Mutter und seine Reaktion auf deren Verlust in dem Entwicklungsabschnitt, wenn sich der Säugling nach etwa sechs bis acht Wochen aktiv der Mutter zuzuwenden beginnt. Schon in den ersten Wochen schaut das Kind die Mutter während des Stillens unverwandt an, und eines Tages zeigt sich das erste Lächeln. Dieses Lächeln gilt als erste aktive Äußerung der kindlichen Liebe, die zuerst auf die vertraute Mutter gerichtet ist und erst später andere Familienangehörige einbezieht. Wenn mehrere Personen sich in der Pflege teilen, so bleibt das Lächeln leicht aus, weil das Kind keine stabilen Bekanntheitsgefühl entwickeln konnte. In der Folgezeit macht dem Kind nichts mehr Freude, als wenn ihm die Mutter oder später auch ein Fremder das Gesicht ganz zuwendet, es freundlich anlächelt, mit dem Kopfe nickt und mit ihm spricht. Schon die leiseste Abwendung, das Zeigen des Profils, läßt das Lächeln des Kindes erstarren. Aufmerksam lauscht es der Stimme der Mutter und bildet dabei im Lallen die Fundamente der Sprache aus.

Aus den Anfängen der auf sensorischen Kontakterlebnissen aufgebauten menschlichen Beziehung entsteht nun allmählich ein persönliches Gefühlsverhältnis, das zu einer klar identifizierten Mutterfigur geknüpft wird. Konnte das Lächeln vorher durch Gesichtsmasken herbeigeführt werden, so gelingt das in der Folgezeit immer weniger (*Spitz* 1967, 106 f.). Die Bindung zur Mutter wird von der Nahrungsaufnahme und ihren Hilfeleistungen immer weniger abhängig. Das Kind bringt neben dem, was es fühlt, nun allmählich auch das zum Ausdruck, was es wünscht. Es beginnt, die Mutter um ihrer selbst willen zu schätzen und folgt ihr mit den Augen, lächelt sie an, reagiert auf ihre Stimme und gibt zu erkennen, wann es ihr nahe sein möchte. Auf ihre Anregungen und ihr Lob ist es auch angewiesen, wenn es gegen Ende des ersten halben Jahres zu greifen beginnt, mit der Klapper spielt oder im Beisein der Mutter Papier zerreißen darf.

Die Mutter wird als »immer anwesender Kompagnon benötigt«, der das Bedürfnis nach Nähe und nach einer vielseitigen Beschäftigung mit Gegenständen befriedigen hilft. Daneben beginnt das Kind sich intensiv für andere kleine Kinder zu interessieren, von denen es keinen Blick wendet und an denen es sich nicht satt sehen kann.

Zwischen dem 3. und 6. Monat werden die Anzeichen dafür unverkennbar, daß das Kind die Mutter vermißt, wenn z. B. das Nähren und Trockenlegen von einer fremden Person besorgt werden. Auf längere Abwesenheit reagiert es dann mit Unlust, und die Trennung hat deutlich sichtbare Folgen von längerer Dauer, auch wenn das Kind ziemlich bald mit der Mutter wiedervereinigt wird. *Burlingham* und *Freud* berichten, daß die Kinder dann Mangel an Eßlust, unruhigen Schlaf und ein unfreundliches, abweisendes Benehmen zeigen. In ihren Beziehungen zu der Person, die an die Stelle der Mutter tritt, fallen sie durch ihre körperlichen Unpäßlichkeiten auf die Anfangsstadien des Mutterkontaktes zurück. Die Ersatzmütter müssen im Eingehen auf die Verlassenheitssymptome an die Befriedigung der Körperbedürfnisse im ersten Mutter-Kind-Kontakt anknüpfen. Mit der allmählichen Wiederherstellung guter persönlicher Beziehungen, etwa zu einer neuen stabilen Ersatzmutter, kehrt auch das körperliche und seelische Wohlbefinden zurück.

3. »Fremdeln« und »Acht-Monats-Angst« (2. Halbjahr)

Wesentlich größere Schwierigkeiten stehen einer Muttertrennung mit einem Wechsel in der Pflegeperson im Wege, wenn das Kind zwischen dem 6. und 8. Monat für das Auftreten fremder Personen in seiner gewohnten Umwelt besonders empfindlich wird. Es reagiert nicht mehr mit einem Lächeln, wenn ein Besucher an sein Bettchen tritt und unterscheidet deutlich zwischen bekannt und fremd, zwischen Freund und »möglichem Feind«. Es »fremdelt«, wie man dieses Verhalten auch genannt hat, indem es schüchtern den Blick senkt, die Hände vors Gesicht hält oder sich auf andere Weise versteckt, den Kontakt verweigert und sogar weint und schreit. *Spitz* sieht in diesem Verhalten die Angst am Werke und spricht von der Acht-Monats-Angst.

Offenbar reagiert das Kind hier darauf, daß das Gesicht des Fremden nicht mit dem Gesicht der Mutter übereinstimmt und es deshalb in seinem Bedürfnis nach der Mutter frustriert wird. Das Liebesobjekt Mutter wird jetzt auf besondere Weise unverwechselbar und durch persönliche Bindungen in Anspruch genommen. Das Kind ist zu Gedächtnisleistungen fähig und reagiert darauf, daß der Fremde nicht die Mutter ist. Es hat erfahren, daß die Muter unter Umständen nicht anwesend und erreichbar ist und sieht die Gefahr, von ihr verlassen zu werden. Diese Gefahr droht, wenn es allein ist, – etwa auch in der Dunkelheit – und wenn es an Stelle der vertrauten Mutter einen Fremden findet. Die Trennungsangst nimmt hier den Charakter einer Erwartungsangst vor der drohenden Gefahr des Verlassenwerdens an. Wird die Mutter wirklich vermißt, führt die Verlassenheitsangst zur Suche nach der Mutter und zu einem intensiven Drang, sich an sie anzuklammern und ihr nachzufolgen. Die Kinder erinnern lebhaft an die Rhesusäffchen, deren Zufluchtsort in allen Bedrohungen durch Fremdes, Neues und Erschreckendes die Nähe zur Mutter ist, die die Angst aufhebt und ein Gefühl der Sicherheit mit sich bringt.

Wenn dieser Entwicklungsabschnitt eingetreten ist, zweifelt auch der größte Skeptiker nicht mehr daran, daß eine Trennung von der Mutter vom Kleinkind als Katastrophe erlebt wird und daß das Kind nun regelrechte Trennungs- und Verlassenheitsangst haben kann. Vorher handelte es sich um zwar nachweisbare, aber mehr verborgene Wirkungen einer frühen Mutterentbehrung, die vielfach übersehen werden konnte. Jetzt treten grob sichtbare, ganz spezifische Antworten des Kindes auf die Mutterentbehrung auf, die während der Periode der Trennung von Beobachtern und Besuchern bemerkt werden können. Es zeigen sich die von *Bowlby* beschriebenen Reaktionen mit Phasen des Protestes, der Verzweiflung und schließlich der Gleichgültigkeit. Nach der Aufhebung der Trennung und Wiedervereinigung mit der Mutter verhält das Kind sich oft der Mutter gegenüber aggressiv, um sich dann gleichzeitig zäh anzuklammern und auf drohende erneute Trennungen sehr aufgebracht zu reagieren. Es hängt am Schürzenzipfel der Mutter und benimmt sich nicht anders als die Affenkinder, die sich nach dem Tren-

nungserlebnis auf die Mutter stürzen und nicht von ihr weg-
zuschlagen sind.

In der Zeit, in der das Kind normalerweise anfängt zu
krabbeln und auf Entdeckungsreisen zu gehen, kann es durch
eine allzu enge Mutterbindung infolge vorangegangener
Mutterentbehrungen daran gehindert werden, die für seine
Entwicklung notwendigen Erfahrungen zu machen. Man
sollte das Kind in dieser Zeit auch nicht immer in den Lauf-
stall setzen und schon gar nicht ins Bettchen abschieben, weil
es die meisten Anregungen im engeren oder weiteren Kontakt
mit der Mutter erhält. Sie muß immer erreichbar bleiben und
als Zufluchtsort zur Verfügung stehen, von dem aus das Kind
die Umwelt erobert. Ein wichtiger Schritt der Verselbständigung im 2. Lebenshalbjahr ist das Abstillen. Der Verlust der
Mutterbrust stellt die bisher aufgebauten Mutterbeziehungen
auf eine harte Probe und entscheidet mit darüber ob das
Kind mit dem Gefühl des Vertrauens oder Mißtrauens (*Erikson* 1961) ins Leben geht, ob es zu lieben lernt und sich der
Umwelt vertrauensvoll nähert.

4. Die Mutterbindung im 2. Lebensjahr

Mit dem 2. Lebensjahr kommen die Liebesbindungen zur
Mutter voll zur Entfaltung und machen die Wünsche und
Ansprüche des Kindes auf ein gemeinsames Leben schon normalerweise maßlos und beinahe unerfüllbar. Es klagt bitter,
wenn die Mutter sich nicht den ganzen Tag mit ihm beschäftigt und es gelegentlich für eine Stunde verläßt. Es möchte die
Mutter allein besitzen und mit niemandem teilen. Den Vater
und etwa neu ankommende Geschwister erlebt es dabei als
Rivalen und lernt in seiner ambivalenten Einstellung zum
Vater und in der Geschwistereifersucht Gefühlskonflikte kennen, die sich im späteren Leben auf ähnliche Weise wiederholen. In diesem Alter wird eine Trennung von der Mutter und
der Familie besonders schwer empfunden. Die Heimwehreak-
tion bei Aufenthalten von wenigen Tagen in fremder Umgebung
gehen über in die chronischen Reaktionen und die seelische
Verkümmerung bei wochen- und monatelangen Trennungen.

Aus einem Kriegs-Kinderheim in England berichten *Burlingham* und *Freud* (1942, 51):

»Das Kind fühlt sich plötzlich von allen ihm wichtigen Personen seiner Umwelt verlassen. Seine neu erworbene Liebesfähigkeit findet sich ohne die Objekte, auf die sie gerichtet war. Sein Verlangen nach Zärtlichkeit bleibt unbefriedigt, die Sehnsucht nach der Mutter steigert sich unter diesen Umständen ins Unerträgliche und erzeugt Ausbrüche von Verzweiflung, wie wir sie bei hungrigen Säuglingen sehen können, wenn die Mahlzeit auf sich warten läßt. Dieses gesteigerte Verlangen des verlassenen Kindes, sein psychischer Hunger überwiegt oft für Stunden oder Tage alle körperlichen Bedürfnisse. Die Mehrzahl sträubt sich gegen die sonst lustvollen Vornahmen der Körperpflege, gegen Trost und Zärtlichkeit von seiten fremder Ersatzpersonen. Die verlassenen Kinder klammern sich gewöhnlich an irgendeinen Gegenstand, manchmal ein Wort, das die Erinnerung der körperlichen Gegenwart der Mutter in ihrem Gedächtnis vertritt. Viele halten krampfhaft ein Spielzeug in der Hand, das die Mutter ihnen beim Abschied zugesteckt hat ... Manche wiederholen monoton unaufhörlich den Namen der Mutter ...

Versprechungen und eine Vertröstung auf eine künftige Wiedervereinigung mit der Mutter müssen wirkungslos bleiben, weil dem Kind noch keine Voraussicht auf Ereignisse in der Zukunft möglich ist. Die Versagung der stürmischen Bedürfnisse, die nach augenblicklicher Befriedigung drängen, führt dann zu den uns bekannten akuten und chronischen Verlassenheitssymptomen, dem teilnahmslosen In-sich-Versunkensein, dem depressiven Ausdruck, dem leeren Blick, der Abwehr und den Bewegungsstereotypien. Der Trennungsschock wirkt auch nach, wenn das Kind nach Ablauf einer Eingewöhnung wieder nach Hause zur Mutter zurückkommt. Viele Kinder erkennen die Mutter scheinbar nicht wieder. ›Die Mütter selbst sind sich klar darüber, daß diese rasche Entfremdung nichts mit einer Schwäche des kindlichen Erinnerungsvermögens selbst zu tun hat. Dasselbe Kind, das wie versteinert an der Mutter vorbeischaut, als hätte es sie nie vorher im Leben gesehen, erkennt Gegenstände aus der früheren Zeit mit Leichtigkeit wieder.‹«

Die Trennungserfahrungen der Kinder sind desto schmerzlicher, als sie zur Erhaltung guter Beziehungen zu den Eltern ihnen zuliebe Triebverzichte geleistet haben. Bei der Entwöhnung von der Brust, in der Reinlichkeitserziehung, der Beherrschung der gegen Rivalen oder kleinere Tiere gerichteten Aggressionen und den ersten Sexualbetätigungen am eigenen Körper bedienen sich die Eltern der Bindungen des Kindes an ihre Person, um die Erziehungsziele zu erreichen. Die Angst des Kindes, die Liebe der Eltern, besonders der Mutter, zu verlieren, schwingt dabei nur zu oft mit. Das »Bravsein« wird manchmal direkt durch die Drohung mit Liebesentzug, Verlassenwerden und Trennung erzwungen. »Wenn du nicht artig bist, will Mutti dich nicht mehr haben.« Besonders verhängnisvoll werden sich solche Drohungen auswirken, wenn das Kind nun tatsächlich einer Muttertrennung ausgesetzt werden muß. Es faßt sie dann als sicheres Zeichen dafür auf, daß die Mutter es nun nicht mehr liebt.

5. Soziale Gefühlskrisen im Kindergartenalter

Bei den Drei- bis Fünfjährigen fallen die geschilderten Reaktionen milder aus, wenn das Verständnis für die Gründe der Muttertrennung wächst und das Kind eher auf die Zukunft vertröstet werden kann. Gleichzeitig wird eine Trennung aber zu einer viel größeren Verwirrung führen, weil das Kind nun ins sogenannte Trotzalter eintritt und beginnt, im »Selbertunwollen« und in Identifizierungsprozessen mit den Eltern sein Ich aufzubauen. Die Kinder wachsen dabei schon in geschlechtsspezifische Rollen hinein, wenn der kleine Junge sich mit dem Vater identifiziert und ihn der Mutter gegenüber in seinen Annäherungen und im ritterlichen Verhalten nachahmt. Das Mädchen ahmt die Mutter nach, wenn sie mit ihren Puppen und Geschwistern umgeht, und möchte sich in ihrer Zuwendung zum Vater an die Stelle der Mutter setzen. Dabei muß das Kind in seinen ödipalen Liebestendenzen notwendig Enttäuschungen erleben und sich klein und ohnmächtig vorkommen. Eine Trennung von der Mutter und den Eltern verunsichert das Kind in dieser Entwicklung tiefgreifend und trägt leicht feindselige Elemente in die Eltern-Kind-Beziehung hinein.

Unter dieser Bedingung kommen offen Haßregungen zum Ausdruck, die das Kind in jeder normalen Erziehung den Eltern gegenüber entwickelt und für die es im Familienleben Abfuhrmöglichkeiten gibt. »Das Auf und Ab der kindlichen Liebes- und Haßäußerungen gehört zu den täglichen Ereignissen jeder Kinderstube. Vater und Mutter werden in einer Aufwallung von Ärger totgewünscht, im nächsten Augenblick ist das Kind beschwichtigt, und das alte zärtliche Verhältnis ist wieder hergestellt« (*Burlingham* und *Freud* 1942,

55). Anders, wenn sich nun eine Muttertrennung und eine Isolierung von der Familie ereignen:

»Von den Eltern getrennt, fühlt das Kind sich seinen feindlichen Wünschen gegen sie hilflos ausgeliefert. Vater und Mutter sind wirklich verschwunden, nicht anders als das Kind es sich oft in seiner Vorstellung ausgesponnen hat. Das Kind ist unsicher, wie viel seine eigenen bösen Wünsche zu diesem Ausgang beigetragen haben und fühlt sich durch ihr Wegbleiben bestraft. Unter dem Druck der Schuldgefühle steigert sich seine Liebesbindung an die Eltern ins Ungemessene. Die dadurch erzeugte intensive Sehnsucht ergibt den bei Kindern so häufigen Zustand von unerträglichem Heimweh« (*Burlingham* u. *Freud* 1942, 55).

Manchmal verstärken auch Erinnerungen an Missetaten das Schuldgefühl, so wenn ein dreieinhalbjähriger Junge, der erfuhr, daß seine Mutter wegen eines kranken Beins ins Spital mußte, sich plötzlich daran erinnerte, daß er einmal mit dem Fuß nach ihr getreten hatte, und Angst bekam, er könnte an ihrer Krankheit schuld sein.

Je enger das Kind durch Trennungs- und Erwartungsängste, durch übermäßige Liebes- und Zärtlichkeitsbedürfnisse oder durch Schuldgefühle und Haßregungen an die Mutter gebunden ist, desto schwerer fällt es ihm in der Folgezeit, in der Entwicklung zur Selbständigkeit Fortschritte zu machen. Es ist dann mit Ablösungskonflikten zu rechnen, wenn die Gesellschaft mit der Forderung an das Kind herantritt, im 4. oder 5. Lebensjahr in den Kindergarten zu gehen. Umgekehrt wird das Kind um so weniger ängstlich und um so sicherer sein, je mehr es die Gewißheit hat, daß seine Eltern es lieben. Es kann dann die Eltern ohne große Trennungsangst für eine Zeit weggehen lassen oder sich auch selbst entfernen. Es wird bei ihrer Abwesenheit nicht beunruhigt, weil es überzeugt ist, daß sie erreichbar bleiben oder zurückkehren werden.

Es kann keinen Zweifel darüber geben, daß zu jeder kindlichen Entwicklung schließlich die Loslösung von der Mutter gehört, eine Mutter-Kind-Trennung und eine Verselbständigung. Das Kind erlebt dabei den Gegensatz »von Verselbständigungsstreben und Geborgenheitsbedürfnis« (*Lückert* 1957, 452). Stufenweise muß das Kind sich von der Mutter und den Eltern lösen, um dann auf höherer Ebene neu zu ihnen zu finden und sich auf andere Weise mit ihnen zu identifizieren. Schwieriger dagegen scheint die Klärung der Frage zu sein, wie die Unabhängigkeit von der Mutter zustande kommt, welche Faktoren dabei ausschlaggebend sind und in welcher Weise sie gefördert werden kann.

Gegen die Auffassung, die Mutterentbehrung als Ursache für eine Fehlentwicklung in Richtung auf eine verlängerte Abhängigkeit von der Mutter verantwortlich zu machen, sind erstens konstitutionelle Faktoren und zweitens – an Stelle der Mutterentbehrung – als ein anderer Milieufaktor ein Zuviel an mütterlicher Liebe ins Feld geführt worden. Die Kontroverse Anlage-Milieu wurde an anderer Stelle ausführlicher erörtert (vgl. V, 4 und 8). Sicherlich spielen extrem sensible Gefühlsdispositionen in der Verletzlichkeit eines Kindes für Mutterentbehrungen und Trennungsängste eine Rolle, und insofern kann eine übertriebene Ängstlichkeit vor Trennungen schon früh eine Disposition für neurotische Störungen verraten.

Was das Zuviel mütterlicher Zuwendung angeht, ist die Bemerkung *Freuds* interessant, der zunächst die Mutter lobt, »die ihr Kind streichelt, wiegt und küßt und es dabei lieben lehre«. Dann aber warnt er: »... ein Zuviel von elterlicher Zärtlichkeit wird freilich schädlich werden, indem es die sexuelle Reifung beschleunigt, auch dadurch, daß es das Kind ›verwöhnt‹, im späteren Leben auf Liebe zeitweilig zu verzichten oder sich mit einem geringeren Maß davon zu begnügen« (zitiert nach *Bowlby* 1961, 456). Mit Recht macht *Bowlby* darauf aufmerksam, daß dann, wenn das Kind übermäßig abhängig wird und einen Liebesverlust befürchtet, im Regelfall nicht ein wirkliches Übermaß an Liebe im Spiel ist, sondern eher eine hinter dem Zuviel an Zärtlichkeit verborgene unbewußte Feindseligkeit und Zurückweisung des Kindes oder versteckte Drohungen mit Liebesverlust. Deshalb scheinen die »Kinder, die ein großes Maß echter Liebe erhalten haben, diejenigen zu sein, die im späteren Leben ein höchstes Maß an Sicherheitsgefühl haben«.

Damit soll die Gefahr der Verwöhnung durchaus nicht in Abrede gestellt werden. Sie macht unfähig, die entwicklungsnotwendige Ablösung zu leisten. Die Mutter kann durch altersunangemessene infantile Tendenzen in der Erziehung und durch Überbesorgtheit die Abhängigkeit des Kindes verlängern und übertriebene Verlassenheitsängste kultivieren. Zur Verwirklichung der Entwicklungsaufgaben, die eine höhere Sozialfähigkeit mit sich bringen, gehören deshalb durchaus entwicklungsförderliche Versagungsreize. Wenn das Kind alt genug ist und etwa in den ersten zweieinhalb Jahren ein ungestörtes Verhältnis zur Mutter entwickelt hat, wird man ihm normalerweise zumuten können, auch einmal kurze Trennungen von der Mutter durchzustehen. Abgesehen von den allerersten Wochen überfordert eine längere Trennung vor dem Ende des 1. Lebensjahres das Kind aber ganz sicher. Die Fähigkeit und Bereitschaft, eine Ersatzperson als Mutter anzunehmen, wächst erst merklich vom Ende des 3. Lebensjahres an. Im 4. und 5. Jahr sollte die Mutter ohne Schaden für Tage und einige Wochen entbehrt werden können.

Je nach der Reifestufe des Kindes wird bei Drei- bis Fünfjährigen der Besuch des Kindergartens die erwünschte Unabhängigkeit von der Mutter fördern und zu neuen sozialen Erfahrungen und vermehrter Selbständigkeit führen. Das Kind entwickelt ja vom Trotzalter an regelrecht Bedürfnisse, soziale Beziehungen zu Altersgenossen auch in Abwesenheit der Mutter zu unterhalten. Es hat Freude an Tätigkeiten, die Anerkennung bei anderen finden.

Bei ängstlichen Kindern jedoch, die sich an die Mutter anklammern und sich weigern, sie von sich zu lassen, um sich in die Obhut der Kindergärtnerin zu begeben, sollte man zunächst einmal Verständnis für die Reaktionen des Kindes haben. Man wird dann versuchen, seine Toleranz für Mutterentbehrungen behutsam zu steigern. Anfänglichen Mißerfolgen sollten Kindergärtnerin und Mutter geduldig begegnen, bis das Kind vielleicht den Kindergarten in seiner Anziehungskraft durch den Kontakt zu Geschwistern oder bekannten Kindern der Nachbarschaft von sich aus anstrebt.

Erfahrene Kindergärtnerinnen haben ein feines Gefühl dafür, wieweit die Belastungsfähigkeit des Kindes reicht, seine Ängste ohne Schaden einfach zu überspielen und durch positive Erlebnisse in der Gruppe der Altersgefährten auszuschalten. Ähnlich wie die Rhesuskinder, die von ihren Müttern zur Aufnahme von Gefährtenkontakten weggeschickt werden, brauchen Menschenkinder optimale Versagungsreize in den Mutterbeziehungen, um die nötige Hinwendung zu den Altersgenossen zu erreichen. Findet das Kind sich dann, »weil es schon groß ist«, mit der zeitweiligen Unabhängigkeit von der Mutter ab, so bedeutet das regelmäßig eine erhebliche Ichstärkung und bringt es auf dem Wege zur Verselbständigung ein gutes Stück weiter.

6. Die Verselbständigung beim Schuleintritt

Wenn die Eltern das Kind dem Kindergarten nicht zuführen, kann es vorkommen, daß ihm noch beim Eintritt in die Schule eine zeitweilige Abwesenheit der Mutter unerträglich ist. Das fällt erschwerend ins Gewicht, weil die Lernveranstaltungen der Schule eine Umstellung in den gefühlsmäßigen Beziehungen von der persönlichen Mutterliebe auf die völlig anders geartete, mehr sachlich ausgerichtete Begegnung mit den Berufserziehern verlangen. Bei manchen Kindern ist schon von daher gesehen beim Schuleintritt mit einer Krise im Gefühls- und Sozialleben zu rechnen. Dazu werden die Prozesse der sozialen Anpassung an die Altersgenossen jetzt unausweichlich und ihr Gelingen entscheidet mit über den Erfolg der Schullaufbahn.

Die erzieherischen Bemühungen der Schule um die Verselbständigung des Kindes sind auf den Abbau der ausschließlich auf die Mutter gerichteten Bindungen abgestellt. Dabei darf nicht übersehen werden, daß die Abhängigkeit des Kindes und die Trennungsangst durchaus normale Phänomene sind. Da sie die spätere »Grundlage für eine stabile Unabhängigkeit« bilden, sind sie als »Zeichen einer gesunden Persönlichkeit« zu betrachten. »Ein gewisses Maß an Verlassenheitsangst (ist) das unvermeidliche Gegenstück einer liebevollen Beziehung« (*Bowlby* 1961, 461).

Mehr noch als ein Übermaß an Trennungsangst und Abhängigkeit von der Mutter ist deshalb ihr Fehlen ein Beweis für mangelnde oder fehlgeleitete Mutterliebe. Bei den Opfern der frühen und massiven Mutterentbehrung sind durch ihre frühe Enttäuschung die Gefühlsbeziehungen verkümmert, und selbst die Angst ist stumm geworden oder äußert sich nur wenig. Unfähig zu Trennungsschmerz und

Trauer sind die Kinder in der Gleichgültigkeitsphase und Depression steckengeblieben. Da sie nie eine dauernde Liebesbeziehung erfahren haben oder weil eine bestehende Beziehung früh und gewaltsam unterbrochen wurde, sind sie ihrerseits unfähig, Gefühlsbeziehungen herzustellen.

Auch wenn sie den Eindruck ungewöhnlich betonter Unabhängigkeit machen, erkennt man bei näherem Zusehen, »daß deren Ursprung erstarrte Liebe ist und daß die zur Schau gestellte Unabhängigkeit hohl ist«. Der Vergleich mit dem Tierexperiment zeigt, daß auf diesem Wege Störungen mit Symptomen entstehen, die wir in der Humanpsychologie für anlagebedingt halten und etwa als »gemütlose Psychopathie« bezeichnen. Die isolierten Rhesuskinder waren als gefühlsmäßige Krüppel im Erwachsenenalter keiner Geschlechtspartnerschaft und keiner mütterlichen Gefühle fähig und behandelten die schwächeren Tiere grausam. Damit vergleichbar sind die Schwierigkeiten, in die Menschenkinder nach Mutterentbehrung in der weiteren Entwicklung geraten können. Im einzelnen wissen wir aber über den Einfluß der Mutterentbehrung auf die weitere Entwicklung bei Menschenkindern noch sehr wenig. Die Suchrichtung der weiteren Forschung sei mit folgendem Zitat angedeutet:

»Das Elend dieser Kinder wird in die Trostlosigkeit der sozialen Beziehungen der Heranwachsenden umgesetzt. Da ihnen die affektive Nahrung vorenthalten wurde, auf die sie Anspruch hatten, ist ihr einziges Hilfsmittel die Gewalt. Der einzige Weg, der ihnen noch offensteht, ist die Zerstörung einer Gesellschaftsordnung, deren Opfer sie sind. Das Kind wurde um die Liebe betrogen, dem Erwachsenen bleibt nur Haß« (*Spitz* 1967, 311).

X. Vorbeugende Maßnahmen einer Psychohygiene der frühen Kindheit

Viele Zusammenhänge in der frühkindlichen Gefühlsentwicklung sind uns gewiß noch Rätsel und bedürfen einer intensiven weiteren Forschung. Die bisherigen Befunde liefern aber bereits so klare Beweise für die Bedeutung des Faktors Mutterentbehrung, daß wir aufgefordert sind, daraus praktische Konsequenzen zu ziehen.

Nach dem entwicklungspsychologischen Überblick ist es selbstverständlich, daß die folgenden Ausführungen sich nicht gegen die schließliche und entwicklungsnotwendige Ablösung des Kindes von der Mutter richten. Es soll auch nichts dagegen gesagt sein, daß in den Fällen von konfliktgeladenen Mutter-Kind-Beziehungen aus therapeutischen Gründen einmal eine Trennung von der Mutter angezeigt sein kann (*Howell* 1963). Abgesehen von solchen Indikationen zur Abwendung größerer Übel ist aber der Akzent auf eine strikte Vermeidung von frühen Mutterentbehrungen zu legen.

Die vorliegenden Ergebnisse können zunächst dem besseren Verständnis von Kindern dienen, die in der Erziehung Schwierigkeiten machen, als deren Hintergrund früh erlittene Mutterentbehrungen in Betracht gezogen werden müssen. Deshalb ist die Kenntnis der Zusammenhänge für Eltern, für Berufserzieher, Erziehungsberater und Ärzte in Kindergärten, Schulanfängerklassen, Beratungsstellen und der ärztlichen Praxis unerläßlich. Aus der Erhellung der Nöte ergeben sich dann meist auch Gesichtspunkte für den Ansatz wirksamer Hilfen für das Kind. Es zeigt sich, daß trotz der schweren Hypothek einer frühen Isolierung von der Mutter machmal auch in späteren Jahren noch viel getan werden kann, eine Fehlentwicklung zum Stillstand zu bringen. Hier können vor allem auch die Erziehungsberatungsstellen wirksame Hilfe leisten. Im Teamwork von Menschen verschiedener Berufe, von Psychologen, Ärzten, Psychotherapeuten, Pädagogen und Sozialarbeitern, wird nach geeigneten Wegen gesucht, die Kinder zur besseren sozialen Anpassung zu führen und die bedrängten Erzieher in ihren Schwierigkeiten zu beraten.

Was die Behebung der Intelligenz- und Entwicklungsschäden bei den durch Mutterentbehrung kulturell vernachlässigten Kindern angeht, verdienen die neueren Bestrebungen um eine vorschulische »basale Bildungsförderung« mit Sprachtrainings- und Frühleseprogrammen in Kindergärten besondere Beachtung (*H.-R. Lückert, Hoffmann* u. a. 1967).

Die täglichen Erfahrungen in der pädagogischen, psychologischen und ärztlichen Praxis lehren jedoch, daß viel wichtiger als nachträgliche Behandlungen vorbeugende Maßnahmen sind. Mehr als das bisher geschehen ist, muß das Übel an der Wurzel angegangen werden, damit die schädlichen Auswirkungen einer Mutterentbehrung erst gar nicht zum Zuge kommen können. Sie sollten, wo und wann immer möglich, von Anfang an vermieden werden. Entsprechenden Überlegungen zur Neurosenprophylaxe und zur Förderung der seelischen Gesundheit unserer Kinder gelten die folgenden Ausführungen.

1. Zur Säuglingspflege und frühesten Erziehung

Was aus den empirischen Untersuchungen und den entwicklungspsychologischen Erörterungen zunächst einmal nahegelegt wird, ist eine Verbesserung der Früherziehung des Menschen in Richtung auf eine stabile gefühlsmäßige Zuwendung. Es wird noch zu oft übersehen, daß die Nestwärme der frühen Kindheit für die Intelligenzentwicklung und Charakterprägung von entscheidender Bedeutung ist. Unzureichende Beziehungen der Mutter zu ihrem Kind können zu schweren, über Jahrzehnte dauernden seelischen Störungen führen. Zur Verhütung solcher Schäden müssen wir ein erhöhtes Verständnis für die gefühlsmäßigen Bedürfnisse des Kindes entwickeln und unser Verhalten davon leiten lassen. Es geht im Grunde um eine Humanisierung des Verhältnisses der Eltern und der Erzieher zum Kind. Dabei müßte das bekannte Gebot an die Kinder »Ehret Vater und Mutter . . .« auch einmal in umgekehrter Richtung gesehen werden: »Ehret eure Kinder . . .«

Die Beobachtungen zeigen nur zu deutlich, was die Kinder in der ersten Zeit ihres Lebens am nötigsten haben. Es ist die Liebe und Zuneigung der Mutter, ihre Gegenwart, wann immer das Kind sie braucht. Sie verleiht dem Kind nach der Geburt außerhalb des Mutterleibes die Geborgenheit, ohne die es nicht leben kann. Mutter und Kind gehören auch nach der Geburt biologisch auf Gedeih und Verderb eng zusammen. Als »physiologische Frühgeburt« bedarf das Menschenkind eines Ersatzes für den natürlichen leiblichen Mutterschoß, den es im »sozialen Mutterschoß« der Familie und der Mutter-Kind-Symbiose der ersten Zeit findet. Das intime Kontaktgeschehen zwischen Mutter und Kind ist das erste und tiefste Erlebnis des Säuglings, das mindestens so wichtig ist wie die körperliche Ernährung. Sehr anschaulich sagt *Bowlby* (1952, 158), daß die Mutterliebe in der frühen Kindheit so unerläßlich für die seelische Gesundheit ist, wie Vitamine und Eiweiß für die körperliche Gesundheit. Je mehr schützende Geborgenheit, zärtliche Liebe und ermutigende Anregungen ein Kind erhält, desto gesunder kann es an Leib und Seele heranwachsen und desto glücklicher und intelligenter wird es.

Die innige Mutter-Kind-Beziehung kann von Anfang an nur durch eine stabile Mutterfigur erhalten werden, wobei es gleich ist, ob es sich um die leibliche Mutter oder eine mütterliche Person in Gestalt einer Stiefmutter, Pflegemutter oder Säuglingsschwester handelt. Entscheidend ist, daß sie ständig für das Kind da ist, sich ihm voll und ganz widmet und ihm möglichst lange erhalten bleibt. Dabei erfordert die mütterliche Pflege und Fürsorge für ein Kind nicht nur die ganze Liebe, sondern auch die Zeit einer Frau, weil die Mutterliebe für einen Säugling nur schwer teilbar ist. Schon Zwillinge gehen beinahe über die Kraft einer einzelnen Mutter, Drillinge kann sie einfach allein nicht mehr versorgen. Rechnet man für das tägliche fünfmalige Füttern, Säubern, Wickeln und Auf-den-Arm-Nehmen jedesmal mindestens fünfundvierzig Minuten und nimmt das Bad hinzu, so sind das fünf bis sechs Stunden am Tag für ein Kind im Anfang seiner Entwicklung. In der übrigen Zeit muß der Säugling schlafen.

Wir nehmen noch immer viel zu sehr an, das Notwendige getan zu haben, wenn wir die Nahrungs- und Pflegebedürfnisse eines Kindes erfüllt sehen. Demgegenüber sind in den Untersuchungen zur Mutterentbehrung die körperlichen Kontakt- und Berührungsbedürfnisse des Kindes entdeckt worden. Die Bedeutung dieser Seite der kindlichen Pflege und Erziehung übersehen leicht jene Frauen, denen körperliche Kontakte schwer fallen, weil sie vielleicht selbst als Säugling darin zu kurz gekommen sind. Das Stillen ist weit mehr als eine bloße Befriedigung von Hunger und Durst, sondern vermittelt dem Kind die Erfahrung der Geborgenheit bei der Mutter, die den Ausgangspunkt seiner weiteren Entwicklung bildet. Während es in der Ernährung leicht ein Zuviel oder Zuwenig geben kann und es bei einer übertriebenen Ängstlichkeit der Mutter und einer entsprechenden Disposition sogar zu Ernährungsstörungen und Erbrechen des Kindes kommen kann, besteht im Körperkontakt nur die Gefahr eines Zuwenig an Zuwendung. Bezeichnenderweise gehören zu den bekannten Pflegeschäden unter gewissen Voraussetzungen auch Hautekzeme des Kindes (vgl. V, 4).

Was den Körperkontakt und die hautnahe Wärme der Mutter angeht, gibt es besonders im 1. halben Jahr kaum die Gefahr, ein Kind zu verwöhnen. In dieser Zeit ist die Berührung mit der Mutter vielmehr der einzige Zugang zur Welt. Im zärtlichen Vertrauen zu ihr entsteht das Urvertrauen *(Erikson)* in das Leben überhaupt. Während die Sinnesorgane noch wenig arbeiten, ist die Empfindlichkeit der Haut und Mund-Schleimhäute für Berührungs-, Druck- und Temperaturreize schon sehr fein ausgeprägt. In Verbindung mit der Nahrungsaufnahme führt die warme, weiche Mutterbrust und zum Ersatz sogar ein Schnuller dazu, das Kind zu »stillen«. Man sollte auch das Schreien des Säuglings nicht ausschließlich als Ausdruck von Hungergefühlen deuten. So oft vermag das Hin- und Herwiegen, das Umhertragen auf dem Arm, jedes zärtliche Streicheln und Drücken das Kind beruhigen. Die leibliche Nähe der Mutter befriedigt seine Kontaktbedürfnisse und gibt ihm anscheinend das Gefühl der Geborgenheit. In den alten Kinderwiegen, die leider aus der Mode geraten sind, wird ein indirekter Kontakt zur wiegenden Mutter durch die Schaukelbewegungen noch bis in den Schlaf hinein aufrechterhalten.

In einem Fernsehbericht über das Gesundheitswesen in der Sowjetunion war kürzlich zu sehen, daß dort ein genau vorgeschriebenes Trainingsprogramm entwickelt worden ist, in welcher Weise die Mütter bei ihren Säuglingen täglich eine

Reihe von Berührungskontakten und Massagen durchzuführen haben. Das Programm wird, wenn die Mütter weiter ihrer Berufstätigkeit nachgehen, in Heimen von Pflegerinnen fortgeführt und soll die Mutterbeziehungen ersetzen. Man mag über diese Reglementierung des Mutter-Kind-Verhältnisses zunächst erschrocken sein, wird aber bald erkennen, daß diese Regelung besser ist als das Fehlen von Körperkontakten überhaupt. Darüber hinaus wird hier für solche Mütter, die in der Herstellung von Körperkontakten mit ihren Säuglingen ängstlich und ungeschickt sind, eine wertvolle Hilfe gegeben, über die sich andere spontane Zuwendungsformen entwickeln können.

Mit Recht moniert *Margret Mead* (1955), daß in unserer westlichen Gesellschaft der Körperkontakt zwischen Mutter und Kind aus einem falschen Hygienebedürfnis heraus schon früh unterbunden wird. Das gleich nach der Geburt in Tücher gehüllte Kind lernt als »erste Lektion«, »daß Kleider zwischen seinen Körper und den benachbarten treten«. Beim Trinken drückt man es gegen den voll bekleideten Körper der Mutter, deren sorgfältig sterilisierte Brustwarzen gerade die nötigen Zoll weit freigelegt worden sind. Aus den Untersuchungen zu den Pflegebedingungen in verschiedenen Säuglingsheimen wissen wir, daß wichtiger als die körperliche hier die seelische Hygiene ist, den Kindern neben der Nahrungsaufnahme zu den notwendigen Kontaktbefriedigungen zu verhelfen. In der Form des Flaschenhalters in manchen Heimen ist für unsere Kinder die unzulängliche Mutterattrappe der Rhesusaffen praktisch schon zur Wirklichkeit geworden.

Gar nicht überschätzt werden kann die Bedeutung der richtigen mütterlichen Zuwendung für die geistige und seelische Entwicklung des Kindes, worauf z. B. *Robertson* (1964, 289) wie folgt hingewiesen hat: »Ein sehr kleines Kind reagiert mit Bewegungen der Augen, wenn die Mutter mit ihm spricht. Sie hilft ihm, seinen Blick zu richten, indem sie ihr Gesicht in sein Blickfeld bringt, wenn sie mit ihm spricht oder singt. Sie stützt das hängende Köpfchen, bis das Kind es selbst halten kann. Sie gibt ihm ihre Finger zum Spielen, bis es mit seinen eigenen Händchen und Fingern spielen kann.« So macht das Kind unter Mitwirkung der Mutter Fortschritte und ihre Ermutigungen und Unterstützungen führen spielend leicht zum Erwerb neuer Fähigkeiten. Mütter, die »so vertraut mit ihren Kindern leben,... haben lebhafte, aktive, kommunikative und ausdrucksfähige Kinder bekommen, die empfänglich und bereit für neue Eindrücke waren. Eine richtige mütterliche Betreuung ... fördert die Entwicklung eines starken Ichs zur Bewältigung von Konflikten«. Muß das Kind bei frühen Mutterentbehrungen ohne diese Basis heranwachsen, so ist der Fehlentwicklung Tür und Tor geöffnet.

Zur Vorbeugung solcher Schäden ist eine umfassende Aufklärung aller Mütter und Eltern über die psychologischen Zusammenhänge der Mutter-Kind-Beziehungen und die sich daraus ergebenden pflegerischen und pädagogischen Erfordernisse in den ersten Lebensjahren notwendig. Aus den Untersuchungen an den Affenkindern wissen wir, daß Mütterlichkeit nicht angeboren ist und instinktiv und automatisch bei der Geburt eines Kindes erwacht. Mutterliebe muß vielmehr erlernt werden und entfaltet sich in den Prozessen des Stillens und der körperlichen Kontaktnahme. Wertvolle Hilfen für die Mütter und die Arbeit in Mütterschulen bieten hier die Peter-Pelikan-Briefe des Münchner Jugendamtes, die in manchen Städten die Mütterberatung auch über Briefkontakte mit der ausgebenden Stelle belebt haben.

2. Angemessenes Alleinsein des Kindes und Babysitter

Die Wahrung einer gesunden Mutter-Kind-Beziehung darf nicht zu dem Mißverständnis verleiten, daß peinlich jede auch nur kurzzeitige und vorübergehende Trennung des Kindes von der Mutter vermieden werden müßte. Der Kontakt zwischen Mutter und Kind bleibt von vornherein im wesentlichen auf die Stillzeit und das Saubermachen beschränkt, wofür die Mutter sich allerdings Zeit lassen muß. Danach braucht das Kind jedoch unbedingt seine Ruhe und wird in seinem Bettchen allein gelassen. Wenn der Pflegekontakt ausreichend war, gibt der Säugling sich damit auch durchaus zufrieden.

Andererseits wird es vorkommen, daß das Kind beim Weglegen kurze Zeit heftig schreit. Meistens findet es sich aber auch ohne besondere Zuwendung mit dem vorübergehenden Alleinsein schon bald ab. Es lernt, allein zu sein, allein zu spielen und sich allein zu beschäftigen. Die Mutter findet auch bald heraus, aus welchem Grund das Kind schreit und beginnt, nur bei wirklichem Unbehagen zu helfen. Reagiert die Mutter allzu bereitwillig auf kleinste Äußerungen von Unlust und Langeweile, so würde der Säugling bald erkennen, daß er mit seinem Geschrei ein unweigerliches Machtmittel besitzt, die Mutter herbeizuzaubern. Sehr leicht kann dabei ein kleiner Tyrann erzogen werden, der seine Umgebung zwingt, sich ständig mit ihm zu beschäftigen.

Wenn das Kind größer wird und eine enge Bindung an die Mutter erkennen läßt, sollte man es bewußt daran gewöhnen, daß es für kurze Zeit allein sein muß. Soweit sein Verständnis reicht, sollte man ihm klarzumachen versuchen, daß die Mutter bald zurück ist. Anfangs wird die Zeit der Trennung nur kurz sein, damit das Kind erlebt, daß das Alleinsein gar nicht so schlimm ist und die Mutter bald wiederkommt. Wenn die Mutter zu einer längeren Besorgung aus dem Haus geht und das Kind allein lassen muß, ist schon aus Gründen der Aufsichtspflicht und des Unfallschutzes daran zu denken, das Kind zu ihm bekannten Nachbarn zu geben.

Besondere Vorkehrungen sind zu treffen, wenn die Eltern ihr Kind abends allein lassen wollen. Würde das Kind nachts in der Dunkelheit aufwachen und nicht darauf vorbereitet sein, daß die Eltern nicht in der Wohnung sind, so würde es von Einsamkeitsängsten überfallen und befürchten, verlassen worden zu sein. Um das zu vermeiden, transportieren z. B. viele Eltern, die die Bedürfnisse des Kindes mit ihrem Recht auf ein Eigenleben miteinander zu verbinden wissen, ihren Säugling bis zum Alter von acht Monaten in Tragetaschen mit zu einer Party und stellen ihn in einem ruhigen Raum ab. Bei älteren Kindern geht das nicht, es bleibt nichts anderes übrig, als sie in geeigneter Weise mit dem Ausgehen der Eltern vertraut zu machen. Manche Eltern lassen sich z. B. ausdrücklich von ihren Kindern die Erlaubnis geben, auszugehen und machen damit gute Erfahrungen. Andere beteiligen die Kinder an den Vorbereitungen und stellen sie so auf das Geschehen positiv ein. Es fällt den Kindern dann leichter, ihre

Angst zu überwinden, wenn sie beim Aufwachen nachts auf ihre Eltern etwas warten müssen.

Am besten ist es natürlich in solchen Fällen, einen Babysitter zu gewinnen, der für das Kind da ist und es gegebenenfalls tröstet, bis die Eltern zurück sind. Unerläßlich ist der Babysitter, wenn das Kind sich vor dem Alleinsein fürchtet und nicht für das Ausgehen der Eltern gewonnen werden kann. In den USA ist die Bestellung eines Babysitters sogar gesetzlich vorgeschrieben, wenn die Eltern abends ausgehen.

Selbstverständlich sollte der die Eltern vertretende Babysitter dem Kind bekannt sein. Im 13. Peter-Pelikan-Brief ist sehr instruktiv geschildert, wie man ein Kind darauf vorbereiten kann, daß ein Babysitter es sogar zu Bett bringt. Die Vertretung muß dann den Ablauf genau kennenlernen und von der Mutter eingewiesen werden: »Die Oma sagt dann z. B. einmal: ›Heut bring ich unser Kind zu Bett‹. Das Kind schaut die Mutter fragend an. Sie sagt: ›Wir wollen doch mal sehen, ob das die Oma überhaupt richtig kann. Da bin ich selber neugierig‹. Und nun ist das Kind einverstanden. Die Mutter guckt zu, sagt ›unsere Oma hat alles richtig gemacht‹ und geht aus dem Zimmer. Die Oma summt dann noch ein Schlafliedchen und geht als letzte aus der Tür.« »Jedenfalls sollte man nicht einfach sagen: ›Daran müssen sich kleine Kinder gewöhnen‹ und weggehen, ganz gleich, ob ein Kind weint und sich fürchtet oder sofort einschläft.«

3. Entbindungsstationen und »Rooming-in«-Projekt

Unter dem Gesichtspunkt der engen Gefühlsgemeinschaft zwischen Mutter und Kind hat der Pädiater *Hofmeister* schon 1954 seine Bedenken gegen die Praxis in den Entbindungsstationen unserer Krankenhäuser geäußert. Da heute in Großstädten die Hausentbindung sehr selten wird und über 90 Prozent aller Kinder in Kliniken geboren werden, ist es nicht belanglos, daß die Klinikentbindung und der Aufenthalt in einer Entbindungsstation auf eine massive frühe Mutter-Kind-Trennung hinauslaufen. Unter diesem Gesichtspunkt sei kurz auf die Neugeborenenfürsorge eingegangen, die in der Bundesrepublik unter einer doppelt so hohen Säuglingssterblichkeit leidet wie z. B. in Schweden, selbstverständlich ohne daß dafür Mutterentbehrungen verantwortlich zu machen sind.

Unmittelbar nach der Geburt wird das Kind der Mutter weggenommen, und man zeigt es ihr manchmal erst Stunden nach der glücklich verlaufenen Entbindung für kurze Zeit. Während der nächsten zehn Tage verschwindet das Kind in dem Ablageraum eines Säuglingssaales, der den Vater und auch die Mutter von jeder Kontaktnahme fernhält und dessen Glaswand höchstens einen Blick auf das Kind gestattet. Hier wird der Säugling von fremden Pflegerinnen unter den Bedingungen der Massenpflege versorgt und der Mutter zu festgesetzten Zeiten nur kurzfristig zum Stillen gebracht. Wenn die Brustnahrung früh aufgegeben wird, beziehen sich bald alle Eindrücke des Kindes nicht mehr auf Menschen, sondern auf Dinge, z. B. die Kleidung und den Sauger. Es liegen hier alle Bedingungen vor, die Mutter-Kind-Trennung und die emotionale Isolierung um die Komponenten der sozialen und sensorischen Isolierung zu verschärfen.

Damit sollen keineswegs die Motive für dieses Vorgehen in der Klinik kritisiert und die z. B. im Kampf gegen die Säuglingssterblichkeit errungenen Erfolge geleugnet werden. Es ist aber zu fragen, ob nicht inzwischen unter den erheblich verbesserten Verhältnissen die psychischen Schädigungsmöglichkeiten auf diesem Gebiet mindestens so groß sind wie die körperlichen Gefahren.

Hofmeier glaubt, daß mit der heutigen Praxis nicht nur das Kind geschädigt wird, das die von der Mutter ausstrahlende Wärme brauche, sondern umgekehrt auch die Mutter, die lernen müsse, mit dem Kind umzugehen, damit sie nicht ohne Erfahrungen aus der Klinik in die Wohnung heimkehre und die Aufgabe der Säuglingspflege als bedrohlich erlebe, wenn sie zum erstenmal mit ihrem Kind allein ist. Er forderte schon 1944 eine »Reform der Wochenstuben«, die die Amerikanerin *Edith Jackson* – unabhängig davon – zwei Jahre später durch ihr »Rooming-in Projekt« in die Tat umsetzte. Sie befreite die Neugeborenen aus ihren »hygienischen Abstellkammern« und dem »Fließbandbetrieb« der Entbindungsstationen. Sie brachte die Kinder dorthin, wo sie hingehören: neben die Mutter, mit der sie von Anfang an in einem Raum zusammenbleiben und die dadurch an der Pflege und Versorgung der Säuglinge beteiligt werden kann. Von früh an wird auch der Vater mit regelmäßigen Besuchen in die Familie einbezogen und nicht mehr als eine »Gefahr im Entbindungsheim« angesehen.

Der Säugling ist hier davor behütet, sich an den Pflegerinnenwechsel zu gewöhnen oder zu eng an eine Pflegerin zu binden, mit der er häufiger und intensiveren Kontakt hat als mit der Mutter, so daß er gerade unter »günstigen« Pflegebedingungen das Ende des Klinikaufenthaltes als eine erste Trennung von einer Pflegemutter erleben muß. Die Mutter braucht nicht mehr ängstlich zu fragen, ob ihr eigenes Kind im benachbarten Saal unter den schreienden Säuglingen ist, die zu versorgen sind. Das Kind wird aufmerksam gepflegt, weniger frustriert, und sein Anrecht auf Liebe, das es neben dem Anrecht auf Nahrung und Pflege hat, kann besser berücksichtigt werden. Da die Mütter im Rooming-in nicht sofort gezwungen sind, das Kind zu versorgen, können sie der erfahrenen Kinderschwester bei der Pflege zusehen und haben dann bald den Wunsch, die Arbeit selber zu übernehmen. So können Mutter und Kind Vertrauen zueinander gewinnen, und es werden Angsterlebnisse vermieden, die eine Mutter sonst überfallen, wenn sie nach dem Klinikaufenthalt unvorbereitet allein mit ihrem Kind fertig werden muß.

Obschon inzwischen aus den USA positive Erfahrungen vorliegen (*Biermann* 1967) und von dem guten Gedeihen der Rooming-in-Säuglinge berichtet wird, ist dieses Projekt in Deutschland anscheinend erst in einer Klinik verwirklicht worden, an der Universitäts-Frauen-Klinik in Würzburg unter *Cretius*. Die oft als Einwand vorgebrachten Befürchtungen einer vermehrten Infektionsgefährdung der Säuglinge bewahrheitete sich in keinem Fall, es fiel im Gegenteil eine geringere Infektanfälligkeit auf (*Harmsen* 1965, *Biermann* 1967). Die überwiegende Zahl der Mütter und Väter befürwortete die hier gebotene Möglichkeit einer frühen Kontaktnahme mit den Kindern. Bewährt hat sich auch eine Lösung, die als »Half-rooming-in« bezeichnet wird, »bei der die Kinder des nachts im gemeinsamen Säuglingszimmer untergebracht sind, um den noch geschwächten Müttern eine ungestörte Nachtruhe zu geben« (*Biermann* 1967). Ferner wird auf die Bedeutung der Freiwilligkeit aufmerksam gemacht, weil es Mütter vornehmlich kinderreicher Familien gibt, »welche in ihrem geschwächten Zustand nach der Geburt einen frühen Kontakt und eine baldige Pflege des Kindes als eine zusätzliche Belastung empfinden«.

Jedenfalls scheinen die bisherigen Erfahrungen Veranlassung zu geben, dem Gedanken des Rooming-in für unsere Entbindungsstationen in größerem Rahmen näher zu treten. Im Interesse der Psychohygiene des Neugeborenen gibt es keine bessere Lösung, den Mutter-Kind-Kontakt in der ersten Zeit aufzubauen und zu erhalten. Unter den verbesserten hygienischen Bedingungen der Geburt in der Klinik könnte hier eine Erneuerung des Prinzips der alten Wochenstube gelingen.

4. Hilfen für alleinstehende und berufstätige Mütter

Aus der Wöchnerinnenstation wird längst nicht jeder Säugling in die Geborgenheit einer vollständigen Familie mit Vater und Mutter entlassen, die sich dem Kind in gemeinsamer Sorge und Liebe zuwenden. In den Personen der Eltern und deren Schicksal ist auch das weitere soziale Schicksal des Kindes beschlossen. Es hängt alles davon ab, ob es fürsorgliche Eltern hat oder solche, die nicht fähig oder willens sind, gemeinsam Hüter ihres Kindes zu sein, die es ignorieren und offen oder versteckt ablehnen.

Am tiefsten geht der Riß, wenn der Vater sich von Mutter und Kind distanziert und die Mutter ledig bleibt. Das Kind wächst dann als »primär vaterwaises« uneheliches Kind heran mit allen damit verbundenen Belastungen. Uneheliche Kinder sind meist konfliktbeladener als die Kinder, die ihren Vater durch Tod, Scheidung oder Trennung der Eltern verlieren. Das vaterlose Heranwachsen scheint leichter zu sein, wenn der Vater irgendwann einmal erlebt wurde und als Erinnerung und Leitbild erhalten bleibt.

Auch die Belastung für die Mutter ist wesentlich größer, wenn sie von vornherein enttäuscht und verlassen worden ist und durch die gesellschaftliche Diskriminierung zum »unanständigen Mädchen« schockiert und beschämt wird. Sie muß auch fürchten, daß ihr Kind seine Herkunft zu spüren bekommt, wenn man etwa sagt, uneheliche Kinder würden meist Verbrecher, oder wenn es sich bis ins Erwachsenenalter hinein taktlose Anspielungen gefallen lassen muß. Daran hat auch die verfassungsmäßig garantierte Gleichstellung mit den ehelichen Kindern (Artikel sechs), die jetzt im Erbrecht realisiert werden soll, bis heute wenig zu ändern vermocht.

Dem Schicksal der Unehelichkeit sind in der Bundesrepublik etwa 10 Prozent des gesamten Nachwuchses preisgegeben, zwischen 1946 und 1966 waren es etwa 1,4 Millionen Kinder, 1966 fast 48 000. Der »Makel« der Unehelichkeit stört die Gefühlsbeziehungen der Mutter zum Kind schon vor der Geburt und stellt sie nachher auf harte Proben. Die Väter haben in zwei Drittel der Fälle kein Interesse an der Erziehung der Kinder und zahlen nur in einem Viertel freiwillig Unterhalt. Die wirtschaftliche Lage der Mütter führt dazu, daß fast alle (96 Prozent) berufstätig sind und damit ihren Mutterpflichten entfremdet und entzogen werden. Während die übrigen alleinstehenden Mütter, die verwitwet oder geschieden sind, bzw. von ihren Männern getrennt leben, meist in den frühen Jahren gute Bindungen zum Kind hergestellt haben, werden bei den ledigen Müttern durch die Berufstätigkeit nur unzulängliche Beziehungen zum Kind aufgebaut. So wundert es nicht, daß fast die Hälfte der unehelichen Kinder sofort in ein Heim kommt und der Rest nur zum Teil bei der berufstätigen Mutter bleibt.

Diese Not in einer der »leidvollsten Gruppen« unserer Gesellschaft wird in den neu eingerichteten Heimen für Mutter und Kind gemildert, die in mehreren Großstädten eingerichtet worden sind, seit München 1952 in der Nachkriegszeit den Anfang gemacht hat. Sie dienen dem Zweck, über den gesetzlichen Mutterschutz von acht Wochen nach der Geburt hinaus Mutterentbehrungen zu vermeiden und die Verbindung zwischen lediger Mutter und Kind so lange und so intensiv wie möglich aufrecht zu erhalten und zur Entfaltung zu bringen. Den unverheirateten Müttern wird hier eine Lebenshilfe für die Pflege und Erziehung ihrer Kinder geboten. In die sogenannten Mütterheime werden die unverheirateten Frauen meistens bereits vor der Entbindung aufgenommen und bringen ihre Kinder in den manchmal angeschlossenen Wöchnerinnenstationen zur Welt. Nach der Geburt bleiben Mutter und Kind noch einige Zeit im Heim, mindestens aber für die Dauer des gesetzlichen Mutterschutzes. Die Frauen nehmen dann ihre Erwerbstätigkeit wieder auf, können sich aber abends und nachts ihren Kindern widmen und brauchen sich bis zur dauerhaften Regelung ihrer Angelegenheiten nicht vom Kind zu trennen.

In einem Viertel der Fälle nehmen anschließend die Eltern die unverheiratete Mutter auf, so daß deren Kind unter der Bedingung der Mehrfach-Bemutterung heranwächst. Das ist besonders bei sehr jungen, jugendlichen und erziehungsbedürftigen Müttern die beste Lösung, wenn etwa ihre Berufsausbildung noch abgeschlossen werden muß oder eine frühe Eheschließung nicht befürwortet wird. Frühehen wird man wahrscheinlich in Zukunft positiver beurteilen und erleichtern, wie z. B. in England, wo die Volljährigkeit und damit Fähigkeit zur Eheschließung mit 18 Jahren erklärt werden soll. Sicherlich könnte in vielen Fällen für Mutter und Kind das Los der Unehelichkeit vermieden werden, wenn an die Stelle moralischer Entrüstung über die Verantwortungslosigkeit der unehelichen Väter wirkungsvolle wirtschaftliche Starthilfen treten würden.

Bis heute stehen die alleinbleibenden Mütter, die nicht bei Verwandten unterkommen, vor dem schwierigen Problem, dauernd eine Verbindung von Erwerbstätigkeit und Erziehung des Kindes zu verwirklichen. Um dabei zu helfen und um die Mütter bei der Wohnraumknappheit und -verteuerung nicht der Obdachlosigkeit auszusetzen, errichteten manche Städte sogenannte Mütterwohnheime mit kleinen Wohnungen für Mutter und Kind und angeschlossenen Kinderkrippen oder Kindergärten. Hier finden die Mütter ein Zuhause für ihr eigenes Dasein und das ihres Kindes.

Selbstverständlich gibt es in diesen sozialen Einrichtungen mannigfache Probleme und Schwierigkeiten, auf die hier im einzelnen nicht eingegangen werden kann. Auf jeden Fall sollte die Lebensvorbereitung der alleinstehenden Mutter längere Zeit vor der Niederkunft beginnen. Es bedarf zahlreicher Beistandsleistungen, damit es zu einer lebenslangen Bindung der Mutter an ihr Kind kommt und ihre Mütterlichkeit in der Zwiesprache und Begegnung mit dem Kind Erfüllung findet. Dieser Dialog entzieht sich oft fürsorgerischer und erzieherischer Bemühungen, die allenfalls auf eine Verbesserung der äußeren Voraussetzungen ausgerichtet sein können.

Was hier noch als ungelöstes Problem bleibt, ist die Doppelbelastung der alleinstehenden Mutter mit Beruf und Kinderversorgung. Obschon die ganztägige Anwesenheit einer Mutter für die gesunde Entwicklung des Kindes als notwendig anerkannt wird, ist eine Erwerbstätigkeit der unverheirateten Mutter der Normalfall. Wenn das Fehlen des Vaters die Mutter zur Berufsarbeit zwingt, sollte der Mutterschutz um einen Ausgleich in Form eines Müttergeldes in den ersten Lebensjahren des Kindes erweitert werden. Sicherlich sind sehr viele alleinstehende Mütter fähig und bereit, unter einer solchen Bedingung ihr Kind selbst aufzuziehen.

Das damit angeschnittene Problem der Berufstätigkeit von Müttern kleiner Kinder, die zu ständigen Mutter-Kind-Trennungen im frühen Alter führt, betrifft nun in der Bundesrepublik neben den 0,3 Millionen alleinstehenden Müttern noch besonders jenes Viertel aller Mütter von Kleinkindern, die halb- oder ganztags berufstätig sind. Fast eine Million Kinder unter sechs Jahren, ein Viertel davon unter zwei Jahren, sind infolge der Erwerbstätigkeit beider Eltern als »Waisenkinder der Technik« *(Hellbrügge)* zu bezeichnen. Allerdings werden nachteilige Auswirkungen einer Berufstätigkeit der Mutter in zunehmendem Maße bestritten. Während noch *Speck* (1956) eine erhebliche Beeinträchtigung der Kinder feststellte, die *Neupert-Vogel* (1962) für achtjährige Jungen und *Schreiner* (1963) für Mädchen bestätigten, fanden *v. Harnack* (1965), *Rank* (1962) und *Ronge* (1964) keine Unterschiede zwischen Kindern berufstätiger und nicht berufstätiger Mütter. Die steigende Frauenarbeit, die abnehmende Kulturkritik dagegen und die Auflösung entsprechender Rollenerwartungen spielen in dieser Entwicklung sicherlich eine große Rolle. Eine neue französische Arbeit warnt jedoch vor einer Verkennung der Effekte, da die Kinder oft den Anschein großer Unabhängigkeit erweckten, in Wirklichkeit aber infantil und egozentrisch seien *(Dils* et *Cambier* 1966).

Jedenfalls ist vor einer vorschnellen Verallgemeinerung

und vor Pauschalurteilen zu warnen, da die Effekte von sehr subtilen Begleitumständen abzuhängen scheinen. Bei einem Vergleich der Einstellungen und Erziehungspraktiken von hundert berufstätigen und hundert nichtberufstätigen Müttern zeigte es sich, daß generell gesehen keine Unterschiede in den Praktiken der Müttergruppen bestanden (*Jerome* 1962 nach *Tausch* 1965). Differenzen ergaben sich dagegen je nachdem, ob die Mütter gerne oder nicht gerne berufstätig bzw. nicht berufstätig waren. Als ausschlaggebender Faktor erwies sich der Grad der inneren Zufriedenheit mit dem bestehenden Zustand. Eine Mutter etwa, die nur aus Schuldgefühlen zu Hause bleibt und nicht arbeitet, richtet unter Umständen größeren Schaden an als eine zufriedene und ausgeglichene berufstätige Mutter. Eine derartig positive Lösung dürfte jedoch nicht bei Kindern unter sechs Jahren und bei einer Vollzeitbeschäftigung der Mutter zu erwarten sein. Eine Halbtagsbeschäftigung dagegen kann in manchen Fällen für die Mutter den gesuchten Augleich für die Rolle der Vollzeitmutter bringen, und zwar desto eher, je älter die Kinder sind.

Wenn auch im Einzelfall sehr persönliche Motive und Einstellungen zu berücksichtigen sind, auf die große Zahl gesehen bestätigen alle Untersuchungen, daß es meistens wirtschaftliche Gründe sind, die eine Mutter zur Berufstätigkeit veranlassen. Das Gehalt des Mannes übersteigt den Fürsorgesatz nur wenig, eine Schul- oder Berufsausbildung der Kinder oder des Mannes werden finanziert, familiengerechte Anschaffungen sind nötig, Kinder aus früheren Ehen sind zu versorgen, mehr oder weniger bewußte zusätzliche Ansprüche des Mannes oder der Frau werden befriedigt. Es sind im Regelfall finanzielle Notlagen und Existenzbedürfnisse und durchaus nicht nur Prestigebedürfnisse, die zur Erwerbsarbeit der Mütter zwingen. Eine Gesellschaft, die Ehe und Familie unter ihren besonderen Schutz stellt und den Eltern das Recht auf Pflege und Erziehung der Kinder verbrieft, müßte diesen Zwang durch finanzielle Hilfen aufheben.

Wichtiger als Apelle an das Pflichtgefühl und moralisierende Warnungen vor nicht wiedergutzumachenden Schäden bei Erwerbstätigkeit der Mütter sind finanzielle Leistungen, die einen Ersatz für die Berufsarbeit der Mütter bieten. In Frankreich wird Mutter- und Kindergeld gewährt, in der

Sowjetunion sollen die Mütter von Kindern unter zweieinhalb Jahren als Müttergeld einen vollen Lohnausgleich erhalten. Es dürfte zweckmäßig sein, für ein Müttergeld zu plädieren, das es den Frauen erlaubt, mindestens drei Jahre nach der Geburt des Kindes zu Hause zu bleiben und es selbst zu versorgen, bis es reif ist, tagsüber einen Kindergarten zu besuchen.

Interessant ist in diesem Zusammenhang die Berechnung von *Pechstein* (1966, 1968), wonach 1962 von 1,2 Millionen berufstätigen Müttern in der Bundesrepublik über die Hälfte weniger als monatlich 300,– DM erzielte und nur fünf Prozent über 600,– DM. Er schätzt, daß diese Hälfte nicht außerhäuslich arbeiten und die Kinder verlassen würde, wenn etwa 200,– DM für die innerhäusliche Tätigkeit als Hausfrau und Mutter gezahlt würden. Eine solche Honorierung der in unserer Gesellschaft immer noch unterschätzten Pflege-, Erziehungs- und Hausarbeit der Mütter mit der Auflage des Verzichts auf außerhäusliche Erwerbstätigkeit würde die Staatsfinanzen wahrscheinlich weniger belasten als die Unterhaltung der Säuglingsheime, Kinderkrippen und jener Fürsorgeeinrichtungen, die nicht zuletzt infolge früher Mutter-Kind-Trennungen bis ins Erwachsenenalter hinein notwendig sind.

5. Adoption und Pflegekinderwesen

Wenn unter den heute gegebenen Verhältnissen alleinstehende Mütter nicht fähig sind oder nicht für fähig gehalten werden, nach der Entlassung aus der Wöchnerinnenstation oder dem Mütterheim die Pflege und Erziehung ihres Säuglings selbst zu übernehmen, gehen ihre und die Bemühungen der Sozialfürsorge dahin, das Kind in die individuelle Betreuung einer Pflegemutter zu geben oder gar eine Adoption in die Wege zu leiten. Diese Möglichkeit wird auch immer wieder erwogen, wenn die Kinder schließlich in die Findelhäuser der Gegenwart, die Säuglings- oder Kinderheime, aufgenommen worden sind. Ohne hier wieder die Frage aufzuwerfen, ob in unserer Gesellschaft wirklich alles getan wird, die natürlichen Mutter-Kind-Beziehungen zu erhalten, ist anzuerkennen, daß die Adoptiv- und Pflegekinder bei einer stabilen Eingliederung in eine Familie wesentlich günstigere Lebenschancen erhalten. Falls sie vor dem Los mehrfacher Muttertrennungen und Heimwechsel verschont bleiben, kommt diesen Sozialhilfemaßnahmen für die Psychohygiene des frühen Kindesalters große Bedeutung zu. Allerdings werfen sie auch sehr schwierige Probleme auf, die heute teilweise noch gar nicht mit der nötigen Sorgfalt behandelt werden.

Was das Pflegekinderwesen angeht, von dem 1964 in der BRD 630 000 Kinder betroffen waren, ist zunächst daran zu denken, daß das Kind bei einer vorübergehenden Unterbringung seiner natürlichen Mutter leicht entfremdet werden kann. Ferner wird der Zusammenhang zwischen dem Wechsel der Pflegestellen mit schweren kindlichen Persönlichkeitsstörungen auch in Fachkreisen heute immer noch unterschätzt. Es läßt sich nachweisen, daß der Prozentsatz der fehlangepaßten unehelichen Kinder mit dem Alter ansteigt, in dem sie für dauernd in eine Familie gebracht wurden (*Bowlby* 1952, 97). Bei den vor Vollendung des 3. Lebensjahres untergebrachten Kindern wurde ein Drittel als fehlangepaßt beurteilt, bei den nach dem 7. Lebensjahr untergebrachten 84 Prozent. Wenn Pflegekinder nur an einem Ort aufwachsen durften, war ihre Intelligenzentwicklung wesentlich günstiger als die bei Kindern mit vorhergegangenem Heimaufenthalt oder Wechsel der Stellen (*Dührssen* 1958). Bis heute haben sich die Verhältnisse nicht wesentlich geändert, die bereits 1925 festgestellt worden sind, als von 100 Kindern im Alter von zwölf Jahren nur 25 in der ersten Pflegestelle waren, 50 bereits in der zweiten Stelle, 25 am dritten oder vierten Pflegeplatz (*Groth* 1961).

Bei einem derart häufigen Pflegestellenwechsel, der immer wieder mit Trennungen von Ersatzmutterfiguren verbunden ist, verwundert es nicht, wenn die Beziehungen zwischen Pflegeeltern und Kindern unter den Belastungen der beginnenden Reifungszeit so oft zusammenbrechen. Nach den wiederholten Enttäuschungen ihrer Kindheit gehen die Jugendlichen dann den Weg der Verwahrlosung, der sie in Ausbrüche und Lusterlebnisse hineinführt, die von der Gesellschaft nicht akzeptiert werden. Auch vorher schon werden Pflegekinder oft »wegen der negativen Entwicklung« wieder abgegeben. In seinen Schwierigkeiten enttäuscht das Kind in jeder weiteren Stelle erheblicher, es wird wieder weitergereicht und so der inzwischen aufgebaute Teufelskreis der Verhaltensstörungen nur verschlimmert. Am bekanntesten sind die Fälle unehelicher Kinder, in deren Biographie anfangs die Unterbringung bei der Großmutter steht, die dann in ein Säuglings- und Kinderheim kommen und nach Ablauf einiger Jahre anschließend in Pflegestellen. Solchen Entwicklungsbedingungen gegenüber bietet sicherlich ein stabiles, nach modernen Gesichtspunkten eingerichtetes Heim bessere Voraussetzungen für das Gedeihen des jungen Menschen.

Es dürften deshalb kleine Kinder nur dann in Pflegestellen vermittelt werden, wenn nach menschlichem Ermessen die Gewähr für eine dauernde Ersatzmutter-Beziehung gegeben ist. Der Unsicherheitsfaktor kann auch auf Seiten der leiblichen Eltern liegen, wenn sie das Bestimmungsrecht über den Aufenthalt des Kindes behalten. Sie holen das Kind unter Umständen wieder aus der Pflegefamilie heraus, wenn sich etwa eine günstige Entwicklung zeigt oder die wachsende Arbeitskraft des Kindes genützt werden kann. Es hängt also alles von der Einsicht und dem beiderseitigen Verständnis der leiblichen und der Pflegeeltern ab, wenn sie ihre Rechte und Pflichten dem Wohl des Kindes unterordnen sollen.

Hier entstehen wichtige Beratungsaufgaben, mit denen sich die vermittelnden Stellen befassen müssen, für die sie gegebenenfalls aber auch etwa Erziehungsberatungsstellen in Anspruch nehmen sollten. Vor allem gilt es, die Motive der abgebenden und aufnehmenden Eltern und die dabei in Zukunft zu erwartenden Schwierigkeiten in die Betrachtung einzubeziehen und eventuell in geeigneter Weise mit den Eltern zu besprechen. Je nachdem, ob das Schicksal biologischer Unfruchtbarkeit, der Verlust eines eigenen Kindes, Unausgefülltsein in Ehe, Haushalt oder Beruf, Hilfsbereitschaft oder Drang nach Wohltätigkeit die ausschlaggebende Rolle spielen, entstehen besondere Fragen. Auch für die Abstimmung dieser Wünsche auf die Belange des Kindes können keine Rezepte gegeben werden, alles kommt auf die Lage des Einzelfalles und die dabei gegebenen Möglichkeiten einer befriedigenden Lösung für das Kind und die Eltern an. Fest steht, daß ein Kind nicht dazu da ist, Erwachsenen zu helfen, ihre Schwierigkeiten zu heilen oder ihnen gar eine Verdienstquelle zu verschaffen, sondern es heißt umgekehrt, einem oft unerwünschten oder zurückgewiesenen Kind zu helfen. Auf diese Aufgabe sind die Pflegeltern durch die vermittelnden Behörden vorzubereiten, z. B. auch auf die Fragen der Kinder, die ihre Herkunft und ihre Zukunft betreffen.

Einer besonders sorgfältigen Prüfung und Vorbereitung bedarf natürlich eine Adoption, die Annahme-an-Kindes-Statt, die einem angenommenen Kind die Rechtsstellung eines ehelichen Kindes gibt und somit ein gesichertes und dauerhaftes Eltern-Kind-Verhältnis begründet. 1964 gab es in der BRD 7684 Adoptionen Minderjähriger, 5030 Kinder waren für eine Adoption vorgemerkt, dagegen nur 4257 Stellen offen. Aus der Sicht der Untersuchungen zur Mutterentbehrung sollte dieser Schritt, wenn er unternommen wird, in den ersten beiden Lebensmonaten des Kindes getan werden. Dabei ist vor allem auch der leiblichen Mutter des Kindes ausreichend Gelegenheit zu geben, eine befriedigende Entscheidung zu treffen. Eine entsprechende fachliche Beratung sollte vor der Geburt eingeleitet werden, aber den äußerst wichtigen Faktor in Rechnung stellen, daß die Einstellung der meist alleinstehenden Mutter zum Kind nach der Geburt oft einen radikalen Wandel durchmacht, der ein Festhalten an den Adoptionsplänen verbieten kann. Diesen Prozeß machen auch manchmal Mütter durch, die ihr Kind etwa unter der schicksalsschweren Bedingung einer Vergewaltigung empfangen haben. Nur wenn die Mutter innerlich überzeugt ist, sich richtig entschieden zu haben, und wenn feststeht, daß sie nicht für das Kind sorgt, sollte man die notwendigen Maßnahmen einleiten. Es besteht dann für die Mutter aber auch keine Veranlassung mehr, intensivere Kontakte zum Kind aufzunehmen, die die spätere Trennung nur erschweren. Manche Mütter ziehen es deshalb vor, ihr Kind erst gar nicht zu sehen, und man sollte das respektieren.

Angesichts der hier fälligen schweren Entscheidungen kann man Einwände gegen die Adoption überhaupt vorbringen, aber es verlieren die Argumente gegen eine frühe Adoption an Gewicht. Die Unterbrechung der Brusternährung durch die leibliche Mutter wird kaum eine Rolle mehr spielen, wenn die Mutter das Kind innerlich schon weggegeben hat und es nach der Adoption dafür eine in herzlicher Zuwendung verabreichte künstliche Ernährung erhält. Was etwaige Sicherungswünsche der aufnehmenden Eltern angeht, die die Eignung des Kindes zur Adoption betreffen, ist darauf hinzuweisen, daß die Vorhersagekraft von psychologischen Diagnosen auch nach ein bis zwei Jahren nicht viel größer als in den ersten Monaten ist und daß die beste Gewähr immer noch die Kenntnis des Erbgutes bei den abgebenden Eltern bietet. Die Adoptiveltern sollten deshalb alles über die leiblichen Eltern und etwaige erbliche Belastungen erfahren und dann aber das biologische Risiko tragen, das auch bei eigenen Kinder übernommen werden muß und durch spätere Krankheiten des Kindes nie ausgeschaltet werden kann. Die Entscheidung, ein Kind wegen einer erblichen Belastung von einer Adoption auszuschließen, bedarf ebenfalls einer sorgfältigen Prüfung, wobei z. B. *Bowlby* (1952, 103) in Frage stellt, daß die gegen Kinder aus einer blutschänderischen Beziehung in einer sonst erbgesunden Familie vorgebrachten Bedenken aufrechtzuerhalten sind.

Es gehört zu den nachhaltigsten Erlebnissen eines Erziehungsberaters, wenn eine tüchtige und verständnisvolle Adoptivmutter nach einer Erklärung dafür sucht, warum ihre Bemühungen um die Herstellung eines herzlichen Verhältnisses zu ihrem Kind so erfolglos bleiben. Wenn die Adoption ziemlich spät – etwa nach einem zweijährigen Heimaufenthalt des Kindes von Geburt an – zustande kam, erhoffte man sich ja gerade von der Aufnahme in die Familie eine durchgreifende Besserung und Förderung der Entwicklung. Gedeiht das Kind dann nicht in der gewünschten Weise, so werfen manche Mütter sich Versäumnisse vor und schreiben sich eine Schuld an den Schwierigkeiten des Kindes zu, besonders wenn es Verhaltensstörungen produziert. Werden die Eltern dann mit dem Kind nicht mehr fertig und fühlen sich in ihrer liebevollen Zuwendung ohnmächtig, so suchen sie nach einer Entlastung und einer Bestätigung dafür, daß die Schwierigkeiten ihrer Kinder vielleicht erblich bedingt sind. In Wirklichkeit handelt es sich in vielen Fällen aber um Schäden, die auf eine verspätete Adoption und die vorherige mutterlose Zeit in verschiedenen Pflegestellen oder Heimen zurückgeführt werden müssen. Ein früher Beginn der Adoption stellt somit eine wesentliche Voraussetzung für ihr Gelingen dar.

6. Säuglings- und Kinderheime

In den Jahren 1948 und 1952 wurden von den drei Monate alten Säuglingen in München bereits 50 Prozent nicht mehr ausschließlich von ihren Müttern versorgt, sondern waren in Säuglingsheimen, Tageskrippen, Pflegestellen, bestenfalls bei der Großmutter untergebracht (*Hellbrügge* 1964, 18). Dabei bleibt die Einweisung eines Kindes in ein Säuglingsheim als letzte Notlösung übrig, wenn sämtliche andere Möglichkeiten einer mehr individuellen Pflege ausgeschöpft sind. So sehr angestrebt werden muß, Kindern die Beziehung zur leiblichen Mutter auch unter erschwerten Bedingungen zu erhalten oder ihnen – falls dies unmöglich ist – in einer Ersatzfamilie, in Pflegestellen oder durch Adoption eine neue Heimstätte zu schaffen, so wird doch immer ein Rest von Kindern bleiben, für die keine Familie gefunden wird und denen ein Dauerheim Lebensheimat werden muß. Abgesehen von der kurzfristig in Heimen betreuten Kindern handelt es sich durch die vorherige »Auslese« von Pflege- und Adoptionskindern dabei vielfach um organisch geschädigte oder schwer milieugeschädigte Kinder, die in Familien als »nicht tragbar« angesehen werden. Nachdem sie Jahre im Heim verbracht haben, entsteht allerdings die Frage, wie weit ihr Zustand als Folge der Mutterentbehrung und als Massenpflegeschaden anzusehen ist.

Alljährlich werden in der Bundesrepublik ein Prozent aller neugeborenen Kinder – das sind etwa 15 000 – in Säuglingsheime eingewiesen. 1964 befanden sich in der Bundesrepublik in 435 Säuglingsheimen etwa 17 000 Säuglinge, von denen wir wissen, daß sie bei der völligen Überlastung des Pflegepersonals in den meisten Häusern körperlich, geistig und seelisch geschädigt werden und verkümmern. Auch wenn die Fortschritte der Medizin die Säuglinge in der Massenpflege heute am Leben erhalten, darf nicht übersehen werden, daß es sich nach wie vor um Notbehelfseinrichtungen handelt, in denen auch heute noch 15–20 Prozent der Säuglinge ständig krank sind und die meisten von ihnen Hospitalismusschäden aufweisen.

Mehringer (1966), ein gründlicher Kenner der Verhältnisse, schreibt:

»Es ist immer wieder erstaunlich, wie wenig ... die Not dieser Kinder, das Leben in den Säuglingsheimen bekannt ist. Wer aber die Lage kennt, wird von Alpträumen verfolgt, bringt diese Bilder nicht los: Die verlassenen Säuglinge in den Reihenbetten, vergeblich auf den Menschen wartend, der ihnen das erste Lachen entlockt, der sie aufliebt; das serienmäßige Füttern, Töpfen, Windeln; das zwischen die Knie gezwängte Kind, dem mit abgewandtem Gesicht im Routinetempo Brei in den Mund gestopft wird; wie da bei den allzuvielen niemand ist, der Zeit hat, das einzelne kleine Wesen langsam zu füttern, es auf den Arm zu nehmen, mit ihm zu lachen, das Baden, Füttern, Zu-Bett-Bringen zu etwas machen, was beide beglückt;

fünfzehn und mehr Rutscher ... in einem Raum, jeder einzelne unbemuttert, der Konkurrenz der Masse ausgeliefert; das schon zweijährige, das mit vielen anderen schon eine Stunde auf dem Topf sitzt, im Blickkontakt sich einen Augenblick wahrgenommen fühlt und verzweifelt losschreit, weil man es nicht nimmt, bei ihm bleibt; dann die Not der größeren, die schon längst laufen, hinauskommen, sich frei bewegen sollten; ich habe beobachtet, daß man in den Kinderpferchen noch Schienen aus Holz angebracht hat, um auch das störende Umherrutschen der Topfsitzer, ein Minimum an Bewegung, verhindern zu können; wie das verlassene Kind sich dann in sich selbst zurückzieht, in tickartigen Bewegungen den Kopf kreist und auf den Boden schlägt;

man ... kann leicht mißverstanden werden: als ob man übertreiben, als ob man schwarz-weiß malen, ja als ob man eben die übliche Diffamierung der Heimerziehung mitmachen wolle! Und wer glaubt es denn, daß es heute in den Säuglingsheimen noch so ist? Wer geht denn schon wirklich hinein, wer darf überhaupt hinein? Wer überzeugt sich selbst, bleibt eine Stunde und länger in solchen Kindersälen, läßt diese vielen Kindergesichter auf sich wirken, bis ihm das Grauen kommt vor dieser Welt ohne Liebe!« (zitiert nach *Hellbrügge* und *Pechstein* 1967 b).

Der erfahrene Pädiater *Hellbrügge* sagt dazu: »Drastisch ausgedrückt wird heute der Großteil der Säuglinge und Kleinkinder in der Massenpflege von der Allgemeinheit subventioniert und unter aller Augen systematisch und meist irreversibel intellektuell und sozial geschädigt. Viele Kinder werden – durch das System der Massenpflege, nicht durch die beteiligten Personen! – regelrecht schwachsinnig gemacht und dann als ›geistig behindert‹ jahrzehntelang der öffentlichen Sozialhilfe zugeführt« (1967, 1). *Hellbrügge* hat deshalb eine öffentliche »Warnung vor einem mehrmonatigen Aufenthalt in Säuglingsheimen« ausgesprochen und gefordert, diese Heime aus der Obhut der Jugendämter wieder in die Hände der Pädiater und ärztlichen Gesundheitsfürsorge zu geben. Angesichts der Verhältnisse empfiehlt er weiter, sämtliche Möglichkeiten der Adoption und Pflegestellenversorgung mehr als bisher auszuschöpfen, die Zahl der Heime letztlich zu reduzieren und in ihnen Säuglingskrankenstationen einzurichten oder sie ganz in Heime für Mutter und Kind umzuwandeln.

In den bestehenbleibenden Heimen bedürfen die Verhältnisse dringend einer Überprüfung und Reform. An den Ausbildungsstand des Personals und an die Einrichtung sind dabei hohe Anforderungen zu stellen, die selbstverständlich hohe Kosten der Unterhaltung verursachen. So dürfen auf eine geschulte Pflegerin keinesfalls mehr als drei Säuglinge kommen, wenn die bisherigen Mängel an Berührungs- und Pflegekontakten sowie in der Zwiesprache zwischen Ersatzmutter und Säugling verbessert werden sollen. Bei gesunden Pflegerinnen müssen die Hygienevorschriften oder Befürchtungen, eine frühzeitige Sexualisierung der Säuglinge herbeizuführen, abgebaut werden, wenn sie der Gewährung ausgiebiger Körperkontakte des Säuglings zur Pflegemutter im Wege stehen. Die Pflegerinnen werden auf individuelle Trinkbedürfnisse der Säuglinge eingehen können und die rechte Mitte zwischen Schreienlassen und Gewährung von Zwischenmahlzeiten finden. Einengungen der Blick- und Hörkontakte durch geschlossene Bettchen und des Bewegungsdranges mit der Gefahr von Pferchungsschäden in zu kleinen Räumen müssen vermieden werden. Die ständige ärztliche Betreuung trägt dazu bei, Bewegungsstörungen und Verhaltensauffälligkeiten richtig zu erkennen und sie nicht zu bestrafen und zum Gegenstand erzieherischer Auseinandersetzungen zu machen. Um dem Kind eine ständige Mutterfigur zu erhalten, sind Pflegerinnenwechsel und Wechsel nach dem Altersgruppenprinzip zu vermeiden, wonach die Kinder im Laufe der Entwicklung verschiedene Abteilungen wie Säuglings-, Krabbelstationen usw. durchlaufen.

Heute werden die Kinder im Alter zwischen acht und 18 Monaten gewöhnlich aus dem speziellen Säuglingsheim in ein Kinderheim versetzt und sind dabei allen Folgen der kompli-

zierten affektiven Probleme einer Muttertrennung und Eingewöhnung in eine fremde Umgebung ausgeliefert. Wenn es
sich um ein spezielles Klein-Kinderheim handelt, folgt später
ein weiterer Wechsel in ein Heim für das Schulalter und
schließlich in ein Heim für Schulentlassene. Von einer solchen Regelung ist besonders für die jüngeren Kinder dringend
abzuraten, da die Verletzbarkeit durch Deprivationsschäden
gerade in der Zeit zwischen sechs Monaten und vier Jahren
besonders groß ist. Die beste organisatorische Lösung scheint
in einer Zusammenlegung von Säuglings-, Kleinkinder- und
Kinderheimen gegeben zu sein, die nicht mehr nach dem
Prinzip der Altersgruppen horizontal, sondern nach dem
Familienprinzip vertikal gegliedert sind. In den Familien-
gruppen haben die Kleinkinder nicht mehr unter einem Wechsel zu leiden und die größeren Kinder können im Zusammenleben mit den Säuglingen und Kleinkindern deren Pflege und
Betreuung miterleben und mittragen.

Jedenfalls sind hier bessere Lösungen möglich, als die zur
Zeit in vielen Kinderheimen anzutreffenden, die z. B. den
Kinderschutzbund veranlaßten, sich überhaupt gegen Heime
und eine Heimerziehung auszusprechen. Neben den Pflegestellen wird dabei höchstens noch die Form der familienhaft gegliederten Heime anerkannt. Auch bei einem längeren Aufenthalt kann die Mutterentbehrung hier auf ein
Minimum eingeschränkt werden. In späteren Jahren, wenn
neben dem Heim der Kindergarten und dann die Schule be-
sucht werden, bleibt der Kontakt mit dem Lebensraum der
Heimfamilie und der persönlichen Pflegemutter erhalten.
Selbst nach dem Eintritt in weiterführende Schulen und die
Lehre sollte der Jugendliche eine Verbindung zu seinem Heim
und seiner »Familie« behalten können. Solche familienhaft
gegliederten Heime sind heute in den Pflegenestern sowie den
Kinder- und Jugenddörfern eingerichtet, von denen in der
Nachkriegszeit die Pestalozzi- und SOS-Kinderdörfer und
die Kinderdörfer der holländischen Dominikanerinnen be-
kannt geworden sind.

Die Erfahrungen in diesen Einrichtungen sprechen sehr für
diese Lösungen, und je älter die Kinder geworden sind, desto
eher scheint die Gewähr gegeben, daß die Heimbetreuung in
dieser Form die Mutterentbehrung zu kompensieren vermag.

Auch kurzfristig untergebrachte Kinder, für die in anderen Heimen am besten besondere Abteilungen eingerichtet würden, fühlen sich hier oft sehr wohl. In vielen Fällen leben von den Eltern vernachlässigte Kinder in einem solchen Heim auf und nehmen eine günstige Entwicklung. Andererseits wird die soziale Arbeit und Erziehung oft dadurch erschwert, daß diese Kinder erst nach vielen Heim- und Pflegestellenwechseln als anderswo Gescheiterte hier eine Heimat finden und dann bereits erheblich gestört sind. Ihre Erziehungsschwierigkeiten und Verhaltensprobleme müssen unter dem Gesichtspunkt der oft frühen und mehrfachen Muttertrennung und massiven sozialen Frustration gesehen werden. Die Kinder sind aus einem stillen Siechtum oder aus massiven Protestreaktionen herauszureißen und bedürfen einer speziellen psychologischen und heilpädagogischen Betreuung in Gruppen oder auch in Einzelbehandlung.

Die erfolgreiche Rehabilitierung und Resozialisierung hängt davon ab, daß für die schwierigeren Erziehungs- und Betreuungsaufgaben genügend kundige und gut ausgebildete pädagogische Fachkräfte zur Verfügung stehen, die in Zusammenarbeit mit dem Arzt und dem Psychologen dem Wohl des Kindes dienen. Die Schwierigkeit der Aufgabe geht allein aus der großen Zahl der zu betreuenden Kinder hervor, die in der Bundesrepublik 1964 etwa 61 000 betrug. Den Stand des Problems zeigt an, daß wir über diese Kinder und über die näheren Umstände der Heimunterbringung nicht einmal statistische Daten besitzen. Um wirksame Hilfen anzusetzen, interessiert z. B., aus welchen sozialen Verhältnissen die Kinder stammen, welche vollständigen oder unvollständigen Familien nicht für ihre Kinder sorgen können, unter welchen Umständen die Eltern von der Heimunterbringung abgesehen hätten, warum nicht Verwandte einspringen konnten und warum nicht eine Pflegestelle oder Adoption in Aussicht genommen wurde oder woran sie scheiterten.

7. Kleine Kinder im Krankenhaus

Spätestens seit den Beobachtungen *Bowlbys* über die Deprivationsverläufe bei ein- bis fünfjährigen Kindern, die Aufnahme in ein Krankenhaus fanden, hat sich die Erkenntnis durchgesetzt, daß vor allem jüngere Kinder im Krankenhaus durch die Trennung von der Mutter in eine erhebliche Belastungssituation gebracht werden. Selbstverständlich wird bei einer schweren Erkrankung niemand den Vorrang einer auf die körperliche Heilung ausgerichteten Behandlung mit allen ihren modernen Möglichkeiten in Frage stellen. Dennoch sind wir verpflichtet, unter dem Gesichtspunkt der psychischen Hygiene die Zahl der Klinikeinweisungen bei den unter vier bis fünf Jahre alten Kindern nach Möglichkeit auf ein Minimum zu beschränken. *Biermann* (1967) empfiehlt in diesem Zusammenhang die zeitliche Verschiebung nicht dringlicher Operationen, z. B. der Mandeloperationen, und die Einrichtung von Ambulanzdiensten und chirurgischen Tageskliniken. Hier werden Eingriffe am Tage vorgenommen, und das Kind geht abends wieder mit nach Hause.

Ist eine Klinikeinweisung unter der Bedingung einer frühen Muttertrennung nicht zu vermeiden, so sollte man dem Kind, wenn es eben geht, vorher helfen, mit Erwartungs- und Trennungsängsten fertigzuwerden. Ein vorheriger Besuch in der Klinik, ein kurzes Kennenlernen der Schwester und des Arztes stellen eine gute Vorbereitung dar. *Anna Freud* rät den Eltern, dem Kind folgende drei Dinge zu sagen (nach *Biermann* 1967, 63):

    1. man werde es weiter lieb haben,

    2. es komme nicht zur Strafe ins Krankenhaus und

    3. es werde ihm nachher besser gehen.

Im 22. Peter-Pelikan-Brief wird u. a. noch empfohlen, den Koffer gemeinsam zu packen, sich statt des Krankenwagens ein Taxi zu leisten und ein beliebtes Spielzeug nicht zu vergessen. Manchmal ist eine plötzliche Einweisung in die Klinik notwendig, und es bleibt dann wenig Zeit für die Vorbereitung des Kindes. Es kommt dann heute noch oft zu dem dramatischen Ereignis, daß das Kind nach dem Transport in die Klinik der Mutter von der Schwester abgenommen wird, ohne daß viel Zeit für einen Abschied bliebe. Das Trennungstrauma wiederholt sich, wenn die Mutter nur in kurzen Besuchszeiten erscheint und das Kind dann wieder verläßt. Soll ein die Krankheit erschwerender seelischer Schock vermieden werden, der das Kind unter Umständen stundenlang schreien und jede Annäherung fremder Personen ablehnen läßt, ist es gut, wenn die Mutter die Aufnahme mitbetreut, bei den Untersuchungen dabei ist, die kleinen Verrichtungen versieht, um das Kind etwas heimisch zu machen, und wenn sie es in der fremden Umgebung abends zu Bett bringt. Vor allem vermeide es die Mutter, in ihrer Not dem Kinde falsche Versprechungen über ihr schnelles Wiederkommen zu machen, das die Besuchszeit der Klinik nicht zuläßt. Der weitere Verlauf hängt dann von der Ausgangssituation in der Familie, von vorherigen Trennungserfahrungen und der Stabilität der Gefühlsbeziehungen zur Mutter ab. Z. B. darf man sich durch übermäßig brave und gefügige Verhaltensweisen der sog. stillen Kinder nicht über die Schwere eines Trennungstraumas hinwegtäuschen lassen.

Besonders ungünstig ist es, wenn das Kind im Wechsel von etlichen Schwestern versorgt werden muß, so daß es keinen Kontakt zu einer ständigen Ersatzmutter aufbauen kann. Zu einer einzelnen Schwester kann das Kind – wie bei der Mehrfachbemutterung – eher eine persönliche Beziehung entwickeln, die unter Umständen auch seine Selbständigkeit fördert. Sind die Kinder dazu nicht reif genug, sollte man ihnen Gelegenheit geben, Kontakt mit der leiblichen Mutter zu halten. Die Krankheit wird schneller ausheilen, wenn schmerzliche Trennungserlebnisse vermieden und die Mutterbeziehungen aufrecht erhalten bleiben. Diesem Ziel dienen die Empfehlungen, die der *Platt-Report* der englischen Regierung aus dem Jahre 1959 enthält:

1. eine weitgehend unbeschränkte Besuchszeit für die kranken Kinder einzuführen, die 1964 zu einem Verbot erweitert wurde, Eltern den Zugang zu ihren Kindern zu verwehren, und
2. Möglichkeiten der Mitaufnahme der Mütter erkrankter Kinder im *Rooming-in* zu schaffen (*Biermann* 1967, 62).

Schon bei der Einweisung sollte die Mutter dem Kind glaubhaft versichern können, sie werde es nicht im Stich lassen und es regelmäßig besuchen. Bei einer beschränkten Besuchszeit muß der Schock bei einer plötzlichen Einweisung besonders groß sein, wenn Tage des Wartens verstreichen müssen, ehe die Mutter Zugang zum Kind erhält. Ein jüngeres Kind, das noch kein ausgeprägtes Zeiterleben hat, kann auf künftige Besuchszeiten gar nicht vertröstet werden, weil es sich nichts darunter vorstellen kann, wenn die Mutter sagt, sie käme am Sonntag oder in drei Tagen wieder. Was für ein Dreijähriges nicht hier und jetzt oder wenigstens heute geschieht, besitzt keine Realität, schützt nicht vor der Verlassenheitsangst, der fremden neuen Umgebung und den bedrohlichen diagnostischen und therapeutischen Verrichtungen.

In einer unbeschränkten Besuchszeit wird der Entfremdung von der Mutter vorgebeugt, wenn das Kind in täglichen Besuchen die Verläßlichkeit der Mutterliebe erfährt. Dazu genügt es schon, wenn man sich etwa auf die Nachmittags- oder besser noch Abendstunden einigt. »Die seelische Heimatlosigkeit, die das Kind in der fremden Krankenhausatmosphäre, besonders in der abendlichen Dunkelheit befällt, wird am wirksamsten bekämpft, wenn die Mutter das Kind noch abends füttern und ins Bett bringen darf« (*Biermann* 1966, 8).

Bei Operationen, die einen Aufenthalt in der Klinik erforderlich machen, sollte das Kind rechtzeitig über den Vorgang, die Narkose und nicht zuletzt etwaige Operationsfolgen in geeigneter Weise informiert werden. Besonders die traumatisierende Wirkung der heutigen Praxis der Mandeloperationen wird von Psychotherapeuten immer wieder hervorgehoben. Das Kind sieht bei einer nur lokalen Betäubung den operierenden Arzt mit seinen bedrohlichen Instrumenten vor sich bei der Arbeit an seinem Körper. Der Arzt wird dabei von manchen Kindern als Aggressor erlebt, der Angst erzeugt, oder allgemein als strafende Instanz für vergangene Schuld. Der schneidende Operateur ruft manchmal Kastrationsängste hervor, besonders naheliegend bei einer Phimoseoperation, wenn der Vater dem bettnässenden oder masturbierenden Kind Entsprechendes angedroht hat. Noch nach Jahren machen sich bei manchen Kindern solche Ängste bemerkbar, wenn sie dem Arzt vorgestellt und untersucht werden sollen.

Am besten kann der vor solchen Ängsten schützende Mutterkontakt zum Wohl des Kindes in Kliniken aufrecht erhalten werden, wenn eine Mitaufnahme der Mutter möglich gemacht wird. Mit eigenen Räumen für Mutter und Kind kann das für Entbindungsstationen geforderte Rooming-in-Programm bei Neugeborenen auf das Rooming-in für Mütter und kranke Kinder ausgedehnt werden. In zahlreichen Ländern Europas, Amerikas und Asiens liegen seit zehn Jahren gute Erfahrungen mit diesen Einrichtungen vor, die durch die Initiativen von *Hellbrügge* und *Biermann* neuerdings auch zum erstenmal in Deutschland genutzt werden sollen. In München kam es im Juli 1966 zu einem Beschluß der Stadt, in dem auf die Notwendigkeit einer unbeschränkten Besuchszeit und von Rooming-in-Abteilungen in Kinderkliniken hingewiesen wird.

Die Verwirklichung dieser Vorschläge, die bei uns in manchen Privatstationen vorweggenommen ist, greift tief in die räumlichen Verhältnisse und die Ordnung des bisherigen Betriebes einer Kinderklinik ein. Der Erfolg hängt entscheidend davon ab, ob es gelingt, in den menschlichen Beziehungen zwischen Arzt, Schwestern und Eltern die erforderlichen Wandlungen herbeizuführen. Vorerst stehen dem Programm sicherlich auch bei uns Vorbehalte seitens der Ärzte und Schwestern entgegen, die auch in anderen Ländern erst durch positive Erfahrungen ausgeräumt werden mußten. An der Spitze wird die Angst vor der Infektionsgefahr genannt, die man in vielen Klinikbauten mit »Bakterienschleusen«, Sprechanlagen zwischen Kind und Angehörigen und mit Schutzkitteln bannen möchte. Diese Gefahr scheint aber nicht nur in Entbindungsstationen, sondern auch in den Kinderkrankenhäusern überschätzt worden zu sein, so daß *Biermann* (1967, 69) von einem »gewissen Sterilitätsmythos« spricht. Den inzwischen vorliegenden ausländischen Untersuchungen steht man in Deutschland aber skeptisch gegenüber, wie aus einer Umfrage in der Zeitschrift »Kinderärztliche Praxis« aus dem Jahre 1967 hervorgeht, deren Ergebnisse *Klinke* zusammenfaßte. Der Faktor Infektionsgefahr wird von fast allen befragten Klinikdirektoren als Haupteinwand gebraucht und in diesem Zusammenhang von immer noch sträflichem Dilettantismus gesprochen.

An zweiter Stelle stehen Bedenken gegen die Anwesenheit der Mütter, weil sie sich als ein Störfaktor in der Arbeit der Schwestern und Ärzte auswirke. Man befürchtet, die Mütter könnten die Schwestern als Dienstpersonal behandeln und die Anweisungen der Ärzte und Schwestern durchkreuzen. Selbstverständlich wird es störende Mütter geben – es sollen nach englischen Untersuchungen etwa 10 Prozent sein –, aber es gehörte auch schon bisher zu den Aufgaben des Arztes und der Schwester, sie notfalls in Grenzen zu weisen. Manche in der Umfrage vorgebrachte Bedenken zeugen oft noch deutlicher als von störenden Müttern von unangemessenen Erwartungen der Schwestern. So heißt es, sie könnten nur ohne die Mütter für kranke Kinder wie eine Mutter handeln, nicht aber, wenn man seine Existenz einer stets präsenten Mutter gegenüber verteidigen müsse, die einen Konkurrenzkampf um die Gunst des Kindes entfessele. Hier liegt die Gefahr einer Verwechslung der Schwestern- mit der Mutterrolle, die z. B. auch aus der Erscheinung von »Lieblingskindern« auf manchen Stationen hervorgeht.

Nur wenn von Schwestern und Müttern wirklich das Wohl der Kinder gesehen wird, kann im Rooming-in in der Mutter eine wichtige Mitarbeiterin und Helferin gewonnen werden. Jüngere Schwestern in England befürworteten das Rooming-in, weil es ihnen gestattete, im Umgang mit den Müttern ihre eigene Initiative zu entwickeln. Die Mütter übernahmen von den Schwestern familienpflegerische Arbeiten wie Füttern, Waschen und Betten der Kinder, so daß die Schwestern mehr Zeit für ihre speziellen therapeutisch-pflegerischen Aufgaben hatten. So wurden die Mütter die besten Bundesgenossen im Kampf gegen die Krankheit und die seelische Not ihrer Kinder. Solche positiven Erfahrungen sollten dazu ermutigen, die Rooming-in-Bewegung für Kinderkliniken weiter zu diskutieren und auch in Deutschland auf breiterer Basis zu erproben.

8. Schulische Erziehungsaufgaben

Unter den vorbeugenden Maßnahmen zur Vermeidung der Mutterentbehrungsschäden wird immer wieder die Aufgabe genannt, die Öffentlichkeit in geeigneter Weise über die Bedeutung der Mutter während der frühen Kindheit zu unterrichten. Hier leisten besonders die »Mütterschulen« wertvolle Arbeit. Solche Aufklärung könnte noch wirksamer sein, wenn sie an junge Menschen herangetragen und etwa sogar von der Schule im Rahmen der Gesundheitserziehung mit dem Prestige eines Lehrfaches versehen würde.

Vielleicht liegt hier ein Ansatzpunkt vor, den Te
der vernachlässigten Kinder, die ihresgleichen herv
zu unterbrechen. Wir müssen uns darüber im klaren sein, da
die Mütter, die im Zeitalter der berufstätigen Frau kaum
Zeit haben, ihren biologischen Mutterpflichten des Stillens
und der Säuglingspflege zu genügen, und die ihre Kinder nur
zu gern durch andere Menschen versorgen lassen, in ihren
Töchtern auch keine rechten Mütter mehr erziehen. In den
früheren Zeiten eines agrarischen Gemeinwesens hatten die
Mädchen mehr als heute Gelegenheit, Seite an Seite mit der
Mutter das Kochen, Nähen und die Haushaltsführung zu lernen. In der kinderreichen Familie wurden sie mit den Bedürf-
nissen der kleinen Geschwister vertraut und wuchsen zwang-
los in die Säuglingspflege hinein. Heute sind die Mütter für
ihre Töchter, die als Säuglinge bereits einen Mangel an Zuwendung erlitten, nicht abkömmlich, und bringen es ihnen
infolgedessen auch nicht bei, die Mutterschaft und die Mütterlichkeit hochzuschätzen. Damit fehlen wichtige Voraussetzungen, eine der schwersten Künste zu erlernen, nämlich
die Mutter zu sein.

Die Untersuchungen an den Rhesusmüttern machen wahrscheinlich, daß Mütterlichkeit nicht ererbt ist und nicht bei
der Geburt eines Kindes instinktmäßig erwacht. Vielmehr
wird die Fähigkeit zur Mütterlichkeit in den frühesten Kontakten zur eigenen Mutter grundgelegt und setzt weiter befriedigende Sozialbeziehungen zu Altersgefährten und Geschlechtspartnern voraus. Erst ein bruchloser Aufbau dieser
Gefühlssysteme setzt in den Stand, eine liebevolle Mutter
und ein guter Vater zu sein. Wir dürfen die Schwierigkeiten
nicht unterschätzen, in der heranwachsenden Generation die
bisherigen, durch Mutterentbehrungen herbeigeführten Versäumnisse nachzuholen.

Diese und andere Überlegungen führen zu dem Vorschlag,
ein Programm für eine »Erziehung zur Mütterlichkeit« zu
entwickeln. Vielleicht können die gut begründeten Trainings-
programme für die Säuglingspflege, wie sie in den Streichel-,
Berührungs- und Massagevorschriften für Mütter in der
Sowjetunion vorliegen, eine Nacherziehung zur Mütterlichkeit einleiten. Praktische Übungen in der Säuglingspflege geben das Fundament für Belehrungen über die Wirkung der

Mutterliebe auf die Entwicklung der Kinder ab. Diese Vorbereitung auf die Mutterrolle sollte durch eine einfache Erziehungslehre für angehende Mütter ergänzt werden und im Rahmen einer allgemeinen Vorbereitung auf Ehe und Familie stehen.

Das hier angesprochene Bildungsproblem interessiert nicht nur in den berufsbildenden und weiterführenden Schulen bis in die Hochschulen hinein, sondern könnte bereits im 9. und 10. Schuljahr der Hauptschule in Angriff genommen werden. Das erscheint um so notwendiger, als in Zukunft die Zahl der Frühehen mit einer Verkoppelung von Familiengründung und Ausbildung noch anwachsen wird.

Daß die Schule auch heute schon vor diese Probleme gestellt ist und sie auf eine bezeichnende Art löst, zeigen die Maßnahmen, die bei Schülerinnen getroffen werden, bei denen eine Schwangerschaft bekannt wird. Die allgemeine Praxis geht dahin, sie rasch aus der Schule in ein ungewisses Schicksal zu entlassen, für dessen Meisterung sie nicht weiter ausgerüstet werden, obschon gerade sie sich früh bewähren müssen. Ausnahmen machen einige wenige Großstädte, z. B. Duisburg, die die jungen werdenden Mütter in Sonderklassen zusammenfassen, um sie in Haushaltslehre, Säuglingspflege und Kindererziehung zu unterweisen und auf ihre künftigen Aufgaben vorzubereiten. Die dort gesammelten Unterrichtserfahrungen könnten Anregungen für einen Erziehungskunde-Unterricht in der Hauptschule bieten.

9. Schluß

Huxley soll dem Sinn nach einmal gesagt haben: »Gebt mir gute Mütter, und ich werde die Welt verbessern!« Dieses Versprechen wird ein bloßer Wunsch bleiben, wenn nicht der Hebel am anderen Ende angesetzt wird, damit unter besseren Voraussetzungen zunächst einmal gute Mütter heranwachsen können.

Unsere Gesellschaft baut im Technischen und Wirtschaftlichen eine neue Welt auf. Wir dürfen dabei nur nicht vergessen, diese Welt auch seelisch und sozial zu bewältigen und durch Verbesserungen zu ergänzen, die der seelischen Gesundheit der Menschen in ihr dienen. Gerade die sogenannten

fortgeschrittenen Länder hinken in ihrer kulturel
sozialen Entwicklung hinter der materiellen und tec
her. Sie dulden in den für die Gesellschaft fundamentalen
Mutter-Kind-Beziehungen schlechte Bedingungen der seelischen Hygiene, die – wie *Bowlby* sagt – auf dem Gebiet der
Körperhygiene längst zu einem öffentlichen Skandal geführt
hätten. Dem Zwillingsproblem der vernachlässigenden Eltern
und geschädigten Kinder stehen wir auf weiten Strecken
noch fatalistisch gegenüber, wenn wir an das Heer der berufstätigen Mütter kleiner Kinder und die Verhältnisse in den
Säuglings- und Kinderheimen denken. In den Berichten der
Weltgesundheitsorganisation (*Bowlby* 1952 und *Ainsworth*
1962) werden im frühen Kindesalter unterbrochene Mutter-
bindungen als eine Quelle sozialer Infektionen für spätere
Verhaltensstörungen, ja für Asozialität, Verwahrlosung und
Kriminalität angesehen, die so real und gefährlich sind, wie
Kinderlähmung und Tuberkulose. Wie medizinische und soziale Anstrengungen bei der Bekämpfung dieser Krankheiten
zum Erfolg geführt haben, so müssen auch hier Präventiv-
maßnahmen ergriffen werden.

Dazu gehört die Zahlung eines Müttergeldes und die
Wohnraumbeschaffung für alleinstehende Mütter, damit gegen den Sog der Frauenarbeit in der Industriegesellschaft die
Voraussetzungen für die Bereitschaft geschaffen werden, das
eigene Kind auch selbst aufzuziehen. Die Öffentlichkeit sollte
entsprechend aufgeklärt und gewarnt werden, Kleinkinder
bedenkenlos fremden Menschen anzuvertrauen. Die Säuglingsheime als Findelhäuser der Gegenwart, die ein nahezu
unbeachtetes und von der Gesellschaft verdrängtes, aber ge-
fährliches Dasein fristen, sollen sich leeren, und in den wenigen bestehenbleibenden Kinderheimen müßte das Familienprinzip durchgesetzt werden. In den Entbindungsstationen
und Kinderkrankenhäusern könnten die engen Mutter-Kind-
Beziehungen in den frühen Jahren noch besser berücksichtigt
werden. In diesen und anderen Hinsichten geht es darum, in
der Gesellschaft eine neue Hochschätzung des Zusammen-
seins zwischen Mutter und Kind, der Mütterlichkeit und
der Arbeit der Mutter in Familie und Haushalt zu fördern. In den allgemeinbildenden und weiterführenden
Schulen, in Volkshochschulen, Mütterschulen und Hoch-

schulen könnte durch das Angebot einer mütterlichen Erziehungslehre schon früh der Wille der angehenden Frauen und Mütter geweckt werden, ihren Mutterpflichten und der Hausfrauenarbeit nachzukommen. Es würden nicht Väter und Mütter heranwachsen, die in der Familie und von der Gesellschaft so schlecht erzogen worden sind, daß sie sich zwar in der technischen und Berufswelt gut auskennen, aber nicht fähig und willens sind, in der Elternschaft Hüter ihres Kindes zu sein. Es kommt darauf an, Empörung und Kritik über die Auflösung der Familienbande und eine gewandelte Jugend endlich durch konkrete sozialpolitische Maßnahmen abzulösen, die das Übel dort angehen, wo es faßbar ist. Wir müssen erkennen: Je später die Hilfsmaßnahmen einsetzen, desto höher wird in Fürsorge und Strafvollzug der Preis, den wir dafür nachzuzahlen haben, daß wir den Kindern in frühen Jahren die mütterliche Zuwendung und Fürsorge vorenthielten.

Eine Änderung der bestehenden Verhältnisse ist aus mehreren Gründen besonders schwierig. Die reich verflochtenen praktischen Probleme, die dringend einer Lösung bedürfen, können nur durch die Teamarbeit von Experten verschiedener Professionen geklärt werden. Dabei müssen wir davon ausgehen, daß die nachträgliche Heilung von Schäden, die durch einen frühen Mutterentzug eingetreten sind, auch den besten Pädagogen, Ärzten und Psychologen nicht möglich ist. Die gründlichste Psychotherapie bleibt in den schweren Fällen überfordert und ohnmächtig, abgesehen davon, daß die Zahl der hier benötigten Therapeuten gar nicht zur Verfügung steht. Allein vorbeugende Maßnahmen haben also Aussicht auf Erfolg. Es sind hier aber Hilfen notwendig, die unter den gegebenen Verhältnissen von den in der Sozialhilfe und Erziehung tätigen Frauen und Männer bei allem guten Willen und Können allein nicht zu leisten sind. Es muß vielmehr in allen Behörden und bei den verantwortlichen Politikern die Einsicht reifen, daß nur unter neuen gesetzlichen Voraussetzungen fruchtbare Sozialarbeit möglich ist. Die Verwirklichung des Programms setzt bisher nicht gekannte Anstrengungen um eine gemeinsame Familien-, Sozial-, Gesundheits- und Kulturpolitik voraus.

Erste Ansätze dazu sind in der Bundesrepublik in einem

umfassenden Bundesjugendplan sichtbar geworden, aber erst, als die Jugendlichen ihre Probleme in unserer Gesellschaft unüberhörbar zur Geltung brachten. Die Kinder dagegen können sich nicht selbst zu Wort melden und sind darauf angewiesen, daß wir uns zu ihren Sprechern machen und um sie kümmern. Die Wissenschaftler haben genügend Beweise für die traurigen Folgen einer frühen Mutterentbehrung vorgelegt, und die Frauen und Männer der Praxis haben nicht aufgehört, vor dem Elend unserer Kinder zu warnen. Sie alle rufen die verantwortlichen Politiker auf, den Bundesjugendplan durch einen wirksamen »Bundeskinderplan« zu ergänzen. Es kann nicht verantwortet werden, sich mit dem, was ist, länger zufrieden zu geben oder vor der Schwierigkeit der Aufgabe zu resignieren.

Wissenschaft und Praxis fordern die Gesellschaft auf, den Mutterbeziehungen der kleinen Kinder und der Familie endlich ihnen gebührenden Platz zu sichern und die hierzu erforderlichen finanziellen Opfer zu bringen. Das geschieht nicht aus romantischen Vorstellungen heraus, sondern weil feststeht, daß darin – mehr als wir das bisher ahnten – die seelische Gesundheit und das Glück der heranwachsenden Menschen und das künftige Schicksal unserer Gesellschaft beschlossen liegen.

Literatur

Aichhorn, A.: Verwahrloste Jugend, Bern 1951.

Ainsworth, M. D. a. Boston: Psychodiagnostic assessment of a child after prolonged separation in early childhood, Brit. J. med. Psych. *25,* 169 (1952).

– (Ed.): Deprivation of maternal care, WHO, Geneva 1962.

– *a. Bowlby:* Research strategy in the study of mother-child separation, Courrier *4,* 105 (1954).

– *a.Boston, Rosenbluth:* The effects of mother-child separation, Brit. J. med. Psych. *29,* 211 (1956).

Andry, R. G.: Paternal and maternal roles and delinquency, in *Ainsworth* (s. o.) 1962.

Asperger, H.: Psychological care and mental health of hospitalized children, in: XI. Int. Congr. Pediatrics, Tokio 1965.

Aubry, J.: La carence de soins maternels, Paris 1955.

Bakwin, H.: Loneliness in infants, Am. Journ. of Diseases of Children *63,* 30 (1942).

– Emotional deprivation in infants. J. Pediat. *35,* 512 (1949).

Barry, H. a. Lindemann: Critical ages for maternal bereavement in psychoneurosis, Psychosom. Med. *22,* 166 (1960).

Beach, F. A. a. Jaynes: Effects of early experience upon the behavior of animals, Psych. Bull. *51,* 239 (1954).

Bender, L. a. Yarnel: An observation nursery, Am. J. Psychiatr. *97,* 1158 (1941).

– Infants reared in institution, Bull. Child. Welf. League Am. *24, 1* (1945).

– There's no substitute for family life, Child. Stud. *23,* 74 (1946).

– Psychopathic behavior disorders in children, in: *Linder, R. M.* (Ed.): Handbook of correctional psychology, New York 1947.

Bennholdt-Thomsen, C.: Kinderärztliche Stellungnahme zu dem Buch von *Bowlby* »Maternal care and mental health«, Z. Kinderpsychiatr. *24,* 1 (1957).

Bental, V.: Die psychischen Mechanismen der Adoptivmutter in Verbindung mit der Adoption, Psyche *20,* 282 (1966).

Beres, D. a. Obers: The effects of extreme deprivation in infancy on psychic structure in adolescence, Psychoanal. Study of the Child *5,* 121 (1950).

Bergler, R.: Kinder aus gestörten und unvollständigen Familien, Weinheim 1955.

Bergmann, Th. a. Freud: Children in the hospital, New York 1965.

Berna, J.: Auswirkungen früher sozialer Entbehrungen auf Primaten, Neue Zürcher Zeitung Nr. 65, 1965.

Biermann, G.: Die Mutter-Kind-Situation im Krankenhaus in aller Welt, Psyche *21,* 57 (1967).
– Kinder in Israel, Praxis d. Kinderpsychol. u. -psychiatrie *16,* 97 (1967).
Boehncke, H.: Die Bedeutung der frühen Kindheit, Unsere Jugend *16,* 386 (1964).
Bowlby, J.: Fourty-four juvenile Thieves, Int. J. Psycho-Anal. *25,* 19 (1944).
– Mutterliebe und kindliche Entwicklung, München 1972.
– Some pathological processes set in train by mother-child separation, J. ment. Science *99,* 265 (1953).
– Processes of mourning, Int. J. Psychoanal. *42,* 217 (1961).
– Die Trennungsangst, Psyche *15,* 411 (1961).
Brandt, W.: Flüchtlingskinder, München 1964.
Brezinka, W.: Verwilderte Kinder – Legende und Wirklichkeit, Die Sammlung *13,* 521 (1958).
Brodbeck, A. J. a. Irwin: The speech behavior of infants without family, Child developm. *17,* 145 (1946).
Brown, F.: Depression and childhood bereavement, J. ment. Science *107,* 754 (1961).
Bühler, Ch. u. a.: Soziologische und psychiologische Studien über das erste Lebensjahr, Jena 1927.
Burlingham, D. u. Freud: Kriegskinder, London 1949.
– Anstaltskinder, London 1950.
Casler, C.: Maternal deprivation, Mon. Soc. Res. Child Developm. *26,* 1 (1961).
Chambers, J.: Maternal deprivation and the time concept in children, Am J. Orthopsychiatr. *31,* 404 (1961).
Chauvin, R.: Tiere unter Tieren – Staat und Gesellschaft im Tierreich, München 1964.
Clarke A. D. B. a. A. M.: Recovery from the effects of deprivation, Acta psychol. *16,* 137 (1959).
Coleman, R. a. Provence: Environmental retardation (hospitalism) in infants living in families, Pediatrics *19,* 285 (1957).
Cross, H. A. a. Harlow: Observation of infant monkeys by female monkeys, Perc. mot. Skills *16,* 11 (1963).
– Prolonged and proressiv effects of partial isolation on the behavior of macaque monkeys, J. of Exp. Res. in Personality *1,* 39 (1965).
Day, E.: The development of language in twins, Child. Developm. *3,* 179 (1932).
Dennis. W.: The significance of feral man, The Am. J. of Psych. *54,* 425 (1941 a).
– Infant development under conditions of restricted practice and

of minimum social stimulation, Genet. Psych. Mon. *23*, 143 (1941 b).

– A further analysis of reports of wolf children, Child Developm. *22*, 153 (1951 a).

– *a. Dennis:* Development under controlled environmental conditions, in: *Dennis, W.* (Ed.): Readings in child psychology, New York 1951 b.

– *a. Najarian:* Infant development under environmental handicap, Psych. Monogr. *71*, Nr. 436 (1957).

Dils, A. et Cambier, A.: L'absence de la mère lors du retour de l'enfant de l'école, Enfance *1*, 99 (1966).

Doren, A. (Hrsg.): Monumenta Germaniae, Bd. I: Die Geschichtsschreiber der deutschen Vorzeit, zweite Gesamtausgabe, Bd. 93, 359, Leipzig 1914.

Douglas, J. W. a. Blomfield: Children under five, London 1958.

Dührssen, A.: Heim- und Pflegekinder in ihrer Entwicklung, Göttingen 1958.

Dupan, R. M. a. Roth: The psychologic development of a group of children brought up in a hospital type residential nursery, J. Pediat. *47*, 124 (1955).

Durfee, H. u. Wolf: Anstaltspflege und Entwicklung im ersten Lebensjahr, Z. f. Kinderforschung *42*, 273 (1934).

Earle, A. M. a. Earle: Early maternal deprivation and later psychiatric illness, Am. J. Orthopsychiatr. *31*, 181 (1961).

Eibl-Eibesfeld, J.: Grundriß der vergleichenden Verhaltensforschung, München 1967.

Erikson, E. H.: Kindheit und Gesellschaft, Stuttgart 1961.

Feuerbach, A. v.: Kaspar Hauser, Ansbach 1823.

Finney, J. C.: A factor analysis of mother-child influence, J. of General Psych. *70*, 41 (1964).

Fischer, E.: Der frühkindliche Autismus, in: *Stutte, H.* (Hrsg.): Jahrbuch für Jugendpsychiatrie und ihre Grenzgebiete, Bern 1965.

Fischer, L.: Hospitalism in six month old infants, Am. J. Orthopsychiatr. *22*, 522 (1952).

Flint, B. M.: The security of infants, Toronto 1959.

Freud, A.: Einführung in die Technik der Kinderanalyse, London 1952.

Freud, S.: Gesammelte Werke, Frankfurt 1952 f.

Galm, D.: Kind und Krankenhaus, Praxis der Kinderpsych. u. Kinderpsychiatr. *15*, 58 (1966).

Gardner, D. P. a. o.: Non continuous mothering in infancy and development in later childhood, Child Development *32*, 225 (1961).

Garner, A. M. a. Wenar: The mother-child interaction in psychoso-matic disorders, Urbana, Ill. 1960.

Gesell, A. a. Amatruda: Developmental diagnosis, New York 1947.

Glaser, K. a. Eisenberg: Maternal deprivation, Pediatrics *18*, 626 (1956).

Glueck, S. a. E.: Unrevealing juvenile delinquency, New York 1950.

Goldfarb, W.: Effects of early institutional care on adolescent per-sonality, Child Developm. *14*, 213 (1943 a).

- Infant rearing and problem behavior. Am. J. Orthopsychiatr. *13*, 249 (1943 b).

- Effects of early institutional care on adolescent personality, *Rorschach* data, Am. J. Orthopsychiatr. *14*, 441 (1944 a).

- Infant rearing as a factor in foster home replacement, Am. J. Orthopsychiatr. *14*, 162 (1944 b).

- Effects of psychological deprivation in infancy and subsequent stimulation, Am. J. Psychiatr. *102*, 18 (1945 a).

- Psychological privation in infancy and subsequent adjustment, Am. J. Orthopsychiatr. *15*, 247 (1945 b).

Goldfarb, W.: Variation in adolscent adjustment of institutionally reared children, Am. J. Orthopsychiatr. *17*, 449 (1947).

- *Rorschach* test differences between familiy reared, institutional reared and schizophrenic schildren, Am. J. Orthopsychiatr. *19*, 625 (1949).

- Emotional and intellectual consequences of psychologic depriva-tion in infancy, in *Hoch* (Ed.): Psychopathology of childhood, New York 1955.

Graff, H. a. Malin: The syndrom of wrist cutter, Americ. Journ. of Psychiatry *125*, 36 (1967).

Griffin, G. A. a. Harlow: Effects of three months of total social de-privation on social adjustment and learning in the Rhesus mon-key, Child Developm. *37*, 533 (1966).

Groth, S.: Kinder ohne Familie, München 1961.

Haggerty, A. D.: The effects of long term hospitalisation upon language development of children, J. gen. Psych. *94*, 205 (1959).

Harlow, H. F.: The natur of love, Am. Psychologist *13*, 673 (1958).

- *a. Zimmermann:* Affectional responses in the infant monkey, Sci-ence *130*, 421 (1959).

- The heterosexual affectional system in monkeys, Am. Psych. *17*, 1 (1962 a).

- *a. Harlow:* The effect of rearing conditions on behavior, Bull. Menninger Clinic *26*, 213 (1962 b).

– Social deprivation in monkeys, Scientific American *207*, 137 (1962 c).
– *a. Rowland Griffin:* The effect of total social deprivation on the development of monkey behavior, Rec. Res. on Schizophrenia 116 (1964).
– Total social isolation, Science *148*, 666 (1965)
– *a. Seay:* Mothering in motherless mother monkeys, The Brit. J. of Social-Psychiatr., *1*, 63 (1966).
– *a. Harlow, Dodsworth, Arling:* Maternal behavior or rhesus monkeys deprived of mothering and peer associations in infancy, Procceedings of the Am. Phil. Society *110*, 58 (1966).
– *a. Harlow:* Affection in primates, Discovery Jan. 1966.
– *a. Harlow:* Reifungsfaktoren im sozialen Verhalten, in: Psyche-Beiheft: Festschrift für *R. Spitz*, Stuttgart 1967.
Harmsen, H.: Gehören die Neugeborenen ins Zimmer der Mutter oder sollen sie in der Klinik getrennt versorgt werden? Gesundheitsfürsorge *15*, 157 (1965).
Harnack v., G. A.: Die Bedeutung der Mutter für die seelische Entwicklung des Kindes, Dtsch. med. Wschr. *90*, 1221 (1965).
Hartung, K. u. Glattowoki: Erhebungen über Aufenthaltsdauer und Gründe, die zur Heimaufnahme von Säuglingen führen, Praxis d. Kinderpsychologie u. -psychatrie *14*, 241 (1965).
Hassenstein, B.: Vergleich soziologischer Prinzipien bei Tieren und Menschen, Freiburger Dies Universitas, Bd. X, 1962/63.
Heinicke, C.: Some effects of separating two-year-old children from their parents, Human Relations *9*, 105 (1956).
Hellbrügge, Th.: Kindliche Entwicklung und soziale Umwelt, München 1964.
– Warnung vor einem mehrmonatigen Aufenthalt in Säuglingsheimen, Münch. ärztl. Anzeigen *53*, IX (1965).
– Zur Problematik der Säuglings- und Kleinkinderfürsorge in Anstalten, Hospitalismus und Deprivation, in: *Opitz* u. a. (Hrsg.): Handbuch der Kinderheilkunde, Bd. III, Berlin 1966.
– *u. Pechstein:* Pädiatrische Merksätze zur Situation der Säuglingsheime, Fortschr. d. Mediz. *85*, 1 (1967 a).
– Über die Not in den Säuglingsheimen, Gesundheitsfürsorge *17*, 1 (1967 b).
Herrmann T. (Hrsg.): Psychologie der Erziehungsstile, Göttingen 1966.
Hetzer, H. u. Bien, Buttler: Kindheit und Armut, Bd. I, Leipzig 1929.
Hofmeier, K.: Das biologische Anrecht des Kindes, Stuttgart 1954.
Howells, J. G.: Child-parent-separation as a therapeutic procedure, Am. J. Psychiat. *119*, 922 (1963).

Irvine, E.: Observations on aims and methods of child rearing in communal settlements in Israel, Hum. Relat. *5,* 247 (1952).

Itard, J. u. Lutz: Victor, das Wildkind von Aveyron, Zürich 1965.

Kardiner, A.: The psychological frontiers of society, New York 1945.

Kaufmann, R.: Gebrannte Kinder, München 1961.

Klackenburg, G.: Studies in maternal deprivation in infant homes, Acta paediat. Stockholm *45,* 1 (1956).

Klinke, K.: Krankenhausaufnahme von Kindern zusammen mit der Mutter? Kinderärztl. Praxis *35,* 225 (1967).

Koch, I.: Die psychische Entwicklung und Erziehung der Kinder im Säuglingsheim, Z. ärztl. Fortb. *54,* 1109 (1960).

Koehler, O.: Referat von Singh and Zingg: Wolf children and feral man, Z. f. Tierpsych. 7, 148 (1950).

– Wolfskinder, Affen im Haus und vergleichende Verhaltensforschung, Folia Phoniatrica *4,* 29 (1952).

Köttgen, U.: Die Bekämpfung des Hospitalismus, Gesundheitsfürsorge *3,* 153 (1953).

– Verkümmerung als Folge von Pflegeschäden beim Kind, Med. Klinik 1 (1958).

Lange, U.: Das alleinstehende Kind und seine Versorgung, Basel 1965.

Lebovici, S.: The concept of maternal deprivation, in *Ainsworth* s. o. 1962.

Levy, R.: Institutional versus boarding-home care, J. Pers. *15,* 233 (1947).

Lewis, H. (Ed.): Deprived children (the *Marshal* experiment), London 1954.

Loeber, F.: Das von der Mutter getrennte Kind in der heutigen Sicht des Kinderarztes, in: *Villinger* (Hrsg.): Jahrbuch f. Jugendpsychiatrie und ihre Grenzgebiete, Band 2, Bern 1963.

Lorenz, K.: Über tierisches und menschliches Verhalten, Bd. I und II, München 1965.

Lowrey, L. G.: Personality distortion and early institutional care, Am. J. Orthopsychiat. *10,* 576 (1940).

Lückert, H.-R.: Konflikt-Psychologie, München 1957.

– *Hoffmann u. a.:* Bildungsnotstand unserer Kinder, West. Päd. Beiträge, Beih. 2, 1967.

Maas, H. S.: Long-term effects early childhood separation and group care, Vita humana *6,* 34 (1963).

Mahler, M.: Über Psychose und Schizophrenie im Kindesalter, Psyche *21,* 815 (1967).

Matejcek, Z. a. Langmeier: New observations on psychological deprivation in institutional children, The slow learning child *12,* 20 (1965).

Mead, M.: Some theoretical considerations on the problem of mother child separation, Am. J. Orthopsychiat. *24,* 471 (1954).

– Mann und Weib, Zürich 1955.

– A cultural anthropologist's approach to maternal deprivation, in: *Ainsworth* (Ed.): Deprivation of maternal care, Geneva 1962.

Mehringer, A.: Geschützte Kleinkindzeit, Unsere Jugend *18,* Heft 5 (1966).

Meierhofer, M. u. Keller: Frustration im frühen Kindesalter, Bern 1966.

Meyer, H.: Beobachtungen zur Adoption, Praxis d. Kinderpsych. u. -psychiat. *15,* 184 (1966).

Mitchell, G. D. a. Harlow, Raymond, Rappenthal: Long-term effects of total social isolation upon behavior of rhesus monkeys, Psychol. Reports *18,* 567 (1966).

Mitscherlich, A.: Ödipus und Kaspar Hauser, Der Monat *3* (1950).

– Auf dem Wege zur vaterlosen Gesellschaft, München 1963.

Naess, S.: Mother child separation and delinquency, Brit. J. Delinqu. *10,* 22 (1959).

Neupert, S. u. Vogel: Auffällige Knaben, München 1962.

Nitschke, A: Über die Bedeutung der Geborgenheit für die Entwicklung des jungen Kindes, München 1956.

Opitz, E.: Verwahrlosung im Kindesalter, Göttingen 1959.

Pease, D. a. Gardner: Research on the effects of uncontinuous mothering, Child Development *29,* 141 (1958).

Pechstein, J. u. Hellbrügge: Säuglingsfürsorge in Krippen, Mütterheimen, Pflegestellen, in: *Opitz* (Hrsg.): Handbuch der Kinderheilkunde, Bd. 3, Göttingen 1966.

– *u. Krause-Lang:* Das elternlose und elternarme Kind in der Statistik, in: *Opitz* (Hrsg.): Handbuch der Kinderheilk., Bd. 3, Göttingen 1966.

Peter-Pelikan-Briefe, Hrsg.: Mental-Health-Gruppe, München (Ehrenwirth) o. J.

Pfaundler v., M.: Über Anstaltsschäden an Kindern, Msch. Kinderheilkunde *29,* 661 (1924).

Pinneau, S. K.: The infantile disorders of hospitalism and anaclitc depression, Psychol. Bull. *52,* 429 (1955).

Pongratz, L.: Frühkindliche Prägung und Charakterentwicklung, Jahrb. f. Psych., Psychother. u. med. Psych. 7, 312 (1960).

Portmann, A.: Zoologie und das neue Bild vom Menschen, Hamburg 1956.

– Geleitwort in *Singh, J. A. L.:* Die Wolfskinder von Midnapore, Heidelberg 1964.

Pringle, M. L. a. Kellmer, Bossio: Early prolonged separation and emotional maladjustment, J. Child, Psych. Psychiat. *1,* 37 (1960).

Prugh, D. G. a. Harlow, R. G.: »Masked deprivation« in infants and young children, in: *Ainsworth:* Deprivation of maternal care, Geneva 1962.

Rabin, A. J.: Personality maturity of kibbutz- and non-kibbutz children as reflected in *Rorschach* findings, J. proj. Technics *31*, 148 (1957).

- Behavior research in collectiv settlement in Israel, Am. J. Orthopsychiat. *28*, 577 (1958 a).

- Some psychosexual differences between kibbutz and non-kibbutz Israeli boys, J. proj. Tech. *22*, 328 (1958 b).

- The maternal deprivation hypothesis revised, Isr. Ann. of Psychiat. and related Disc. *1*, 189 (1964).

Rank, O.: The trauma of birth, London 1929.

Rank, T.: Schulleistung und Persönlichkeit, München 1962.

Rheingold, H. L.: The modification of social responses in institutional babies, Mon. Soc. Res. Child Developm. *21*, Nr. 23 (1956).

- *a. Bayley:* The later effects of an experimental modification of mothering, Child Developm. *30*, 363 (1959).

- *a. Gewirtz, Ross:* Social conditioning of vocalisations in the infant, J. comp. physiol. Psych. *52*, 58 (1959).

- The measurement of mental care, Child Developm. *31*, 565 (1960).

Richter, E.: Eltern, Kind und Neurose, Stuttgart 1963.

Robertson, J. a. Bowlby: Responses of young children to separation from their mothers, Courrier *2*, 131 (1952).
  Mothering as an influence of early development, The Psychoanal. Study of the Child *17* (1962).

- Der Einfluß der mütterlichen Betreuung auf die frühe Entwicklung, Psyche *18*, 273 (1964).

Ronge, A., Hagen u. Thomae: Zehn Jahre Nachkriegskinder, München 1964.

Rosenblum, L. A. a. Harlow: Approach-avoidance conflict in the mother-surrogate situation, Psych. Rep. *12*, 83 (1963).

Roudinesco, J. a. David, Nicolas: Responses of young children to separation from their mother, Courrier *2*, 66 (1952).

Rowntree, G.: Early childhood in broken families, Popul. Stud. *8*, 247 (1955).

Salzen, E. A.: The intraction of experience, stimulus characteristics and exogenous androgen in the behavior of domestic chicks, Behavior *26*, 286 (1966).

- Imprinting in birds and primates, Behavoir *28*, 232 (1967).

Schadendorf, B.: Uneheliche Kinder, München 1964.

Schaeffer, H. R. a. Emmerson: Patterns of response to physical contact in early human development, J. of Child Psych. and Psychiat. *5*, 1 (1964).

Schaffer, A.: Psychological effects of hospitalization in infancy, Pediatric (1959).

Schenk-Danzinger, L.: Social difficulties of children who were deprived of maternal care in early childhood, Vita humana *4,* 229 (1961).

– Latente Reifung, in: Ber. 24. Kongr. DGfPs, Göttingen 1965.

Schmalohr, E.: Folgen früher sozialer Isolierung bei Mensch und Tier, Praxis Kinderpsych. u. -psychiat. *15,* 246 (1966).

– Effects of social isolation on man and animal behavior, Psychiatry Digest *28,* Nr. 7, 15 (1967).

Schmitt-Kolmer, E.: Verhalten und Entwicklung des Kleinkindes, Berlin 1960.

Schneider, K.: Klinische Psychopathologie, Stuttgart 1962.

Schottländer, F.: Die Mutter als Schicksal, Stuttgart 1952.

Schraml, W.: Zum Problem der frühen Mutter-Kind-Trennung, Praxis Kinderpsych. u. -psychiat. *3,* 243 (1954).

Schreiner, M.: Auswirkungen mütterlicher Erwerbstätigkeit auf die Entwicklung von Grundschulkindern, Arch. f. d. ges. Psych. *115,* 334 (1963).

Schrier, A. M. a. Harlow: Behavior of nonhuman primates, I and II, New York 1965.

Schultz-Hencke, H.: Lehrbuch der analytischen Psychotherapie, Stuttgart 1965.

Schwidder, W. (Hrsg.): Die Bedeutung der frühen Kindheit für die Persönlichkeitsentwicklung, Göttingen 1962.

Seay, B. a. Hansen, Harlow: Mother-infant separation in monkeys, J. Child. Psych. Psychiat. *3,* 123 (1962).

– *a. Alexander, Harlow:* Maternal behavior of socially deprived rhesus monkeys, Journ. of Abn. and Social Psych. *69,* 345 (1964).

– *a. Harlow:* Maternal separation in the rhesus monkey, J. of Nervous and mental Disease *140,* 434 (1965).

Singh, J. A.: Die Wolfskinder von Midnapore, Heidelberg 1964.

Skeels, H. M. a. Updegraff, Wellmann: A study of environmental stimulation, Stud. Child. Welfare *15,* 7 (1938).

– *a. Dye:* A study of effects of differential stimulation on mentally retarded children, Proc. Am. Ass. Ment. Diff. *44,* 114 (1939).

– derselbe Titel, Am. J. ment. Defic. *66,* 340 (1942).

– *a. Harms:* Children with inferior social histories, J. Gen. Psych. *72,* 253 (1946).

Speck, O.: Kinder erwerbstätiger Mütter, Stuttgart 1956.

Spitz, R. A.: Hospitalism The Psychoan. Study of the Child *1,* 53 (1945).

– *a. Wolf:* Anaclitic depression, The Psychoan. Study of the Child *2,* 213 (1946).

- Autoerotism, The Psychoan. Study of the Child *3/4*, 85 (1949).
- Psychosomatische Epidemien im Kindesalter und vorbeugende Psychiatrie, Psyche *4*, 17 (1950).
- The psychogenetic diseases in infancy, The Psychoan. Study of the Child *6*, 225 (1951).
- Infantile depression and general adaptation syndrome, in: *Hoch* (Ed.): Depression, New York 1954.
- Die Entstehung der ersten Objektbeziehungen, Stuttgart 1960.
- Ein Nachtrag zum Problem des Autoerotismus, Psyche *18*, 241 (1964).
- Vom Säugling zum Kleinkind, Stuttgart 1967.
- Festschrift der »Psyche« zum 80. Geburtstag: Einfühlen, Erinnern, Verstehen, Stuttgart 1967.
Stott, D. H.: The effects of separation from the mother in early life, Lancet *1*, 626 (1956).
- Abnormal mothering as a cause of mental subnormality, J. Child Psych. Psychiat. *3*, 79 (1962).
Tausch, A. u. R.: Erziehungspsychologie, Göttingen 1965.
Tennes, K. H. a. Lampe: Stranger and separation anxiety in infancy, J. of Nervous and Mental Disease *139*, 247 (1964).
Thomae, H.: Entwicklung und Prägung, in: *Thomae* (Hrsg.): Entwicklungspsychologie, Göttingen 1959.
Tramer, M.: Inanitas et Inanitio mentis, Rev. Suisse d'Hygiène *5* (1939).
Volkelt, A.: Fortschritte der experimentellen Kinderpsychologie, in: Bericht IX. Kongr. f. exp. Psych., Jena 1927.
Wassef, W. J.: Effects of early mother child separation on the personality of the child, Dissertation Abstracts 26 *(1)*, 521 (1965).
Werner, H.: Einführung in die Entwicklungspsychologie, München 1953.
Wetterling, H.: Behütet und betrogen, Hamburg 1966.
Wewetzer, K. H.: Das hirngeschädigte Kind, Stuttgart 1961.
de Wit, J.: Some critical remarks on »maternal deprivation«, Acta Paedopsychiatrica *31*, 240 (1964).
Wootton, B.: A social scientist's approach to maternal deprivation, in: *Ainsworth, M. D.:* Deprivation of maternal care, Geneva 1962.
Yarrow, L. J.: Maternal deprivation, Psych. Bull. *53*, 459 (1961).
Ziegler, D.: Findelhäuser, in: Roloff (Hrsg.): Lex. d. Pädagogik, Freiburg 1913.
Zingg, R. M.: Feral man and extreme cases of isolation, The Am. J. of Psych. *53*, 487 (1940).
- A reply to Prof. *Dennis* The Am. J. of Psych. *54*, 432 (1941).
Zuckermann, M.: Stress response in total and partial isolation, Psychosomatic Medicine *26*, 250 (1964).

Filme

Appell, G. a. Aubry: Effects of maternal deprivation on very young children (Monique), Frankreich 1951.

Gesell, A.: Infants are individuals, USA 1947.

Mead, M.: Bathing in three cultures, USA.

Meierhofer, M.: Frustration im frühen Kindesalter, Schweiz 1960.

– Unsere Kleinsten, Schweiz 1961.

Robertson, J.: A two-year old goes to hospital, England 1953.

– Going to hospital with mother, England 1958.

– Young children in brief separation – Jane, Thomas, Kate. London 1967–71.

Spitz, R.: Grief, a peril in infancy, New York Univ. Film Library 1947.

– Somatic consequences of emotional starvation in infants, New York Univ. Film Library 1948.

– Motherlove, New York Univ. Film. Library 1952.

– Anxiety: its phenomenology in the first year of live, New York Univ. Film Library 1953.

– Shaping the personality: The role of mother-child relations in infancy, New York Univ. Film Library 1953.

SACHREGISTER

NAMENREGISTER

VIRGINIA MAE AXLINE
Kinder-Spieltherapie
im nicht-direktiven Verfahren
340 Seiten. Leinen DM 32,— [ISBN 3 497 00644 0]

Psychisch erkrankte Kinder bedürfen einer besonderen Förderung; hier hilft nicht einfach die Entwicklung, eine gezielte
Verhaltensänderung mit dem Kinde ist notwendig. Spiel-
therapie nennt die Verfasserin schlicht ihr umfangreiches
Werk, mit welchem sie die Grundlagen einer sogenannten
nicht-direktiven Kinderpsychotherapie darlegt. Als Schülerin
von Rogers hat sie folgerichtig dessen client-centered therapy
bei Kindern angewandt.

JAMES ROBERTSON
Kinder im Krankenhaus
160 Seiten. Paperback DM 19,50 [ISBN 3 497 00641 6]

Anliegen des Buches ist, ein Prinzip der seelischen Gesundheit zu umreißen und Konsequenzen für die Obhut aufzuzei-
gen, die Kinder im Krankenhaus benötigen, um ihre soziale
und emotionale Entwicklung nicht zu gefährden. Dem Buch
ist eine Sammlung von Elternbriefen beigegeben, die — oft
in erschütternder Weise — kundtun, welche Schäden bei
Kindern angerichtet werden durch verständnislose Behandlung. Das Buch wendet sich an das gesamte medizinische
Pflegepersonal in Krankenhäusern und -Stationen, an Psychiater und Eltern.

D. W. WINNICOTT
Kind, Familie und Umwelt
234 Seiten. Leinen DM 19,50 [ISBN 3 497 00553 3]

»Die souveräne Verfügung über die Erkenntnisse im Bereich
der Pädiatrie ermöglichen es dem Verfasser, dem Leser das
immer noch geheimnisvolle emotionelle Erleben, vor allem
des Säuglings, darzustellen. Dabei ist er bemüht, den Eltern
›Aufklärung über die zugrunde liegenden Ursachen‹ zu geben
und nicht zu sehr Ratschläge und Vorschriften.«
Fortschritte der Medizin

ERNST REINHARDT VERLAG MÜNCHEN / BASEL

Studienausgaben

verlegt bei Kindler

Psyche des Kindes

Herausgegeben von Dr. Jochen Stork

verlegt bei Kindler

Psychologische Handbücher bei Kindler

FRIEDRICH KANFER / JEANNE S. PHILLIPS
Lerntheoretische Grundlagen der Verhaltens-therapie
(Learning Foundations of Behavior Therapy)
Ca. 656 Seiten, Leinen (erscheint im Oktober '75)

ECKHARD H. HESS
Prägung
Die frühkindliche Entwicklung von Verhaltensmustern
bei Tier und Mensch
Ca. 520 Seiten, Leinen (erscheint im September '75)

Handbuch der Ehe-, Familien- und Gruppen-Therapie
Herausgegeben von CLIFFORD J. SAGER
und HELEN SINGER KAPLAN
Edition der erweiterten deutschen Ausgabe
von ANNELISE HEIGL-EVERS
Mit einem Vorwort von Horst E. Richter
3 Bände mit insgesamt 1276 Seiten, Leinen

Handbuch der Verhaltenstherapie
Herausgegeben von CHRISTOPH KRAIKER
672 Seiten, Leinen

Handbuch der Kinder-Psychoanalyse
Einführung in die Psychoanalyse von Kindern und
Jugendlichen nach den Grundsätzen der Anna-Freud-Schule
Herausgegeben von GERALD H. J. PEARSON
424 Seiten, Leinen

Handbuch der psychologischen Theorien
von ANN F. NEEL
568 Seiten, Ppb.

FRIEDRICH DOUCET
Forschungsobjekt Seele
Eine Geschichte der Psychologie
352 Seiten, Leinen

IRVIN D. YALOM
Gruppenpsychotherapie
Grundlagen und Methoden
450 Seiten, Leinen

7–2–10–8–5